国家社会科学基金项目：《左右江革命老区乡村旅游扶贫中农民创业问题研究》（批准号：16XMZ086）

共同富裕实践

陆　军◎著

农民旅游创业脱贫研究

企业管理出版社
ENTERPRISE MANAGEMENT PUBLISHING HOUSE

图书在版编目（CIP）数据

共同富裕实践：农民旅游创业脱贫研究 / 陆军著 . 北京：企业管理出版社，2025. 2. -- ISBN 978-7-5164-3242-6

Ⅰ. F592.3

中国国家版本馆 CIP 数据核字第 2025ZL1307 号

书　　名：共同富裕实践：农民旅游创业脱贫研究
书　　号：ISBN 978-7-5164-3242-6
作　　者：陆　军
特约策划：唐琦林
策划编辑：杨慧芳
责任编辑：李雪松　周一方　杨　倩
出版发行：企业管理出版社
经　　销：新华书店
地　　址：北京市海淀区紫竹院南路 17 号　邮编：100048
网　　址：http://www.emph.cn　电子信箱：314718920@qq.com
电　　话：发行部（010）68417763　68414644　编辑部（010）68420309
印　　刷：北京亿友数字印刷有限公司
版　　次：2025 年 2 月第 1 版
印　　次：2025 年 9 月第 2 次印刷
开　　本：710mm × 1000mm　1/16
印　　张：18
字　　数：284 千字
定　　价：88.00 元

出版说明

2020年我国取得了脱贫攻坚全面胜利，开始进入乡村振兴建设新发展阶段。脱贫攻坚期间我国积累了因地制宜、因俗制宜以及根据不同社会发展阶段开展脱贫攻坚的经验、模式，形成了具有普适价值的“中国经验、中国方案、中国智慧”。本书正是在此背景下，为了能够从旅游视角探讨农民通过创业脱贫致富，立足于中国特定时间和空间，总结提炼中国脱贫攻坚“中国经验、中国方案、中国智慧”的民族案例，对于民族地区深入开展乡村全面建设，以及世界减贫事业发展均具有重要的历史借鉴价值。

依据中共中央 国务院印发的《乡村振兴战略规划（2018—2022 年）》[①] 和国家关于乡村振兴的系列政策文件要求，乡村振兴的路线图为：2018 年之前为脱贫攻坚阶段。2018—2020 年为脱贫攻坚与乡村振兴衔接期，乡村振兴的制度框架和政策体系基本形成。2021—2025 年为巩固脱贫攻坚成果与乡村振兴有效衔接过渡期。2026—2035 年为巩固脱贫攻坚成果与乡村振兴拓展、深度衔接期，乡村振兴取得决定性进展，农业农村现代化基本实现。2036—2050 年，乡村全面振兴期，农业强、农村美、农民富全面实现。2018 年 2 月，《中共中央 国务院关于实施乡村振兴战略的意见》首次提出要“做好实施乡村振兴战略与打好精准脱贫攻坚战有机衔接”[②]。此后，国务院多次出台意见和规划就乡村振兴和脱

① 新华社．中共中央 国务院印发《乡村振兴战略规划（2018—2022 年）》[EB/OL].（2018-09-26）[2024-02-13].

② 中共中央 国务院关于实施乡村振兴战略的意见（2018 年 1 月 2 日）[N]. 人民日报，2018-02-05（1）.

贫攻坚成果的衔接问题提出要求。2021 年 3 月，《中共中央 国务院关于实现巩固拓展脱贫攻坚成果同乡村振兴有效衔接的意见》设立五年过渡期，到 2025 年，脱贫攻坚成果巩固拓展，乡村振兴全面推进[①]。“十四五”时期（2021—2025）是巩固拓展脱贫攻坚成果同乡村振兴有效衔接的关键时期。脱贫攻坚战和乡村振兴作为实现“两个一百年”奋斗目标的重要安排部署，其衔接过程必然需要一个复杂且长期的摸索过程，还有待根据实践进一步总结经验教训，加速相关制度和政策的优化完善。[②] 习近平总书记指出：“脱贫攻坚战的全面胜利，标志着我们党在团结带领人民创造美好生活、实现共同富裕的道路上迈出了坚实的一大步。同时，脱贫摘帽不是终点，而是新生活、新奋斗的起点。”[③] “要切实做好巩固拓展脱贫攻坚成果同乡村振兴有效衔接各项工作，让脱贫基础更加稳固、成效更可持续。”[④] 研究也表明，巩固脱贫攻坚成果同乡村振兴具有良好的耦合衔接关系。[⑤] 正是基于此，本书作为作者主持完成的国家社会科学基金项目《左右江革命老区乡村旅游扶贫中农民创业问题研究》结题成果，出版发行，对于接续推进脱贫攻坚成果与乡村振兴深度衔接，以及乡村全面振兴亦具有重要的学术价值。

本书的学术价值在于探索了民族地区在国家力量和地方实践的基础上从贫困到全面脱贫致富过程，在这一过程中探寻了农民乡村旅游创业这一具有“尊严式、群众主体”特色的脱贫致富路径，同时测算了农民乡村旅游创业绩效及模式等，这些成果对于发展中国家，尤其是发展中国家民族地区实施减贫具有理论借鉴价值。这些价值也得到了学界和政府部门的认可：成果获得了 2020 年广

---

① 中共中央 国务院关于实现巩固拓展脱贫攻坚成果同乡村振兴有效衔接的意见（2020 年 12 月 16 日）[N]. 人民日报，2021-03-23（1）.

② 安华，李蕾．民族地区巩固拓展脱贫成果同乡村振兴有效衔接研究——以内蒙古自治区为例 [J]. 边疆经济与文化，2024（6）：43-47.

③ 习近平．在全国脱贫攻坚总结表彰大会上的讲话 [N]. 人民日报，2021-02-26（2）.

④ 同③．

⑤ 郭俊华，王阳．脱贫攻坚同乡村振兴的耦合协同关系研究——以秦巴山区为例 [J]. 西北民族大学学报（哲学社会科学版），2022（1）：117-129.

西第十六次社会科学优秀成果二等奖（广西壮族自治区人民政府奖励）并被省级文化和旅游、农业农村等部门采纳，相关成果也在报刊发表。

2019 年书稿成果结题后，因研究成果中数据涉及保密等，根据保密要求，结题后 3 年内不能出版。2022 年书稿数据解密后，又因申请出版经费等原因，直至 2024 年才进入出版审核阶段。

总结提炼脱贫攻坚成果经验、模式和学术价值，目的是更好地服务解决“三农”问题。在中国式现代化时空语境下，需要对我国脱贫攻坚取得的伟大胜利成果进行深化学术表达，“用中国道理总结好中国经验，把中国经验提升为中国理论”是学界的新使命，希冀书稿出版为当前及未来解决“三农”问题、推进农业农村现代化新征程、经济社会高质量发展的重大现实与问题提供一个来自边疆民族地区的鲜活、生动“方案”。

陆　军

2025 年 1 月

前　言

消除贫困、改善民生、实现共同富裕，是社会主义的本质要求，是中国共产党的重要使命。对这一课题进行研究是各学科和专业的专家、学者义不容辞的任务。

党的十九大报告指出“要深化农村集体产权制度改革，保障农民财产权益”“要促进农村一二三产业融合发展，支持和鼓励农民就业创业，拓宽增收渠道”。乡村旅游整合了农村第一产业、第二产业、第三产业，是推动第一产业、拉动第二产业、促进第三产业融合发展的重要载体，是破解我国城乡二元化结构发展不平衡、农村经济社会发展不充分问题的重要举措，也是解决革命老区扶贫问题、建成小康社会、真正体现赋予农民更多财产权利，构建新型工农城乡关系的真实体现。因此，探讨左右江革命老区乡村旅游创业致富问题，并找出阻碍共同富裕进展中促进农民创业的根源，对于加快左右江革命老区脱贫致富具有重要的学术价值与现实意义。

课题组自 2016 年 4 月获得国家社会科学基金立项以来，在前期调查研究的基础上，多次深入左右江革命老区典型的乡村旅游扶贫地进行实地调查，研究了农民创业相关问题，形成了本书内容。

课题组所选择的研究区域是《左右江革命老区振兴规划（2015—2025 年）》所界定的“左右江革命老区”。区域范围以广西百色为代表，左右江革命老区为核心，统筹考虑区域经济社会协调发展。范围包括：广西百色市、河池市、崇左市全境，南宁市隆安县、马山县；贵州黔西南州全境，黔南州都匀市、荔波县、独山县、平塘县、罗甸县、长顺县、惠水县、三都水族自治县（以下简称三都县），黔东南州黎平县、榕江县、从江县；云南省文山州全境。研究区域覆盖3个省(区)所辖8个市（州）59个县（市、区），少数民族人口占73%及以上的县是国家扶贫开发工作重点县。在左右江革命老区，国家实施了乡村旅游富民工程，将左右江革命老区48个县（市、区）共353个扶贫村列入国家乡村旅游扶贫重点村名单（表1）。同时，据不完全统计，广西壮族自治区、贵州省和云南省共有890多个扶贫村被列入省级乡村旅游扶贫重点村，重点对这些村予以支持发展。特别是广西，全区旅游扶贫重点村共有235个，分布在8个地级市的33个县内，其中50.4%的重点村集中分布在左右江革命老区的百色市、河池市、崇左市及南宁市的马山县、隆安县。在这些旅游扶贫重点村中，大部分旅游扶贫项目都是由“政府＋个体户”投资的，经营管理上绝大部分由农民自己负责，这些农民成为乡村旅游扶贫创业者。

表1　左右江革命老区国家级乡村旅游扶贫重点村统计表　　单位：个

地市名	南宁市	百色市	河池市	崇左市	黔西南州	黔东南州	黔南州	文山州	合计
县(市、区)	2	10	7	4	7	3	7	8	48
扶贫村	18	54	63	20	47	26	60	65	353

资料来源：根据国家发展和改革委员会等七部门联合下发的《关于实施乡村旅游富民工程推进旅游扶贫工作的通知》(发改社会〔2014〕2344号)整理统计而成。

左右江革命老区是中国共产党在土地革命战争时期较早创建的革命根据地之一，也是我国14个连片特困地区之一，由于受历史、自然环境、地理条件、旅游市场、科技水平及发展思路、发展理念等内外因素制约，左右江革命老区的发展仍存在许多特殊困难。为了让左右江革命老区早日脱贫致富，与全国其他地区同步步入全面小康社会，2015年2月9日，国家批准了《左右江革命老区振兴规划（2015—2025年）》。

乡村旅游是精准脱贫的重要路径，也是有效减少脱贫返贫的重要路径，具有很强的产业嵌入、产业渗透、产业融合等特点。

左右江革命老区各县（市、区）创新实施乡村旅游开发扶贫工程，加大对乡村旅游业的培育和扶持力度，着力破除体制机制障碍，推动乡村旅游业转型升级、提质增效，形成了广西的“巴马现象”“南丹模式”，贵州的“从江特色”，云南的“普者黑典范”等乡村旅游扶贫产业实践案例。

课题组以左右江革命老区乡村旅游扶贫村中的农民创业成功案例为主要研究对象，综合运用质性研究、定量研究等方法进行实证分析，取得了大量成果。其中一些成果已在《贵州师范大学学报》（哲学版）、“中国民族旅游论坛”上发表，并在广西壮族自治区河池市、贵港市、桂林市、贺州市、百色市、崇左市、柳州市等多个城市举办的乡村旅游培训班中以旅游扶贫培训课程形式进行了传播。个案成果也被广西壮族自治区旅游发展委员会、广西壮族自治区扶贫开发办公室等采纳，用来宣传推广。课题研究成果获得了2020年广西第十六次社会科学优秀成果奖二等奖，取得了良好的社会效应。

左右江革命老区乡村旅游扶贫具有其自身的独特性，其特色产业创业脱贫成为脱贫致富的亮点。在探索脱贫致富的道路上，老区的广大干部和人民群众对脱贫致富工作进行了大胆尝试，提升了老区的内生发展动力，增强了自身发展的自信心，闯出了一条具有老区脱贫致富特色的新道路。

课题组在前期调查研究的基础上，从学术视角予以关注，主要从以下六个方面进行了重点研究分析。

一、研究了农民在新时代背景下创业的响应机理问题

利用PSR分析工具研究了环境约束、生态文明建设、城镇就业压力（P）；重点剖析了左右江革命老区将“绿水青山转化为金山银山”，发展适合农民的乡村旅游绿色扶贫创业模式及状态（S）；研究了农民以乡村旅游创业方式对脱贫致富做出响应（R）的路径。得出了农民如何实现富有尊严、自尊自强的扶贫，从根本上让农民实现真脱贫、不返贫，真正防止贫困代际传递的研究结论。

二、分析了乡村旅游与农民创业的关系问题

课题组对乡村旅游与农民创业的耦合度进行了量化分析研究，结果表明两者之间具有极高耦合度，即乡村旅游机制运用越成熟，农民创业的机会就越多。

三、测算了乡村旅游发展对农民创业的贡献率问题

课题组测算了乡村旅游发展对农民创业的贡献率，广西 29 个国家扶贫开发工作重点县的调查评估与测算结果表明，旅游业核心创业[①]、旅游业直接创业及旅游业综合创业三者比例为 12.15∶19.11∶68.74，也就是说乡村旅游发展提供旅游核心创业（直接创业）1 人，就可以拉动乡村旅游相关产业直接创业和旅游业综合创业（间接创业）1.57 人和 5.66 人。

四、剖析了乡村旅游农民创业的影响因素和风险因素

课题剖析了左右江革命老区农民创业的重要影响因素：市场风险、自身技能、社会资本及对资源的获取支配能力。风险因素包括人际关系、市场波动、政策风险、环境约束风险、自身素质能力风险等。

五、构建了以农民为核心的 RPM 创业理论模型

RPM 创业理论模型是指以农民创业为核心，以资源为基础，以市场为导向，依托农民拥有或占有的资源，通过市场的信息反馈和发展导向，对资源进行创新性配置后共享给农民作为其创业资本；通过创新性配置资源使农民的创业成果能够供给并适应市场，同时以市场机制引导着农民进行循环创业，实现三者之间的相互作用。可以看出，RPM 创业理论模型是由三个关键要素构成：农民、资源和市场，三个要素均重点强调了市场的反馈机制和导向机制，并强调了农民占有或拥有资源的重要性。资源和市场既是农民创业的基础，也是乡村旅游开发的基础，但并非有了资源就可以脱贫致富，资源也并非天生就具有市场适应性，资源需要与市场相融互通。通过市场反馈机制引导农民利用自身的资源优势，开发出适销对路的旅游产品，只有这样，才能确保农民创业的

① 创业分类借鉴《中国旅游就业目标体系与战略措施研究》（国家旅游局编．北京：中国旅游出版社，2004）。学界对旅游创业类型尚未有共识的观点，本书对旅游创业按照旅游业核心创业、直接创业和综合创业三个类型进行划分。

成功（图 1）。

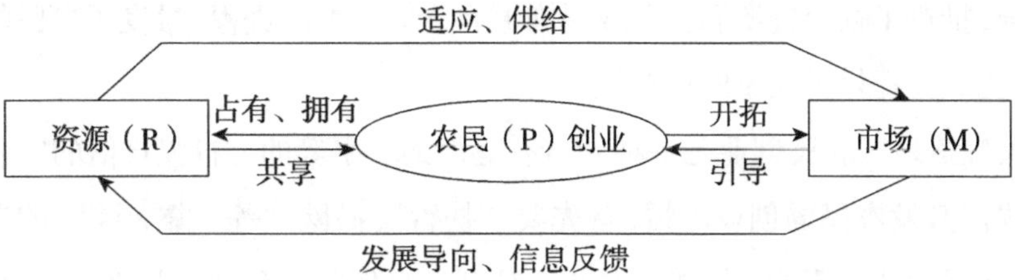

图 1　以农民为核心的 RPM 创业模型示意图

RPM 创业理论模型表明：在乡村旅游中，农民创业处在中心位置，其成败取决于资源与市场是否适配。资源需要通过市场才能实现创新性配置，市场的发展则以资源为基础。乡村旅游农民创业的群体特征表现出季节性、间歇性、兼职性、临时性及相对固定性。乡村旅游市场具有三重类型，即市场导向、引领市场和创造市场。

六、探讨了乡村旅游农民创业的路径、模式和保障体系

课题组利用 TOPSIS（Technique for Order Preference by Similarity to an Ideal Solution）评价模型对农民的创业路径、模式进行了比较评价研究，并根据评价结论就以下对策进行了探讨。

一是探索乡村旅游的产业嵌入创业、社会网络嵌入产业创业、自主创业、合伙创业等农民创业路径，使农民拥有对致富项目直接开发的“话语权”，解决“扶贫不彻底”的难题。

二是归纳总结了产业主导型、资源主导型、机遇主导型、技能主导型、金融扶持主导型、社会帮扶型、社区精英榜样示范带动型七种农民创业模式。这七种农民创业模式没有明显的分界，多为混合的新型创业模式，有助于农民创业时有多种模式可供选择，从而破解“脱贫易致富难”的困局。

三是从政策扶持、培训教育、产权制度、智力帮扶、公共服务、创业导师、长远规划、非政府公益组织等方面，探析左右江革命老区乡村旅游项目中农民创业的保障体系，确保农民创业路径和模式的可行性并实现农民创业成功的目标。

乡村旅游是绿色发展的新路径、绿色崛起的新窗口，促进了农村一二三产业融合，推进了社会资源和文明成果在城乡之间共享的进程，激发了农民的创业活力，为农民提供了大量的创业机会。

欠发达地区农民创业是一种“富有尊严的、平等的、自强自信的”脱贫致富方式。激发农民的创业激情，首先要“扶智”，破除“等、靠、要”的守旧思想，其次要营造“尊严、平等、公正、公开、自信”的乡村旅游营商环境，构建“资源——农民创业——市场”创业模式。选择乡村旅游作为绿色发展路径，以“创业”方式探寻左右江革命老区农民发展的可持续性，其目的在于以“绿水青山就是金山银山”的理念，探索农村经济高质量发展之路。

目 录

第一章　绪　论

第一节　研究方法

一、质性研究法

质性研究法是指研究者参与到自然情境之中，采用观察、访谈、实物分析等多种方法收集资料，对社会现象进行整体研究，主要采用归纳的思路对研究现象进行深入的整体性探究，从原始资料中形成结论和理论，并通过与研究对象互动，对其行为和意义建构获得解释性理解的一种方法。课题组采用质性研究法，在自然情境下，通过深度访谈、焦点小组讨论、个案研究、参与式观察等，对左右江革命老区资源禀赋、农民、市场、经济状况等进行调查。侧重的是整体性探究乡村旅游农民创业涉及的各种问题，并从收集到的原始资料和数据中形成结论和理论。

课题组分成4个小组，于2016年5月、7月、8月、10月、12月，2017年3月、5月、7月、8月、11月及2018年1月、7月、8月、11月，累计82天，在广西壮族自治区东兰县、巴马瑶族自治县、凤山县、罗城仫佬族自治县、宜州市（现宜州区）、靖西市、马山县、凌云县、乐业县、大新县、南丹县等11个县（市），贵州省从江县、榕江县、独山县、荔波县等4个县，云南省富宁县、丘北县、马关县等3个县，对共18个县的72个开展乡村旅游的贫困村、171个贫困户进行访谈、开座谈会。收集录音资料215小时、文献资料3278份、个案107个，发放游客和居民调查问卷近千份，为本课题的调查成果奠定了基础。

二、定量研究法

定量研究是指搜集用数量表示的资料或信息，并对数据进行量化处理、检验和分析，从而获得有意义的结论的研究过程。定量是以数字化符号为基础去测量。课题组采用定量研究，通过问卷调查、文献搜集、网络爬虫等技术，运用数理统计、指标构建等方法，采集致贫数据、游客问卷数据、农民问卷数据等，使用统计软件进行数理统计，对乡村旅游与农民创业关系、理论模型等进行量化研究。在量化研究过程中，课题组对数据进行多方求证，剔除无效因子及其数据，从而确保数据的真实、科学和可靠。

三、实证研究法

实证研究是相对于规范研究而言的，是指利用已有数据对过去经验状态的一种研究方法。课题组采用实证研究法，以具体的个案作为研究对象，对广西、贵州及云南乡村旅游农民创业典型案例进行研究。通过对个案的深入调查研究，对乡村旅游扶贫项目的农民旅游创业特征、影响因素、创业模式、创业路径及保障体系等进行了分析、梳理与提炼。

第二节 研究框架

左右江革命老区为少数民族聚居区，虽资源富集但经济欠发达。乡村旅游具有创业机会多、门槛低、致富快、绿色发展优势明显、辐射范围广等特点，是农民创业脱贫致富的重要路径。本课题围绕乡村旅游扶贫如何带动农民创业问题进行了深入、细致和客观的研究（图 1–1）。

一、乡村旅游农民创业的影响因素及风险识别调查分析

（一）分析乡村旅游与农民创业关系

本课题调查分析左右江革命老区乡村旅游资源的分布、类型、构成、价值、特色，以及农民对乡村资源、社会资源的占用与拥有状态。深挖与农民创业相关的民俗文化、景观遗产、土地资源、村寨文化、生态农业等资源，以构建乡

村旅游农民创业的人——地和人——人关系综合评价指标体系，为探索农民创业精准路径、模式提供理论支撑。

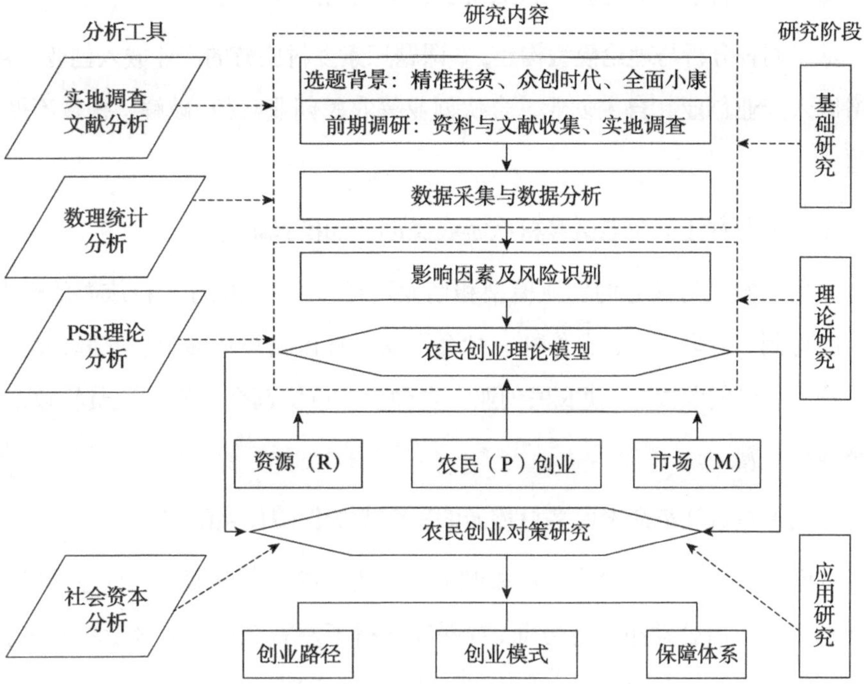

图 1–1 研究内容总体框架图

（二）调查识别农民创业影响因素、风险

本课题从市场、资源、政策、技术、环境等外因，以及民族心理、民族习惯、民族性格、自身能力、社会网络、先前知识与经验、创业意愿等内因，调查识别农民创业影响因素、风险。

二、乡村旅游农民创业的理论模型构建

本课题应用联合国 OECD 和 UNEP 两大组织联合提出的“压力——状态——响应”（PSR）理论分析工具，基于直接与间接、外部与内部双重压力的全面研判，以“乡村旅游开发”为状态，以“农民创业”为响应，构建互适性强、匹配度高的“资源（R）——农民（P）创业——市场（M）”的农民创业 RPM 模型，为研究农民创业对策提供理论支持。

三、乡村旅游农民创业对策研究

（一）左右江革命老区乡村旅游农民创业的路径研究

基于调查分析与理论模型构建，本课题探索乡村旅游的产业嵌入创业、社会网络嵌入产业创业、自主创业、合伙创业等农民创业路径，破解“扶贫不彻底”难题。

（二）左右江革命老区乡村旅游农民创业的模式研究

根据以农民为核心的创业模型和创业路径，本课题探寻乡村旅游的创客空间、股份制、互联网+、合作社、社会帮扶、社区精英传帮带、家庭作坊、家庭农场等农民创业模式，使农民创业有多种模式可供选择，破解“脱贫易致富难”的困局。

（三）左右江革命老区乡村旅游农民创业的保障体系研究

从政策扶持、培训教育、产权制度、智力帮扶、公共服务、创业导师、长远规划、非政府公益组织等方面，本课题探析了左右江革命老区乡村旅游农民创业的保障体系，以确保农民创业路径和模式能成功实践。

第三节　文献综述

一、国外相关研究的梳理

乡村旅游作为富民的重要路径，较早就受到国外研究者的关注，其研究大致经历了两个阶段。

（一）第一阶段为20世纪60年代至90年代的乡村旅游影响研究

这一阶段研究的焦点在于乡村旅游概念、乡村旅游扶贫功能、乡村旅游扶贫路径、乡村旅游扶贫的影响因素，以及乡村旅游扶贫对经济社会、生态环境、农业、就业、外汇等方面的贡献。由于乡村旅游扶贫为农民带来了经济实惠，在各类研究文献中不同的专家学者对乡村旅游扶贫的经济效能及倍增乘数效应进行了系统研究。乡村旅游研究在20世纪60年代至90年代得到了快速发展，大部分研究以农业旅游与农场主（农民）增收为中心展开。

（二）第二阶段为20世纪90年代末以来的研究

这一阶段，国外精准旅游扶贫研究主要是从瞄准贫困人口（家庭）入手进行乡村旅游扶贫研究，以1999年英国国际发展局（DFID）首先提出反贫困旅游（Pro-Poor Tourism，PPT）理论为标志，众多研究者围绕贫困人口（家庭）发展乡村社区旅游、乡村小微企业、乡村住宿业、农业旅游等领域进行精准扶贫研究。随后，2002年世界旅游组织（WTO）提出了可持续旅游有助于消除贫困（Sustainable Tourism-Eliminating Poverty，ST-EP）理论，核心是使贫困人口获得更多的发展机会和利益，乡村旅游作为精准消除贫困的重要政策路径被列入其中。此后，乡村旅游因在消除乡村贫困方面具有很强的精准性，不仅成为WTO的关注焦点，而且也成为国外乡村旅游研究的热点。

二、国内相关研究的梳理

我国乡村旅游发展迅速，国内相关研究大致经历了三个阶段。

（一）国外理论引进、消化阶段

我国乡村旅游研究始于20世纪80年代中后期，这一阶段的工作主要聚焦在对国外“乡村旅游”学术理论的引进、消化上，重点是乡村旅游概念、作用、影响等方面的借鉴研究。此阶段乡村旅游扶贫没有专题研究成果，只是在乡村旅游影响研究文献中有所涉及。较早涉及旅游扶贫问题的是1987年发表的《湖南省大庸市广开门路促进民族地区经济发展》这篇学术论文（湖南省财政厅办公室）。

（二）乡村旅游快速发展阶段

1991年，贵州省旅游局在全国旅游局长会议上明确提出“旅游扶贫”的概念。经过两年多的实践和探索，1993年11月，国务院办公厅转发国家旅游局《关于积极发展国内旅游业意见的通知》，其中提出了实施“旅游扶贫”的政策。旅游扶贫工作也正是在这个过程中得到了进一步推动。1996年，国家旅游局把旅游扶贫写入《中国旅游业发展“九五”计划和2010年远景目标纲要》。以 1996 年标题为《论旅游扶贫》一文为节点[①]（吴忠军，1996），我国旅游扶贫研究进入了快速发展阶段，该文提出了民族村寨旅游、农业旅游、乡村旅游等概念。乡村旅游扶贫引起了各学科研究者的关注并取得了较为丰硕的成果，这一过程持续到 21 世纪初。该阶段的研究主要聚焦于乡村旅游与民族地区农民增收、就业，农村经济发展的影响机制，以及社区参与旅游发展、旅游扶贫效应等内容。

本阶段旅游扶贫最突出的成效体现在基本制度环境的改变。旅游扶贫由最初的政府组织资源、促进开发和推动发展，逐步向“政府 + 市场”的双轨并行制发展。这其实也是中国市场经济不断深入发展的结果和体现。在这一阶段，借助农村经济体制的改革，通过市场化的推进和旅游减贫系列措施的实施，农村贫困地区经济情况得到了一定程度的改善，农民也从中得到了实惠。

这一阶段，乡村旅游及对贫困人口（家庭）扶贫的研究得到持续深化。乡村旅游普遍被认为对推进贫困地区农村经济发展起到重要的作用（Dernoi，1991；Blaine & Golan，1993；Nulty P M，2004；Sharply R，2013；陆林，2010；杨振之，2012；吴忠军，2011—2015）。乡村旅游对贫困人口（家庭）的经济贡献和意义也得到了充分证明。在许多国家，乡村旅游被认为是一种防止农业经济低迷和增加贫困人口（家庭）收入的有效手段（Deller, Steven, 2010；Mekawy，2012；Pillay M & Rogerson C M, 2013）。因为，乡村旅游根植于不同的国家、地区与文化背景，所以针对贫困人口（家庭）展开更有精准性的乡村旅游扶贫研究将会得到持续深化。

这一阶段，民族地区乡村旅游精准扶贫研究受到进一步关注。从 DFID 最先提出的 PPT 理论，到 WTO 提出的 ST-EP 模式，以及我国提出的“产业扶贫”“整村推进”等精准扶贫理论，均得到了国内外学者的积极回应，众多国内外研究者依托自身的学科优势，对民族地区旅游扶贫展开了卓有成效的研究，取得了一大批有价值的研究成果（Wearing，2008[②]；Trevor H.B. Sofield 2006[③]；

① 吴忠军．论旅游扶贫 [J]. 广西师范大学学报（哲学社会科学版），1996（4）：18-21.

② Wearing S. Pro-Poor Tourism: Who Benefits? Perspectives on Tourism and Poverty Reduction[J].Annals of Tourism Research，2008，35（2）:616-618 .

③ Sofield T H B .Border Tourism and Border Communities: An Overview[J]. Tourism Geographies，2006，8（2）:102-121.

Mekawy，2012[①]；邵琪伟，2007[②]；邹统钎，2008[③]；Erik Holm-Petersen，张殿恩，2011[④]；王兆峰，2011[⑤]；王德刚，2014[⑥]；邓维杰，2017[⑦]；吴忠军，高冲，2015[⑧]），涌现了一批长期研究民族地区旅游扶贫的专家，如王兆峰、罗永常、吴忠军等。国内外乡村旅游精准扶贫研究在参照系列、种类范畴、研究方法等方面普遍存在多样性、差异性和复杂性，因此，归结在不同文化背景中区别不同国家、民族地区乡村旅游精准扶贫所表现出来的特殊性和差异性，增强研究结果的精准性、针对性和可比较性，将是相关研究的另一趋势。

（三）精细化研究阶段

2011 年，中共中央 国务院印发《中国农村扶贫开发纲要（2011—2020 年）》。我国乡村旅游扶贫研究进入新阶段，研究内容更加精细、精准，尤其是乡村旅游产业扶贫、乡村小微旅游企业发展、乡村旅游就业、乡村旅游精准扶贫识别等微观内容得到了深入研究。2013 年 11 月，习近平总书记在湖南省考察时，首次提出了"精准扶贫"概念。学界进一步细化了对贫困地区和农民的旅游扶贫研究，乡村旅游精准扶贫成为学界努力探求的重要命题。

这一阶段乡村旅游创业研究更加被重视。因此，加强乡村旅游扶贫中贫困人口的受益包括经济利益和非经济利益，参与程度、类型及受益是否公平、受

① Mekawy M A. Responsible slum tourism: Egyptian experience[J]. Annals of Tourism Research, 2012, 39（4）:2092-2113.

② 邵琪伟 . 发展乡村旅游促进新农村建设 [J]. 求是，2007，（1）：42-44.

③ 邹统钎 . 乡村旅游推动新农村建设的模式与政策取向 [J]. 福建农林大学学报（哲学社会科学版），2008，（3）：31-34.

④ Holm-Petersen E，张殿恩 . 乡村旅游与小城镇发展 [J]. 旅游学刊，2011，26（12）：5-7.

⑤ 王兆峰 . 湘西民族文化旅游创意产业发展研究 [J]. 中央民族大学学报（哲学社会科学版），2011，38（6）：93-101.

⑥ 王德刚 . 文化自信、利益均衡是确立乡村旅游伦理关系的基础 [J]. 旅游学刊，2014，29（11）：9-11.

⑦ 邓维杰，何海燕，朱淑婷 . 乡村旅游精准扶贫的困境与对策 [J]. 农村经济，2017，（12）：44-49.

⑧ 吴忠军，高冲 . 乡村旅游农民合作与增收研究 [J]. 旅游论坛，2015，8（1）：75-80.

益能力提升是关注点（Kline C，2010[①]；Kim S Y，Seong B C，2011[②]；Pan Y，Wang X，Ryan C，2012[③]；Ling-en W D，2013[④]；朱璇，2012[⑤]；陈艳鞶，2013[⑥]；吴忠军，吴少峰，2014[⑦]；罗盛锋，黄燕玲，2015[⑧]）。但相关研究成果显示，乡村旅游创业作为精准扶贫脱贫的重要路径，研究基础仍较薄弱，尤其是直接研究乡村旅游创业的文献还比较少，在"大众创业 万众创新"时代，乡村旅游创业精准扶贫脱贫研究将更加得到众多学者的重视。

三、国内外相关研究动态

（一）国内外研究动态

旅游作为精准扶贫的重要组成部分，在发展乡村经济中起到了越来越重要的作用。在实施乡村振兴战略背景下，把乡村旅游作为消除贫困的重要路径，得到了中外研究者的关注，众多研究者依托自身的学科优势，围绕旅游扶贫理论、战略、功能、机制等问题展开了深入研究，取得了一批重要研究成果，发表了许

① Kline C. Milburn L A. Ten Categories of Entrepreneurial Climate to Encourage Rural Tourism Development[J]. Annals of Leisure Research，2010，13（1-2）：320-334.

② Kim S Y，Seong B C. Intervention Analysis of Korea Tourism Data[J]. Korean Journal of Applied Statistics，2011，24（5）：735-743.

③ Pan Y，Wang X，Ryan C. Chinese seniors holidaying, elderly care, rural tourism and rural poverty alleviation programmes[J]. Journal of Hospitality and Tourism Management，2021（46）：134-141.

④ Ling-en W，Dhruba，et al. Rural tourism development in China: Principles, models and the future[J]. Journal of Mountain Science，2013，10（1）：116-129.

⑤ 朱璇．新乡村经济精英在乡村旅游中的形成和作用机制研究——以虎跳峡徒步路线为例 [J]. 旅游学刊，2012，27（6）：73-78.

⑥ 陈艳鞶．乡村旅游与农村劳动力就业研究——以南京市高淳县为例 [J]. 安徽农业科学，2013，41（1）：179-180+321.

⑦ 吴忠军，吴少峰．乡村旅游与壮族农民增收研究 [J]. 广西民族大学学报（哲学社会科学版），2014，36（3）：54-61.

⑧ 罗盛锋，黄燕玲．滇桂黔石漠化生态旅游景区扶贫绩效评价 [J]. 社会科学家，2015，（9）：97-101.

多精辟的论述和著名理论，如 PPT 理论、ST-EP 理论等。

旅游扶贫的核心是使贫困人口获得更多的发展机会和收益。关注贫困人口的扶贫研究成为多学科交叉渗透的学术领域。乡村旅游作为直接让贫困人口受益和为贫困人口提供发展机会的扶贫路径，日益受到研究者的重视，WTO（1993，1997），USTTA（1995），DOT（1995）等机构及 Deller，Steven（2010）等学者强调了乡村旅游在乡村经济和贫困人口受益中的积极作用[①]；我国王兆峰，李晓静（2011）[②]、杨振之等（2012）[③]、张遵东，章立峰（2011）[④]、杨启智，向银（2012）[⑤]等专家学者的研究成果表明：乡村旅游对农民参与旅游发展、农民就业、农民增收等具有积极的影响。

国内外尚未发现直接研究左右江革命老区乡村旅游与农民创业的专题研究文献，目前在微观层面的个案研究上，对左右江革命老区涉及乡村旅游与创业就业的研究文献主要是关于乡村旅游小微企业、农家乐等方面的内容。国内外研究主要集中在以下两个方面。

1. 乡村旅游对农民收入的影响研究

乡村旅游的主体是农民，其与农民的增收直接关联，也是最能够促进农民创业就业的绿色扶贫行业，专家学者们对此给予了足够的关注，并投入了大量的精力进行研究，取得了一批重要的研究成果（McGehee N G etc，2007；Adam Blake，2008；Pillay，2013；罗永常，2004；黄海珠，2009；张遵东、章立峰，

① Macleod D V L，Gillespie S A. Sustainable Tourism in Rural Europe：Approaches to Development[M]. London：Taylor and Francis，2010.

② 王兆峰，李晓静．近 20 年来张家界入境旅游流与居民收入增长的考察 [J]. 经济地理，2011，31（12）：2122-2127.

③ 杨振之，张冠群，黄葵．从土地流转到农地发展权 [C]// 中国区域科学协会区域旅游开发专业委员会，湖北省农业厅，湖北省旅游局．第十六届全国区域旅游开发学术研讨会论文集．四川大学中国休闲与旅游研究中心；内蒙古师范大学旅游学院；重庆教育学院旅游系，2012：466-478.

④ 张遵东，章立峰．贵州民族地区乡村旅游扶贫对农民收入的影响研究——以雷山县西江苗寨为例 [J]. 贵州民族研究，2011，32（06）：66-71.

⑤ 杨启智，向银．乡村旅游对农民收入的贡献研究——基于成都市的实证分析 [J]. 经济问题，2012，（09）：123-125.

2011；王兆峰，2011；吴忠军，2012—2014；杨德进，2015）。Pillay 采用肯定式探询法对南非旅游扶贫所做的研究表明：旅游对减贫有着积极的作用，旅游与贫困之间存在耦合、因果、相互作用等关系。吴忠军的系统研究表明，西南民族地区乡村旅游发展能够增加农民的工资性收入、自主经营所得、旅游转移性收入、旅游资源产权收入。

2. 乡村旅游创业就业动机、影响研究

乡村旅游是精准扶贫、精准脱贫的重要方式，大多数研究成果探讨了乡村旅游创业就业动机及对农民的影响，乡村旅游微小企业发展是其关注点（Su B，2011；Zeng B & Ryan C，2012；Wang D，2013；陈艳鑾，2013；李星群，2011；林宗贤等，2013；蒋剑勇，2014；刘金锋等，2014；白长虹、温婧，2015）。Su B 认为，中国乡村旅游促进了农民就业创业并带来了财富、尊严；李星群研究表明，农民创办乡村微型企业的动机是谋求独立发展，其中存在许多不确定风险，对市场敏感性不足是主要风险。

大量的专家学者对乡村旅游进行了研究，涉猎的领域广、内容多、成果丰硕，其中有不少专家学者从具体的个案入手，探讨了乡村旅游扶贫模式，如李国平（2004）[①]、覃建雄（2013）[②]、徐燕（2012）等[③]对广东、秦巴山区和贵州的旅游扶贫进行的研究以及结论表明，乡村旅游对农民创业就业有很强的促进作用。社区参与模式作为精准旅游的新模式，也引起了学者的关注，学者黄葵（2014）在对渝东南地区乡村旅游深入调查的基础上，总结了乡村旅游发展的三种模式：立体化旅游扶贫模式、社区参与模式、景区帮扶模式[④]。熊娜（2015）在其文章中，总结了国内外的乡村旅游发展模式，重点归纳了社区旅游、“旅游 +”等模式[⑤]。产业融合是乡村旅游的重要路径，在乡村旅游产业融合方面，学界也展开

① 李国平. 基于政策实践的广东立体化旅游扶贫模式探析 [J]. 旅游学刊，2004，19（5）：56-60.

② 覃建雄，张培，陈兴. 旅游产业扶贫开发模式与保障机制研究——以秦巴山区为例 [J]. 西南民族大学学报（人文社会科学版），2013（7）：135-138.

③ 徐燕，殷红梅. 贵州省贫困地区乡村旅游村寨扶贫建设模式研究 [J]. 安徽农业科学，2012，40（8）：4744-4746.

④ 黄葵. 重庆渝东南地区乡村旅游扶贫对策研究 [J]. 重庆第二师范学院学报，2014，27（6）：52-54.

⑤ 熊娜. 我国乡村旅游扶贫的典型模式与主要特征 [J]. 现代经济信息，2015（20）：71.

了较为深入的研讨，例如，毛峰（2016）提出了通过乡村旅游产业带动和促进乡村一二三产业融合发展的观点[①]，陈秋华和纪金雄（2016）认为，“三产”融合拓宽了乡村旅游扶贫的视野和领域[②]。

（二）有关乡村旅游农民创业研究

1. 国外关于乡村旅游农民创业研究

国外学界比较早就开始对乡村旅游中农民创业问题进行研究，主要采用人类学的理论和方法从社会资本、人力资本等视角进行研究。Marcel-Fafchamps Agnes R.Quisumbing（2003）[③]在对巴基斯坦农村调查分析的基础上得到结论：具有较高文化层次的家庭成员多数从事非农产业，包括乡村旅游业。Serge Schmitz et al,（2016）[④]对喀麦隆乡村旅游开发的研究指出：农民创业的人力资源是多样的、丰富的。Marit S.Haugen 和 Berit Brandth（2005）也对乡村旅游开发中农民受教育程度与决策、创业就业行为等进行了研究，得到了农民受教育程度与创业的质量有直接关联的结论[⑤]。

2. 国内乡村旅游农民创业研究

国内学界关于农民创业的研究成果较多，但对乡村旅游或旅游开发中农民创业的研究相对薄弱，多数学者关注了乡村小微企业或乡村旅游主体经营户，涉及的内容和议题较为广泛。易修平（2000）[⑥]、温锐（2004）[⑦]、黄中伟（2005）[⑧]

① 毛峰．乡村旅游扶贫模式创新与策略深化 [J]. 中国农业资源与区划，2016，37（17）：212–216.

② 陈秋华，纪金雄．乡村旅游精准扶贫实现路径研究 [J]. 福建论坛（人文社会科学版），2016（5）：199–200.

③ Marcel F, Agnes R Q. Social Roles Human Capital and the Intrahousehold Division of Labor : Evidence from Pakistan[J]. Oxford Economic Papers, 2003, 55（1）: 36–80.

④ Schmitz S, Tsobgou D L. Developing tourism products and new partnerships through participatory action research in rural Cameroon[J]. Geographical Research, 2016, 54（2）: 143–152.

⑤ Brandth B, Haugen M S. Doing Rural Masculinity – From Logging to Outfield Tourism[J]. Journal of Gender Studies, 2005, 14（1）: 13–22.

⑥ 易修平．引导农民进城镇创业——加快农村城市化 [J]. 城市化发展研究，2000（3）：66–67.

⑦ 温锐．农民增收关键在强化农民自我创业四项功能 [J]. 福建师范大学学报，2004（3）：1–7.

⑧ 黄中伟．非均衡博弈——浙江农民创业的原动力 [J]. 企业经济，2005（5）：108–109.

等学者对农民创业的影响因素、利益相关者在农民创业中的作用，特别是乡村旅游与农民创业之间的关系等进行了研究，并得到结论：乡村旅游创业增强了农民的脱贫能力。随着我国乡村旅游开发的深入和形态的多样化、竞争的激烈化等，农民的创业模式也引起了学者的关注，韦吉飞（2010）①、李美青（2011）②、段开松（2015）③、王燕等（2015）④ 对乡村旅游促进农民创业的模式、创业环境与要素配置机制等进行了较为深入的研究，取得了丰硕成果。吴昌华等（2006）提出了江西省农民创业的三种模式：自我开发型创业模式，农村专业合作组织创业模式，企业主、村干部带动型创业模式⑤。刘爱梅和张国良（2010）提出了浙江省农民创业活动的六种模式：家庭工业模式、经商回归模式、打工转型模式、产业带动模式、企业裂变模式和家族孵化模式⑥。这些模式对本文的研究具有一定的借鉴价值。

（三）国内外研究的不足

国内研究者对我国乡村旅游模式、战略、机制及其对贫困人口的影响与乡村旅游农民创业等问题进行了深入系统的研究。然而，在研究成果日趋丰硕的同时，仍需关注乡村旅游研究存在的不足。

1. 研究方法的不足

我国民族欠发达地区乡村旅游研究以描述性的定性分析居多，对具体领域的量化研究不足。乡村旅游研究涉及文科和理科交叉知识，在研究范式上，采取交叉学科、跨学科等体现文理交融研究特色的方法少。

---

① 韦吉飞 . 新形势下农民创业问题研究 [D]. 陕西：西北农林科技大学，2010.

② 李美青 . 国内外农民创业模式比较研究 [D]. 吉林：吉林大学，2011.

③ 段开松 . 激活乡村旅游资源——拓宽农民创业之路 [J]. 前进，2015，（12）：45–47.

④ 王燕，周冬梅，鲁若愚 . 社会嵌入视角下创业环境与创业模式的匹配性分析 [J]. 电子科技大学学报，2015，17（3）：73–76.

⑤ 吴昌华，戴天放，魏建美，等 . 江西省农民创业调查分析及对策研究 [J]. 江西农业大学学报（社会科学版），2006（2）：29–32.

⑥ 刘爱梅，张国良 . 新农村建设中的农民自主创业模式研究——以浙江省为例 [J]. 学理论，2010（18）：45–46.

2. 研究内容的不足

国内外学界围绕乡村旅游的精准识别、精准施策、精准管理、精准嵌入等研究成果较多，对乡村旅游如何实现精准脱贫等关注较少。乡村旅游对农民脱贫致富作用的研究成果也比较少，特别是从“五位一体”的视角研究乡村旅游中农民创业的成果鲜见。脱不脱贫、是否真正阻断返贫等问题最终要看农民，现有成果在探讨农民自身原因和寻找对策时，大多局限于影响宏观研究，创业瞄准度和精准度不够，从民族、社会、文化等非经济因素角度研究农民创业成果不多，尤其是从乡村旅游与农民创业层面研究成果更为鲜见（庄天慧等，2012）[①]。

3. 绿色扶贫、精准扶贫研究不足

国内现有成果多以经济扶贫脱贫研究为主，符合“五大”发展理念的绿色扶贫研究不足；精准扶贫研究多停留在精准识别层面和对个案的描述性研究上，有的只把问题摆出，深入探讨与论述不足，乡村旅游扶贫的精准度研究不足。

4. 微观意义的个体研究不足

国内外学者对个体关注面上以宏观分析居多，研究视角以整体性与普遍性为主，而对农村贫困群体的微观研究不多、不深入。

（四）农民创业研究进展

不同学科的专家学者从自身的专业背景出发，围绕农民创业问题进行了比较系统的研究，尤其是创业过程的模式，是众多研究者所关注的。创业过程理论在发展中已形成了 4 种经典模型，这为研究乡村旅游中农民创业脱贫绩效研究提供了理论依据。

1.Sahlman 创业过程模型

Sahlman（1999）在其研究中构建了包括人与资源、机会、交易行为和外部环境 4 个要素的创业模型。Sahlman 认为，创业成功的主要原因归于人与资源匹配、交易行为、机会对外部环境的动态适配过程。该创业模型认为外部环境对整个过程有着重要作用，人与资源、交易行为、机会与外部环境之间相互影响、相互制约，处理好四者之间的关系，企业才能发展壮大。Sahlman 创业过

① 庄天慧，张海霞，余崇媛．西南少数民族贫困县反贫困综合绩效模糊评价——以 10 个国家扶贫重点县为例 [J]. 西北人口，2012，33（3）：89-93+98.

程模型如图 1–2 所示。

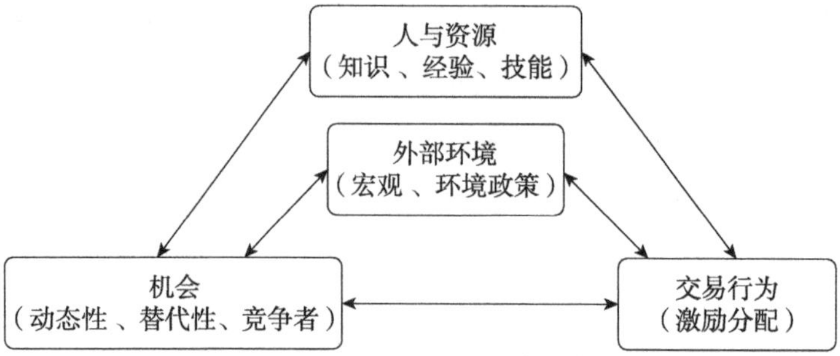

图 1–2　Sahlman 创业过程模型

资料来源：刘影．创业环境、创业能力与农民创业绩效关系研究——基于陕西省 223 个农民创业企业的实证分析 [D]. 陕西：西北农林科技大学，2015.

2.Gartner 创业过程模型

Gartner（1985）的研究构建了以创业者、组织、环境、过程为要素的创业模型。他认为，创业是创业者为达到预期目标，将原本相互独立的要素按照一定顺序、结构组合，进而创建新组织的过程。该过程主要包括创业者创业机会识别、创业资源整合、新产品和服务的创造及新组织的构建。Gartner 创业过程模型如图 1–3 所示。

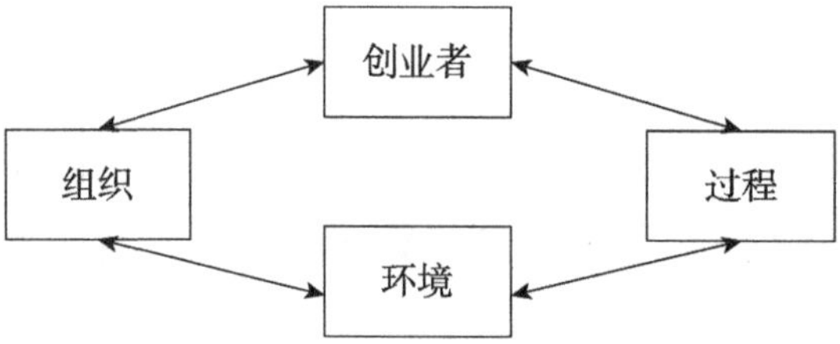

图 1–3　Gartner 创业过程模型

资料来源：刘影．创业环境、创业能力与农民创业绩效关系研究——基于陕西省 223 个农民创业企业的实证分析 [D]. 陕西：西北农林科技大学，2015.

3.Wickham 创业过程模型

Wickham（1998）构建了创业者、机会、组织、资源组成的创业模型。该模型指出，创业者在创业过程中具有主观能动性，创业者的职能是挖掘并合理利用潜在商机、领导创业组织的有效运转、高效整合利用创业资源。此外，Wickham 将创业组织定义成学习型组织，他认为创业过程会面对复杂多变的内外部创业环境，创业者及创业组织都需要通过不断学习，提高创业能力以应对动态发展的外部机遇和挑战，各要素之间实现动态均衡，才能为企业成功积蓄力量。Wickham 创业过程模型如图 1–4 所示。

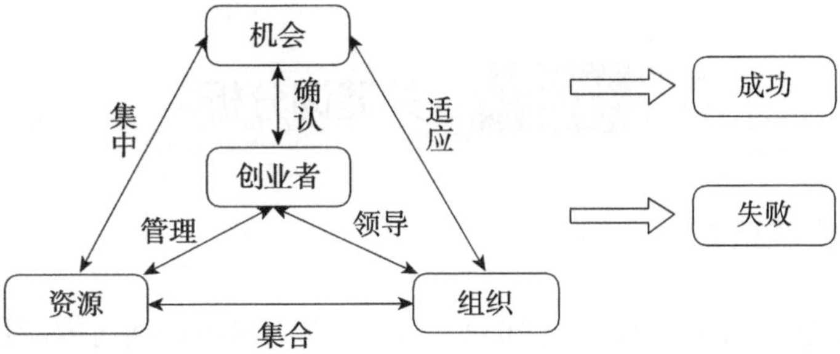

图 1–4 Wickham 创业过程模型

资料来源：刘影 . 创业环境、创业能力与农民创业绩效关系研究——基于陕西省 223 个农民创业企业的实证分析 [D]. 陕西：西北农林科技大学，2015.

4.Timmons 创业过程模型

Timmons（1999）在其研究中构建了机会、团队和资源为要素的创业模型。Timmons 认为，机会是创业的起点，创业主要源自创业者对创业机会的识别、把握和利用。资源是创业者创业活动的有力支撑条件，创业者应当制定正确合理的企业发展经营战略，从而实现对创业资源的合理利用及优化配置。创业团队是企业发展的关键因素，创业者和创业团队都应具备较强的学习能力、创新能力及高瞻远瞩的领导力，才能应对创业过程中的复杂性、不确定性、外部环境动态变化及机会模糊性等困难，确保创业活动顺利进行①。Timmons 创业过程模型如图 1–5 所示。

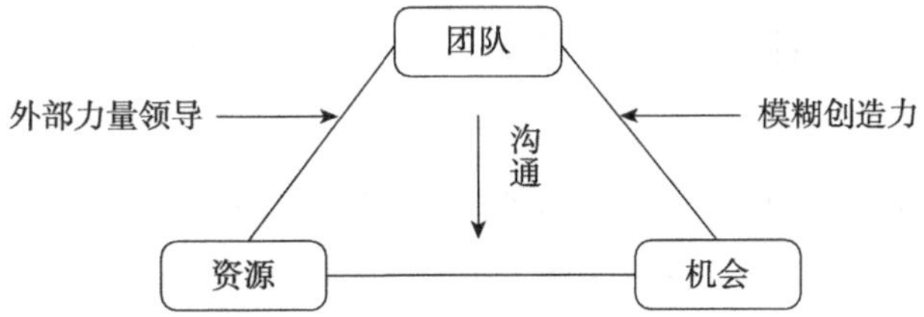

图 1–5 Timmons 创业过程模型

资料来源：刘影 . 创业环境、创业能力与农民创业绩效关系研究——基于陕西省 223 个农民创业企业的实证分析 [D]. 陕西：西北农林科技大学，2015.

① 刘影 . 创业环境、创业能力与农民创业绩效关系研究——基于陕西省 223 个农民创业企业的实证分析 [D]. 陕西：西北农林科技大学，2015.

上述 4 种创业过程模型均强调资源和机会在创业过程中的重要性，对创业的内外部影响因素进行了不同视角的研究，为本课题的开展提供了研究思路。

第四节　关键词分析

一、精准扶贫

精准扶贫是习近平总书记 2013 年 11 月在湖南省湘西考察时提出的重要理念。精准扶贫，首先要精准识贫，扶真贫、真扶贫。本课题认为，精准扶贫是指以农民为精准对象，在精准识别的基础上，根据不同的地域、能力、环境、产业、土地、资源、市场等因素的差异性，坚持分类施策、因人因地施策、因贫困原因施策、因贫困类型施策，对精准识别出来的农民进行精准帮扶、精准管理和精准脱贫的方式。左右江革命老区农民致贫原因复杂，可通过大力发展乡村旅游，以产业精准扶贫的方式，引导农民依托自身的资源和社会网络进行创业，以马克思主义的全面发展观提升农民内生发展能力，引导其以主人的身份主动创业，最终实现创业带动就业，共同脱贫致富。

二、乡村旅游发展

乡村旅游发展是脱贫的重要模式，是实现农民能力提升、观念转变、知识更新、精准脱贫及精神重塑的新路径。本课题认为，乡村旅游发展是农民依托自身生产生活空间（包括文化空间、生态场域、市场空间、社会网络等要素），在政府、社会协同支持下，通过技术创新和资源整合，以发展乡村旅游产业实现摆脱农村欠发达的方式。左右江革命老区乡村资源丰富，包括文化遗产资源和自然资源，其所依托的民族文化空间、优质的生态环境场域及乡村旅游市场空间，为农民的致富提供了基础。

三、农民创业

农民创业是一个复杂的概念，不同学者因自身专业及研究对象的不同而对其有不同的理解。学者 Wortman（1990）将农民创业的概念阐述为：农民依托农村环境创建新企业，通过开发新产品、开拓新市场、采用新技术及提供服务实现价值创造的过程。国内学者主要考虑农民创业者和创业资源整合两方面因素。郭军盈（2006）界定农民创业是以农民为主体，依托家庭组织，在农村特殊环境约束下，通过投入资本开展新事业获得财富与自我发展的过程。初明达（2008）认为，农民创业是农民依靠自身人力、物力和财力等资源，运用所掌握的知识和技能，以新的思维观念、新的形式从事于新的领域，开展新业务的商业活动。

本课题认为，农民创业是以家庭为依托，凭借资源技术、社会网络、经验积累、自身的知识结构及市场洞察力，投入各种资本开展商业活动，进而获得新的技能、知识、财富及实现自我提升的过程。前期调查研究发现，左右江革命老区乡村旅游中农民创业动力源于自身技术积累、外出务工经验及社会资本。创业方向为：在乡村旅游村寨中经营旅馆、酒店、餐馆、小卖部、购物店、民宿、茶馆、手工作坊，从事农副产品销售、乡村表演、技艺展示、乡村娱乐组织、农耕体验项目建设等，创业内容丰富且类型多样。

四、共同富裕

共同富裕是社会主义的本质要求，是中国式现代化的重要特征，是习近平新时代中国特色社会主义思想的重要内容。2022 年 10 月 16 日召开的党的二十大指出了中国式现代化的本质要求：坚持中国共产党领导，坚持中国特色社会主义，实现高质量发展，发展全过程人民民主，丰富人民精神世界，实现全体人民共同富裕，促进人与自然和谐共生，推动构建人类命运共同体，创造人类文明新形态。脱贫是实现共同富裕的前提，脱贫也是共同富裕的必由之路，只有全面实现脱贫才有可能走向共同富裕。乡村旅游是生态文明建设与环境约束趋势背景下，学界提出的摆脱贫困的方式。本课题认为，乡村旅游实质是一种以绿色发展理念为导向的精准脱贫模式，它以绿色环境、绿色消费理念、绿色产品为基础，通过发展低耗、低碳、生态的产业实现致富。左右江革命老区地处滇贵黔石漠化片区，该地区喀斯特地貌广泛发育，生态环境较为脆弱，需要走绿色发展道路。乡村旅游是依托自然环境与人文生态资源发展的低耗能、低碳产业，是生态产品价值转化的重要载体。乡村旅游投资成本低、进入门槛低、对技术要求不高，尤其适合左右江革命老区农民通过创业实现脱贫。

五、RPM 创业模型

RPM 创业模型是本课题提出的农民创业理论框架，其核心为农民（Peasant），农民创业不仅有助于实现个人理想、破除"等、靠、要"思想，更是农民脱贫致富的重要渠道。农民创业需整合四类资源（Resource）：人力资源（家庭成员、社会关系等）、物质资源（土地、物产等）、技术资源（技艺、文化传承）及金融资本。资源是农民创业的基础，也是他们创业信心的源泉。能否创业成功的另一个影响因素是市场（Market），农民创业必须遵循市场规律，脱离市场需求的创业注定会失败，市场机制对创业活动具有引导、反馈、调节功能。

第五节　研究价值与主要观点

一、研究价值

（一）学术价值

农民创业在乡村旅游中的主体地位凸显，为破解左右江革命老区困境提供了新的理论解释与实践路径。

调查剖析农民创业影响因素及风险，有助于社会各界深刻认识和了解左右江革命老区不同群体的生存状况等。

（二）应用价值

探寻符合"创新、协调、绿色、开放、共享"五大发展理念的乡村旅游农民创业路径，能引导左右江革命老区走绿色发展道路。

探索“富有尊严的、平等的”乡村旅游农民创业模式、保障体系，能促进农民身心发展和能力拓展，提升主体能力与主动致富意识。

二、主要观点

左右江革命老区资源富集但脱贫致富问题突出。乡村旅游具有创业机会多、门槛低、脱贫快、绿色发展辐射面广等特点，特别适合农民通过创业实现脱贫致富。

乡村旅游是绿色发展的新路径、绿色崛起的新窗口。它能够推动社会资源和文明成果的城乡共享，激发农民创业活力，促进一二三产业融合发展，为农民提供了大量的创业机会。

农民通过创业实现脱贫致富，是一种“富有尊严的、平等的、自强自信的”的发展方式。幸福生活是奋斗来的，不是“等、靠、要”来的。激发农民的创业热情，首先是破除“等、靠、要”思想；其次是营造“尊严、平等、公正、公开、自信”的乡村旅游营商环境；最后是构建“资源——农民创业——市场”创业理论模型，实现以乡村旅游为绿色发展路径探索可持续发展。

支持并鼓励农民创业是解决偏远地区农民就业难、致富难，阻止贫困现象代际传递、推动城乡融合发展的有效渠道。本研究聚焦传统上处于边缘地区的农村群体，通过研究使其回归发展主体地位。

第二章　乡村旅游农民创业状况调查

第一节　乡村旅游政策概况

乡村旅游为农民创业提供了更多的机会与平台，农民也通过提供餐饮、运输、住宿服务，农副产品销售及乡村文化表演等方式实现了创业创收的目标。

乡村旅游所具有的精准性、高效性、低投资、低门槛的特点，使其在发展中发挥了重要作用。我国对乡村旅游发展十分重视，自 2014 年起，国务院及多部门联合出台系列政策，通过基础设施建设、用地保障、资金支持、金融服务创新等举措，为我国乡村旅游发展提供了制度保障。截至 2018 年 12 月 30 日，我国颁布了 14 份政策文件助推乡村旅游发展（表 2–1）。

表 2–1　我国乡村旅游扶贫的政策文件汇总表

序号	时间	颁发部门	文件名称	相关内容摘要
1	2014 年 8 月	国务院	《关于促进旅游业改革发展的若干意见》	大力发展乡村旅游，加强乡村旅游精准扶贫，扎实推进乡村旅游富民工程，带动贫困地区脱贫致富①
2	2015 年 8 月	国务院办公厅	《关于进一步促进旅游投资和消费的若干意见》	实施乡村旅游提升计划，开拓旅游消费空间②

① 国务院关于促进旅游业改革发展的若干意见 [EB/OL].(2014–8–21)[2019–4–12].

② 国务院办公厅关于进一步促进旅游投资和消费的若干意见 [EB/OL].(2015–8–21)[2019–4–12].

续表

序号	时间	颁发部门	文件名称	相关内容摘要
3	2015年9月	农业部等11个部门①	《农业部等11部门关于积极开发农业多种功能　大力促进休闲农业发展的通知》	鼓励利用“四荒地”发展休闲农业，其建设用地指标给予倾斜。加快制定乡村居民利用自有住宅或者其他条件依法从事旅游经营的管理办法②
4	2015年11月	国土资源部住房和城乡建设部、原国家旅游局	《国土资源部住房和城乡建设部国家文化和旅游部关于支持旅游业发展用地政策的意见》	积极保障旅游业发展用地，加强旅游业用地服务监管
5	2016年1月	中共中央 国务院	2016年中央一号文件	大力发展休闲农业和乡村旅游
6	2016年3月	国家发展改革委等7部门③	《关于金融助推脱贫攻坚的实施意见》	对接特色产业、重点项目和重点地区等领域金融服务需求④
7	2016年4月	原国家旅游局	120亿旅游基建基金申报	将乡村旅游等作为重点支持对象

①这11个部门分别是各省、自治区、直辖市及计划单列市农业（农牧、农村、经济）厅（局、委、办），发展改革委，国土资源厅（局），住房城乡建设厅（建委），水利厅（局），文化厅（局），林业厅（局），文物局，扶贫办，人民银行上海总部和各分行、营业管理部、省会（首府）城市中心支行、副省级城市中心支行，原国家税务局、地方税务局，新疆生产建设兵团农业局、发展改革委、国土局、建设委、水利局、扶贫办。

②农业部等11部门联合发出通知　拓展农业功能 推进休闲农业发展 [EB/OL].(2015-9-22)[2019-4-17].

③这7个部门是中国人民银行、发展改革委、财政部、银监会、证监会、保监会、国务院扶贫开发领导小组办公室。

④七部门发文设立扶贫再贷款 [EB/OL].(2016-4-10)[2019-4-18].

续表

序号	时间	颁发部门	文件名称	相关内容摘要
8	2016年8月	原国家旅游局等12个部门①	《乡村旅游扶贫工程行动方案》	确定了乡村旅游扶贫工程的“五大任务”和“八大行动”
9	2016年11月	国务院	《“十三五”脱贫攻坚规则》	在产业发展脱贫的规划中，提出了详细措施
10	2017年2月	中共中央 国务院	2017年中央一号文件	充分发挥乡村各类物质与非物质资源富集的独特优势，利用“旅游+”“生态+”等模式，推进农业、林业与旅游、教育、文化、康养等产业深度融合
11	2017年5月	农业部办公厅	《关于推动落实休闲农业和乡村旅游发展政策的通知》	壮大新产业、新业态、新模式，推进农村一二三产业融合发展
12	2017年6月	农业部办公厅和中国农业发展银行办公室	《关于政策性金融支持农村一二三产业融合发展的通知》	加大力度支持农村地区农业绿色生态功能开发
13	2018年1月	原国家旅游局、国务院扶贫办	《关于支持深度贫困地区旅游扶贫行动方案》	乡村旅游扶贫减贫措施更加有力，乡村旅游扶贫人才培训质量明显提高
14	2018年10月	国家发展改革委等13部门②	《促进乡村旅游发展提质升级行动方案（2018年—2020年）》	加大对贫困地区旅游基础设施建设项目推进力度

除了国家层面出台相应的乡村旅游发展政策，左右江革命老区所涉及的广西、云南、贵州三省（自治区）也根据这些政策出台了实施细则或激励政策。

① 12个部门是原国家旅游局、国家发展改革委、国土资源部、环境保护部、住房城乡建设部、交通运输部、水利部、农业部、国家林业局、国务院扶贫办、国家开发银行、中国农业发展银行。

② 13个部门是指国家发展改革委、财政部、人力资源社会保障部、自然资源部、生态环境部、住房城乡建设部、交通运输部、农业农村部、文化和旅游部、国家卫生健康委、人民银行、市场监管总局、银保监会。

第二节　农民创业背景分析

一、农民返乡创业的动因

“大众创业 万众创新”及乡村振兴战略的提出掀起了大学生返乡创业的热潮。农村经济发展的市场大，创业的空间也非常宽广。同时，随着我国对城镇及基础设施的大规模投资阶段性完成，城镇为农民提供的岗位数量减少，就业压力持续增大，使许多农民工选择返乡创业。

乡村资源的独特性和文化的原生态性，吸引着越来越多城镇居民的关注。体验乡村生活、享受田园风光成为城镇居民缓解生活和工作压力的新途径。依托独特资源发展起来的乡村成为城镇游客向往的胜地，推动乡村旅游产业呈现欣欣向荣的发展态势。乡村旅游因具有门槛低、投资少、见效快、风险小的特点，成为农民创业的首选，其发展更能助力短期内实现脱贫致富。

二、农民创业的重要价值

（一）农民创业是充分运用市场机制进行的高效、高收益、低成本的致富

农民在乡村旅游中的创业，依托当地旅游资源、区位优势和市场基础，借助现代旅游市场机制的灵活性和敏感性，通过开发特色产业实现自主式发展。农民通过乡村旅游创业渠道，开发不同的乡村旅游产品，尤其是开发具有“人情味、乡土情结、地方性知识”的旅游产品，吸引游客到左右江革命老区，推动社会财富再分配、先富带动后富，体现了市场机制在资源配置中的高效性、高收益。同时，以旅游流的方式让资金流、信息流、物流、客流等向乡村转移，实现城乡经济统筹，城乡经济一体化发展。在实践中，农民将自有房屋、田园稍加修葺用于旅游接待，将本土曲艺、戏剧、歌舞、农技、工艺等转化为特色旅游项目，凸显了低成本、高效益的优势，成为兼具经济性与可行性的致富模式。

（二）农民创业是造血式的、主动式的脱贫方式，能助力农民依靠自身努力实现脱贫致富

“授人以鱼不如授人以渔”。让农民掌握生存技能和本领，不断提升农民就业创业创新能力。乡村旅游是通过市场机制形成具有一产二产三产融合的新业态，农民能够直接从事一二三产业，让具有产业优势的乡村旅游促进农民从第一产业迈向第三产业，从而实现脱贫致富。同时，农民通过乡村旅游创业，依靠自身努力获得财富，于创造中实现人生价值。

（三）农民创业带来广泛受益，辐射面广，成效大

前期研究数据表明，一个成功的乡村旅游创业者能够间接创造约 20 个就业岗位。与许多产业相比，农民创业门槛较低、创业方式灵活，涉及吃住行、游购娱、商学养、闲情奇、文（化）宗（教）艺（术）等旅游要素，这些领域大多都适合农民创业，具有普适性，成效显著。

（四）农民创业实现物质、精神双重富足，具有长远性、根本性、极强的贫困代际阻隔性，是培育新时代职业农民、产业农民、知性农民的重要手段

马克思主义关于人的全面发展学说指出，实现人的全面发展的唯一方法和根本途径是教育与生产劳动相结合。人只有在精神层面得到最大满足，在观念上、心理上、思想上能够与时俱进，能够接受新事物、探索新世界，人才会得到全面的、可持续的发展。乡村旅游创业可以拓宽农民视野，扩展农民的社会生活圈，给农民的物质生活与精神世界带来全新改变，助力农民实现物质精神双重富足。

（五）农民创业是促进其素养的全面可持续发展

与被动式的、保姆式的社会帮扶、政府救助、政府扶贫等方式不同，农民创业依托自身的各种资源和技术，通过自身的努力、政府和社会各界的支持，在旅游市场导向下，向游客展示、售卖自己的劳动果实。农民这一创业形式是自发的、主动的、主导的，对游客、社会、政府来说，是平等的、有尊严的、自信的，而不是被施舍的、救助的，这就有利于从根本上激发农民内生发展动力。

（六）农民创业有利于家庭和谐、社会稳定和生态文明发展

农民创业，依托自家资源开发新产业，是农民居家创业新模式，能够实现不离乡土脱贫致富，能够照顾到家人，照顾自己的土地等资源，能够促进家庭传统农业经济和农村经济发展，真正解决"三留"难题，是一种促进家庭和社会和谐稳定的致富方式。同时，乡村旅游农民创业是依托自身的资源和所生长生活的文化空间开发旅游，对于自家的资源，他们爱护环境、尊重自然、保护生态。因此，这种模式能让乡村沉淀千年的文化和留存万年的生态得以重新焕发生机，农民也从中认识自身的价值，从而增强民族自信心、自尊感并更加热爱自己的家乡。

第三节　农民创业面临的主要问题

左右江革命老区由于历史、地理、经济发展等各种原因，在乡村旅游发展过程中虽然为广大农民提供了创业就业的机会与平台，但是广大农民通过乡村旅游实现创业致富还存在较多问题。归纳起来，这些问题主要有外部环境和内部因素等。

一、外部环境

（一）自然条件薄弱，可利用的资源少

左右江革命老区地处石漠化区域，村落分布在山区，生态环境脆弱，自然灾害多，可利用开发的耕地较少，导致人均水田耕地少。生产用地的限制可能会对经济发展产生一定的影响，乡村旅游村落大多以传统种植业作为支柱产业，部分村庄虽有养殖业，但规模较小，产品较为初级，二三产相对滞后。旅游从业人员比例偏低，旅游发展对乡村就业带动作用不足。乡村旅游业从业人员主要为景区服务人员及农家乐个体经营者①。

（二）基础设施不完善，发展速度跟不上市场变化

左右江革命老区地处桂黔滇三省区交界，是我国西南地区通边达海的重要通道和面向东盟开放的前沿地带，但区域地貌以山地为主，山地面积占到了左右江革命老区总面积的79.26%，广大农村对外道路、网络、水电等基础设施建设相对滞后，铁路、公路的路网密度和等级均低于周边地区水平，高速公路和高铁、机场等快速通道少，区域互联互通能力不强，现代物流基础设施和高速通信设施欠缺。

虽然基本上实现了村村通公路，但大多数村级路都比较窄，多为单车道，会车有困难。一些山区农田水利基础设施无法满足灌溉需求等。

左右江革命老区农民创业多数以旅游为载体，发展农副产品生产和销售，而农作物种植及禽畜养殖的周期较长，外加现代市场变化快，导致农民创业成本增高。农民对市场的把控能力不足，市场交易周期长，所开发产品跟不上市场变化的速度等，这些削弱了农民创业的信心，抑制了农民创业的积极性。

（三）传统管理体系难以转型，贫困户参与程度小，决策权低

各级政府承担了帮助群众脱贫和发展的主要责任及事务，主导了扶贫项目申报、审批、规划、建设、后期管理的全过程，这种传统的完全由政府主导的管理体制，使农户依赖性强、“当家作主”的意识弱，给真正的扶贫增加了难度②。

（四）覆盖村民稳定收入的支柱产业尚未形成

多年来，农民主要以优质稻谷、瓜果、蔬菜等种植业和饲养牛羊等养殖业获取收益。因为产业的规模小、产品产量低、科技含量不高且发展较不平衡，

① 侯玉霞．广西乡村旅游扶贫重点村精准扶贫思路构建[J]．广西广播电视大学学报，2017，28（6）：74-78.

② 刘静静．珠江——西江经济带（广西）乡村旅游绿色扶贫研究[D]．桂林：广西师范大学，2018.

以及流通环节滞后、产品价格不稳定，所以产品优势不足。农民主要靠零星收入和外出务工解决日常生活开支，覆盖村民稳定收入的支柱产业尚未形成。

（五）乡村旅游产业单一，市场吸引力不够强

左右江革命老区所发展的乡村旅游产业以农业观光、自然观光和农家乐为主，面向的主要是周边乡镇、县城和城市的游客。受停车设施不够完善、交通道路狭窄及乡村旅游项目单一等因素的影响，投资乡村旅游项目的企业不多，投资额度不大。虽然一些古镇古村寨开发的项目规模较大，但所开发的项目特色不够鲜明，乡村旅游产业规模难以扩大，市场吸引力不足，乡村旅游业所提供的创业机会自然就比较少了。

资源能源转化率低，产业结构单一；以传统农业为主，产出效益低，未形成生产规模；农业产业链短，农村物流发展滞后；二三产发展动力不足，新兴旅游业未形成体系，产品较为初级：这些都会影响农民创业的决策。

（六）劳动力流失影响了劳动生产率、市场竞争力

调查发现，多数乡村旅游发展区域内劳动力受教育程度偏低，少数的高中及以上学历人员中，青壮年劳动力大多外出务工，导致村内留守劳动力素质不高。受教育程度低、村内人力资源存量不足，阻碍了农业科技和乡村旅游产业的推广。

左右江革命老区村内的居民较为习惯于传统耕作，缺乏主动性、积极性和创造性，很少主动学习先进经验或知识，对旅游市场了解不多，没有很好地把握旅游发展的基本规律和游客的消费习惯，不懂得用旅游市场解决创业过程中遇到的新问题和新矛盾，这都是导致农民创业积极性不高的重要原因。

二、内部因素

（一）农民获取社会资本能力弱①

社会网络与社会资本具有必然联系，社会网络是社会资本的组成部分，也是

① 孙辉．龙胜龙脊梯田景区乡村旅游扶贫中农民创业问题调查研究 [D]. 桂林：广西师范大学，2017.

社会资本的表现形式。Coleman（1998）认为，社会资本是指个人因其在社会网络结构中所处的位置而获得的有形（如资金、设备、人员等）与无形（如知识、信息、情感支持等）资源[①]。乡村旅游开发拓宽了农民的增收渠道，为农民创业提供了机会。但受自身素质、人际交往、阅历等多重因素影响，农民所获取的社会资本普遍较为薄弱，这成了他们创业的一个障碍。

（二）农民创业的旅游知识薄弱，创业能力不强

前期调查表明，62.67% 的受访者对乡村旅游的认知比较浅。他们认为，乡村旅游就是出售农副产品、开饭店，且自身对于乡村旅游市场营销、管理、经营等知识薄弱；高达 87.92% 的受访者表示“不清楚、没听说过”，加强农民的旅游知识培训是当务之急。

（三）农民创业意愿不高，创业素养较低

左右江革命老区的农民收入普遍不高，只有极少数外出务工或掌握如木工、砌墙、装修、运输、农艺等独特技术的农民收入较高。乡村旅游业务开发让一部分农民通过自身优势（掌控着一定优质土地资源、位于旅游主要线路、拥有一定的资金和见识等条件）从旅游经营中获利。但现实中，作为农村创业主体的农民，绝大多数习惯安于现状，不愿意承担未知的创业风险。

除此之外，受传统文化和思维方式影响，左右江革命老区农民祖祖辈辈都以传统种植业和养殖业谋生，对现代乡村旅游等新经济形态大多不关注，即使有较多的闲钱，也以求稳为主。特别是对于需要从业者具备一定市场知识、社会网络和相应技能的现代企业来说，他们除了对已有的生产生活技能、知识、经验感兴趣外，大多数不愿意主动接受和学习新事物，缺乏创业热情，也缺乏创业知识和技能，整体创业素养不太高。

---

① Coleman J S. Social Capital in the Creation of Human Capital[J]. American Journal of Sociology, 1988(94)：95-120.

（四）资金短缺、融资难是农民创业面临的问题

资金是创业的基础，技术是创业的动力。无论发展何种产业，都需要大量资金的支持。购买设备、引进技术、聘请技术人员等，每一个产业建设都离不开资金。

农民创业面临的首要问题是融资难。左右江革命老区多数农民收入不太高，从前期调查得知，多数农民创业的启动资金来自向政府贷款、自身外出务工或凭借独特技术赚到的资金，也有不少农民的创业资金主要来源于亲朋好友的借款或者合伙创业的资金。政府贷款往往是贴息贷款，一般用来修缮旅店和发展农家乐，也有贷款用于开发乡村旅游项目的，但占比不大。

乡村可用资金本来就有限，还主要用于村内各个村屯之间的公共设施维护，有限的自有资金不能为他们带来新的发展机遇。融资难是制约村民创业的较大问题。

（五）农民创业缺乏技术支撑

乡村旅游涉及市场推广、产品设计、活动策划、服务管理等多种专业知识，特别是产品创新与市场营销推广，这些方面都需要有较强的专业技术知识。而左右江革命老区多数农民外出务工，致使农村劳动力减少，大量土地荒废且得不到开发。不少农民除掌握传统的农艺、乡村民俗文化等技能外，现代产业技能也较薄弱。因此，缺乏乡村旅游相关技术支撑也是导致农民缺乏创业激情的重要因素。

第四节　农民旅游创业脱贫致富的典型案例

在左右江革命老区乡村旅游农民创业工作方面，取得了较好的成绩，涌现了一批先进典型，现选择广西崇左市、河池市、百色市，云南文山州，贵州黔南州作为代表性案例进行深入分析。它们基本覆盖了乡村旅游农民创业的类型及特征，具有较好的代表性和推广价值。

一、产融结合：广西崇左市乡村旅游与农民创业[①]

崇左市在推进乡村旅游发展过程中，探索“四个结合”新模式，构建乡村旅游新格局，为乡村振兴及构建“双循环”新发展格局贡献了力量。

（一）坚持乡村旅游发展与乡村振兴相结合，积极探索乡村旅游发展新模式

坚持把乡村旅游发展与生态乡村、宜居乡村建设结合起来，把乡村旅游与乡村产业振兴结合起来，把乡村旅游发展与农民素质提升、农民创业就业紧密结合，通过不断完善旅游基础设施、旅游服务设施，加大对人居环境整治、乡村风貌提升力度，相关部门为乡村旅游发展塑造了良好的外部环境。同时，重点将促进农民创业就业、开发乡土旅游商品、拓宽农民增收渠道、促进农村产业结构调整作为乡村旅游的核心内容，促进了乡村产业振兴、乡村文化振兴和乡村生态振兴，为农民创业创造了机会，农民依托乡村旅游发展带来的客源，开展家庭农场、餐饮、住宿、表演、出售农副产品、旅游接待、竹筏漂流等创业项目。

（二）坚持榜样示范和共建共享相结合，积极探索乡村旅游发展

崇左市在乡村旅游发展中，充分考虑乡村旅游经营户、配套服务户及其他农户等不同相关利益者的利益，坚持榜样示范和共建共享相结合，致力于实现乡村旅游发展。比如，龙州县响水镇凤鸣村板省屯通过“景区 + 公司 + 党支部 + 农户”的模式发展农家乐来致富。板省屯位于龙州左江景区与发现弄岗景区之间，全屯有 67 户 187 人，其中贫困户 27 户 72 人，共有土地 1100 亩。通过依托左江景区和发现弄岗景区的客源，2015 年在支部党员的示范带动下，全屯成立了板省农家乐合作社，通过整合全村土地资源筹资 30 多万元，不等不靠、投工投劳，开发了停车场、特色餐厅、游泳池、瓜果采摘园、休闲运动场、竹林茶社、农业观光园、垂钓区、儿童娱乐场、烧烤区等项目，并配套了游道、游客中心、旅游厕所等必要的旅游设施，大家一起干活、参与分红，日

① 未注明的资料及数据均来源于崇左市旅游发展委员会和课题组实地调研。

均接待游客1000多人。在板省屯农家乐的辐射带动下，凤鸣村对没有直接参与农家乐经营管理的村民，通过用工及直接与农民订购农副产品原材料的方式带动其从事农副产品种养创业[①]，通过直接和间接创业方式，全屯有92.51%的农户参与了乡村旅游项目的创业，不仅实现了脱贫致富，而且在个人能力提升、精神素养及乡村文明方面也取得了巨大的成绩。村屯先后被评为"全区绿色村屯""崇左市宜居乡村建设星级示范村""设施完善、产业兴旺、环境优美、团结和谐、宜业宜居、带动力强"的民族特色村寨、"广西精神文明村"等，形成了民族团结进步与边疆繁荣稳定的良好局面。

（三）坚持旅游产业和相关产业融合发展，积极探索乡村旅游的产业模式，促进农民创业就业

崇左市充分发挥生态优势，积极推进旅游产业与相关产业融合，发展壮大乡村旅游产业，带动群众走上乡村旅游产业的新路子。一是以乡村景观、农村生产或生活资源为纽带，加强乡村旅游与农业、林业等产业的融合，加快乡村旅游和休闲农业发展，提升乡村旅游产品档次；二是利用崇左市独特的自然气候、地理环境及森林覆盖率等生态环境优势，加快推进该市乡村生态休闲旅游发展；三是采取"旅游＋文化"产业模式，促进了文旅融合。崇左市充分挖掘壮族传统的"三月三""侬垌节""山歌节""二月二龙抬头"等独具特色的民族传统节庆，通过举办丰富多彩的节庆活动，以"旅游＋文化"产业方式，推动乡村发展，助推乡村旅游和农民创业。

二、带头示范：广西河池市乡村旅游与农民创业[②]

河池市在乡村旅游发展中通过实施示范工程，带领和促进农民创业。创新实施乡村旅游开发"十百千"示范工程，加大对乡村旅游业的培育和扶持力度，着力破除体制机制障碍，推动乡村旅游业转型升级、提质增效，走出了一条具有

① 实地调查获取的案例和数据。

② 资料和数据由河池市旅游发展委员会提供。

河池特色的乡村旅游发展之路。

（一）通过实施产业融合示范，促进乡村旅游发展，为农民提供更多的创业机会

河池市设立旅游产业发展指导委员会，下设市乡村旅游发展协调小组，指导和协调全市乡村旅游发展；将河池市旅游局升格为河池市旅游发展委员会，充分发挥统筹协调功能；建立河池市旅游工作局际联席会议制度，积极协调相关部门合力推动乡村旅游与其他产业融合发展，全力推动旅游与新型城镇化、特色旅游名县创建、现代特色农业核心示范区、现代服务业集聚区、整乡推进和"美丽河池·生态乡村"等工作相结合，激发旅游产业和其他产业的新活力，形成多点支撑、融合发展的"大旅游、大市场、大产业、大发展"格局。与医药卫生部门合力，打造国家中医药健康旅游示范区；与发改部门合力，推进乡村旅游基础设施建设，打造河池空港旅游产业集聚区；与交通部门合力，推进乡村旅游道路、国家旅游扶贫试点村和国家 63 个乡村旅游富民工程重点村建设；与住建部门合力，成功打造全国特色景观旅游名镇名村 1 个、广西特色景观旅游名镇名村 2 个；与农业部门合力，成功打造全国休闲农业与乡村旅游示范县（点）4 个、自治区级现代特色农业（核心）示范区 4 个；与林业部门合力，推进乡村旅游村屯绿化建设，成功打造"森林人家"5 个；与文化部门合力，打造白裤瑶民俗风情演出、壮族蚂拐舞、双簧旦彩调剧等乡村旅游演出；与二轻联社合力，开发民族刺绣、竹藤芒编、陀螺、弹弓等乡村旅游商品，并荣获广西多个旅游商品奖项，为农民创业提供了众多平台。

（二）创新乡村旅游发展模式，农民实现多种形式的创业

河池市创新路子，坚持以旅兴农、以农助旅，重点选取资源禀赋高、交通便利或离景区较近的乡村发展乡村旅游。突出实施休闲养生型旅游，把休闲养生旅游作为有力抓手，大力开发休闲养生旅游精品线路，带动周边乡村旅游发展；突出实施景区辐射型旅游，把景区周边村落作为承接大景区休闲、养生、观光和民俗文化体验的重要载体；突出实施都市郊区型旅游，积极扶持离城区较近的、资源禀赋好的村庄发展农家乐、民宿客栈、观光农业园、特色民族村寨、乡村休闲农庄等乡村旅游新业态。积极培育并推广乡村旅游经营新模式，如巴马瑶族自治县（以下简称巴马县）坡纳村和南丹县歌娅思谷的“公司＋基地＋农户”模式、巴马县敢烟屯“能人＋基地＋农户”模式、南丹县下水屯“旅游合作社＋农户”模式，大力支持农民参与乡村旅游业发展。

三、模式创新：广西百色市乡村旅游与农民创业[①]

百色市是集“老、少、边、山”于一体的西部地区，也是全国12个重点红色旅游区之一。全市拥有十分丰富的旅游资源，下辖12个县（市、区），其中有9个国家扶持开发工作重点县，2个自治区级扶持开发工作重点县。12个县全部是滇桂黔石漠化片区县。百色市通过创新乡村旅游发展模式，构建了农民创业的新平台，实现了创业带动就业，促进了乡村旅游发展目标的完成。

（一）农旅结合，创新乡村旅游发展模式

推行多样化的乡村旅游发展模式，结合各县不同实际情况，有针对性地创新以实现乡村旅游发展效果最大化。通过乡村旅游实践，构建了“公司＋社区精英＋农户”“个体工商户＋农户”“景区＋社区＋农户”“企业＋基地＋农户＋产业＋旅游”“景区＋农家乐＋农户”等模式。

1.“公司＋社区精英＋农户”模式

该模式以农民所在村寨的优质乡村旅游资源和农民掌握的技能、文化资源为基础，通过景区开发公司的开发和社区精英的帮扶、引导和带领，促进乡村旅游开发。例如，以靖西旧州乡村旅游区为主要代表，该乡村旅游区具有不亚于桂林的喀斯特山水田园风光（有小桂林之美誉）和全国最大的绣球手工作坊资源，通过开发这些资源，带动农民生产绣球旅游工艺品发展致富，全村90%以上的农民都自主从事绣球生产制作和销售，成为创业致富的典范。

① 资料和数据来源于百色市旅游发展委员会提供的材料及实地调研。

2.“个体工商户+农户”模式

鼓励农民利用自家庭院、住宅和农业生产资源，依靠临近城镇的区位优势，以个体工商户的方式发展具有休闲、观光、美食、娱乐功能的乡村旅游。以聚之乐休闲农业景区为主要代表，广西聚之乐休闲农业园董事长，与12户贫困户共同筹资开发该园区，作为大股东，12户农户通过政府担保申请扶贫贴息贷款及利用扶贫补贴资金入股，并以自有土地资源劳务折算入股，形成“个体工商户+农户”共同开发模式。聚之乐休闲农业园位于广西百色市田阳县国家农业科技园区，是以农业观光、休闲度假旅游、少儿科普基地、农家课堂书屋、生态养生餐饮、珍稀动物养殖、团队拓展培训、外景婚纱摄影、节假日游乐为经营特色的休闲养生观光园；以中国－东盟现代农业科技展示园为主，全方位展示中国、东盟等多层次范围内的农业新品种、新技术、新设施、新生产模式及区域农业经济、地方文化和壮族风情等，这使得农民过上了较富足的生活。

3.“景区+社区+农户”模式

以比较成熟的景区为依托，以具有一定特色的社区为基础，积极发展社区旅游。通过社区旅游模式挖掘地方性知识文化旅游和特色乡村旅游资源，将其开发为乡村休闲旅游产品，并以购物为主要盈利点，按景区辐射带动方式与农民签订旅游商品购销合同，以保底价方式予以收购，景区出资金、负责培训和市场推广，社区负责协调和招募、管理农户，农户以劳工入股、土地入股、资源入股方式参与创业。例如，百色市右江区永乐镇濑浩村主打“慢生活牌”，实现快速致富。红谷慢生活休闲农庄凭借濑浩屯优美的自然生态环境，采取“一馆多店”的发展模式，以隆林黑猪、泉水鸭、无公害蔬菜等农家菜和优质的服务吸引了大量游客。老辈们靠打鱼捞虾、种地过日子，发展乡村旅游后，当地群众家家都住上了新楼房，有了自己的车辆。该村先后推进乡村振兴建设、开展乡村治理工程等，先后被评为广西农业旅游示范点、广西四星级农家乐、广西壮族自治区“金绣球”农家乐示范点、广西休闲农业与乡村旅游示范点、广西四星级乡村旅游区，旅游产品品质不断得到升级，旅游品牌的知名度和影响力大幅提升，为农民创造了大量创业机会。

4.“企业 + 基地 + 农户 + 产业 + 旅游”模式

以产业发展旅游，以旅游带动产业。百色市人民政府先后引进了百色红谷农业投资有限公司打造“濑浩红谷慢生活休闲农庄”，济南澳海炭素有限公司开发“梦里壮乡”（露美片区）国际生态旅游中心项目等。模式的创新，大大提高了农民创业的积极性和自信心。比如，乐业县同乐镇央林村牛坪屯地处国家级登山健身步道 8 千米处，距离县城 5.5 千米。全屯总面积 1.5 平方千米，居住有汉、壮两个民族的 42 户 162 人。该屯具有优美的自然风光，山险、水秀、洞奇、树绿、竹清，如同“小桥、流水、人家”的“世外桃源”，汉族和壮族不同的民风民俗在这里完美融合。乐业县文旅公司出资开发了整个村屯，而村内的民宿、客栈、餐饮、民俗表演、户外山地活动、土特产出售等收益性项目全部由公司与农户以结对方式合作开发，公司从门票和入股民宿中获益，其他盈利全部归村民所有。公司化运作实现了村屯乡村旅游产业和体育运动基地的发展，带动了村屯农业和文化产业发展。

（二）加大乡村旅游农民创业培养

百色市旅游行政部门联合百色市人力资源和社会保障局，积极开展乡村旅游创业就业培训，结合职业技能培训，开展农家乐旅游经营者培训，采取“送技能下乡”等方式，派教学经验丰富的老师到各乡村旅游点，对从事“农家乐”餐饮服务的经营者和工作人员开展现场教学，通过组织培训，提高经营者和从业人员工作技能，拓宽创业就业渠道。市扶贫办、市妇联、市农业局等部门还经常聘请专家深入农村及景区对全市农家乐经营服务人员、导游员、宾馆服务人员、景区工作人员开展相关知识讲座，极大地提升了乡村旅游农民创业的成功率。

旅游开发增加了就业岗位，直接和间接地带动当地农民实现了致富，吸引了不少外出务工的青壮年返乡创业就业，村集体收入大幅度增加，村容村貌明显改善。以乐业县火卖村为例，该村共有农户 53 户，总人口 290 人。村里几乎家家户户都可提供餐饮和住宿服务，其特色菜肴如土鸡汤、自制腊肉、自酿米酒、蕨菜、时令鲜蔬等的制作需要投入大量劳动力，直接解决了村民的就业问题。

四、景村共生：云南丘北县乡村旅游与农民创业①

丘北县的乡村旅游业主要集中在普者黑景区，该县按照乡村旅游发展思路，重点依托普者黑景区的知名度和旅游资源优势，通过打造品牌景区、核心景区的模式，辐射带动和引领景区内农民进行创业就业。

丘北县政府实施普者黑景区带动战略，依托景区每年接待游客超过 400 万人次，结合实施乡村振兴战略和“美丽乡村”建设的机遇，在仙人洞村、菜花箐村、普者黑村、岩峰山村、阿诺村、阿鲁白村、白脸山村、猫猫冲村、小白山村 9 个全国乡村旅游重点村引导农民发展乡村旅游业，通过帮助农户开发特色民居客栈、乡村民宿、农家乐、民族工坊、民族音乐表演等创业项目，走出一条因地制宜、融合发展、精准施策、自尊自立的乡村旅游新路子。

基于“公司 + 基地 + 农户 + 乡村旅游”的发展模式，普者黑景区通过土地流转、共营销售、因地制宜、因户施策、捆绑营销等方式，引导农户种植各种花卉，开发四季花海等休闲农业观光旅游项目。普者黑景区辐射双龙营镇、八道哨乡、曰者镇、锦屏镇等乡镇的农户，共租赁土地 21087 亩，每年的地租就达到 1867 万元。租赁农民土地后，委托农户代为种植，然后将种植出来的农作物交给公司加工和包装，通过这种代种回收的扶持方式，消除了农户的创业顾虑，增强了农户的创业信心，辐射带动周边农户就业。

五、产业融合：贵州从江县乡村旅游与农民创业②

贵州从江县原是国家开发工作重点县，山地景观和特色民族文化是其乡村旅游致富的重要资源，也是农民创业的重要资源。

在从江县，农民至少具有四种身份：山地景观资源的拥有者、少数民族文

① 资料和数据整理自云南省丘北县人民政府网站。

② 资料和数据来源：多彩贵州网 . 贵州从江：乡村旅游扶贫结硕果整理得到。

化的传承者、流动的活态文化表演者和文化景观的构成者（如岜沙苗族男子的服饰、发髻、鸟铳等，均为独特的文化符号），依托农民身份的四重性，在国家和地方政策的激励下，从江的乡村旅游走上了一条一二三产深度融合发展之路，推进乡村旅游致富的康庄大道。“在发展乡村旅游工作中，我们通过深入调研，结合县情实际，走出了‘旅游＋农业’‘旅游＋工业’‘旅游＋服务业’‘旅游＋扶贫’四条路子”，从江县县长介绍说[①]。通过近年来的努力，旅游为从江县的发展开辟了一条见效快、效果好的致富路。

从事农业生产，农民具有先天的优势。在乡村旅游发展中，依托现代特色农业、高效农业、瓜果生产园、传统村落等，农民通过自营、合作社或公司、基地与农户联营，构建“农业＋旅游”产业融合模式，积极发展观光采摘、农事体验、森林观光等旅游活动来实现创业目标。同时，借助市场优势，通过发展从江香猪、香米、瑶医瑶药、苗族传统保健品、民族手工艺品、农副休闲食品等“旅游＋工业”产业融合模式，引导农民从事传统作坊、旅游电商、旅游商品来料加工、保健养生品开发等多种业态的创业。旅游产业融合模式可推进乡村旅游工程建设，促进乡村旅游农民创业就业。

从江县开发了岜沙、加车、高华、四联等乡村旅游创客基地，打造了“一村一品一特色、一村一业一基地”的乡村旅游创业榜样示范村，聘请专家为乡村旅游创业就业的农民进行各类旅游业务、技能培训，开发民间民俗表演、客栈住宿、特色餐饮、旅游工艺品销售、农业观光、民宿、旅游运输、手工作坊等旅游业态，提高了农民自我发展的能力与素质。

岜沙村通过“旅游＋文化＋生态”等产业融合发展，实现了全村致富。岜沙村乡村旅游产业发展为农户提供创业机会，实现了“家家参与旅游服务，人人享受旅游红利”的目标。乡村旅游产业的做大做强，有力拉长了岜沙村致富链条，为村民提供了更多的从事旅游服务的创业就业岗位。“岜沙村还在筹划利用该村‘百佳绣娘’的金字招牌引导村民发展民族民间艺术品加工店。”村支书如

① 孟荣林．苗乡侗寨旅游花开 [N]. 贵州政协报，2018-07-24.

此告诉笔者，申报微型企业，建立岜沙刺绣、竹编、根雕作坊，进一步宣扬岜沙本土旅游商品，拓宽村民家门口创业就业致富渠道。乡村旅游产业的发展壮大，还给岜沙村民开拓了一条致富路径，为村民农产品销售增收提供了保障[①]。

① 黔东南最生活．从江岜沙：旅游产业扶贫花开苗寨 [EB/OL].(2019-3-29)[2019-5-10].

第三章　乡村旅游农民创业数据采集与分析

第一节　农民创业意愿问卷数据分析

乡村旅游农民创业是一个系统工程，涉及方方面面。为了比较系统全面地了解这一工程所需要的条件及影响因素，在实地调查的基础上，课题组采用问卷的方式采集相关数据，并对问卷数据进行了数理统计分析。

一、调查设计

（一）调查时间、地点与方法

课题组成员结合承担的乡村旅游规划课题，于 2017—2018 年先后在贵州榕江、从江、独山，广西巴马和靖西、东兰等县（市）对乡村旅游地进行了调查研究，并集中于 2017 年 7 月 22 日至 30 日、2018 年 8 月 17 日至 26 日采取实地调查、访谈、问卷调查等方法对百色市靖西市、那坡县、田东县，河池市巴马县、东兰县、凤山县共 6 个县（市）进行了调研，调查地点是靖西市旧州绣球村、那坡县吞力屯黑衣壮村寨、田东县红军村、巴马县坡纳村和坡月村、凤山县坡心村、东兰县永模村和板凳村。调查人员包括课题组成员和 10 名本科生、5 名旅游管理硕士研究生。课题组采取入户面对面地发放问卷方式进行调查，调查的对象包括政府工作人员、驻村书记、村干部、农户、农家乐经营者、乡村项目经营者及旅游开发企业员工、企业负责人等。课题组在发放调查问卷的同时，随机采访了部分受调查对象。问卷回收当日，在问卷上填写好问卷序号、调查时间、地点和访谈对象基本身份信息。

本次调查对经营者、农户、驻村书记、公司负责人及员工等受调查人员发放问卷 220 份，回收 209 份，有效问卷 196 份，有效问卷率为 93.78%。因有些农民对于问卷所涉及的内容无法回答或填写问卷时不愿意回答有关信息，导致有无效问卷。

采用数理统计学的方法，运用统计软件对问卷进行统计，得到相关数据。

（二）问卷设计

问卷围绕民主决策、生态文明、经济建设、社会建设和文化建设 5 个方面的内容进行设计。其中民主决策主要测评社区参与旅游活动程度、干群关系、民主制度等指标，生态文明建设重点是测评旅游发展对生态环境的影响、生态伦理、居民的生态环境意识等，经济建设重点是测评旅游发展对经济收入的影响及旅游发展前后农民经济收入的变化，社会建设重点是测评旅游发展对基础设施建设、公共设施建设、就业、社区邻里关系、社会治理结构的变化等指标，而文化建设重点是测评旅游发展对传统文化的双重影响。

在问卷调查的同时，课题组还穿插进行了访谈，以弥补问卷的不足。

二、访谈结果分析

根据对 32 名受访对象的访谈记录分析，课题组对左右江革命老区乡村旅游农民创业问题有了以下初步的认识。

（一）村民普遍支持乡村旅游发展，欢迎政府指导、企业介入经营管理

最典型的案例是广西巴马县坡纳度假村，该村从 2008 年开始发展旅游，由村民投资开发，政府帮助农民解决贷款问题，支持各家各户建设农家旅馆。经过几年时间，整个村基本建成了统一风格的农家旅馆，最初由村民自发成立的农家旅馆协会经营管理，但是由于经验和技术不足，面临重重困难。后来旅馆由广西八桂红钰岚酒店投资管理有限公司承包，经营管理逐渐走上正轨。政府在旅游发展中主要起到主导作用，根据国家政策，给村民指明发展方向，并出资建设完善当地的基础设施。例如，修路、绿化、监督管理环境卫生等。政府和企业在民族旅游发展中扮演着不可或缺的角色。

（二）乡村旅游促进了乡村环境改善

乡村旅游在发展中，十分注重环境建设。农村人居环境的提升，可夯实旅游发展基础，助力乡村振兴。当地干部群众出实招，补齐人居环境短板。田东县百谷红军村的老人告诉课题组，自从他们村开发红色旅游以来，每家每户自觉保持环境卫生，村里还配有专门负责清扫街道、处理垃圾的保洁员。通过“旅游＋民生工程”“旅游＋美丽乡村”等人居环境改造项目，各村各组因地制宜开展人居环境整治，已基本实现村庄园林化、道路林荫化、庭院花园化、农业产业化，人居环境大为改善，乡村面貌焕然一新。

（三）乡村旅游促进农民融入了现代文明社会

民族地区普通话的普及率极高，不用为语言不通而费神。课题组的访谈对象也有年过花甲的老人，却都可以用普通话交流。同时，随着与外界交流的加强，村民在商业意识、现代文明礼仪、生活观念、环境卫生观念等方面均有较大的改变。

（四）政府在乡村旅游开发地的管控力度比较弱

在许多调查点访谈中，农民反映比较强烈的是政府在完成基础设施建设，尤其是道路交通建设后，在旅游开发过程中的社区治理、市场推广、经营管理等方面的管控力度不足，导致实际经营管理和开发过程中出现了诸多社会和经济问题。比如，巴马县坡月村是世界有名的养生胜地，居住着很多“候鸟人”。该村的农家旅馆密集且杂乱，尽管政府采取了各种措施进行管控，但对农家旅馆开展限高、拆违工作仍有难度。坡月村紧邻的百魔洞景区供游客休息的场所少，且车辆直接进入景区，不仅不安全，而且汽车排放的废气还会对景区造成污染。

（五）乡村旅游对当地的原始生态环境造成一定的破坏

如果对旅游景点规划不当或管控不到位，会对生态环境造成一定的破坏。比如，巴马县的盘阳河原本是一条没有任何污染的河流，但是由于越来越多外来人口的进入，盘阳河流域开发了大量的农家乐、餐饮店、民宿客栈、养老项目等，排污系统又不够完善，对盘阳河造成了一定的污染。

（六）乡村旅游给部分农户带来发展契机

在一些地方的乡村旅游开发过程中，部分农民的土地资源、景观资源等位于旅游线路沿线，地段比较好，能够经营餐饮、土特产、住宿等项目，这部分农民具有一定的优势。比较典型的有那坡县吞力屯黑衣壮村寨，自从发展旅游以来，村里的土地被征用，居民旅游收入主要来自手工艺品销售、企业分红，部分通过外出务工实现致富。

三、问卷调查分析

（一）农户家庭主要经济来源

在农户家庭主要经济来源中，按大类划分，农业生产、外出打工及乡村旅游相关，分别占到 29.02%、59.35%、11.63%。按小类划分，农户家庭经济收入来源及占比分别为：林业经济（35.51%）、渔业经济（10.17%）、副业养殖（40.83%），其他方面的收入，如运输、木工、泥水工等传统手艺收入作为辅助经济来源，占13.49%。传统的小农经济（农副林渔业）仍是农户家庭的主要经济来源，旅游只是新的经济来源。在调查中，课题组发现，从旅游中获益的主要是有一定经济能力且外出务工回乡的村民，他们的收益主要是开农家饭店、旅馆或出售手工艺品获得的收益。这部分人占整村农户农民群体的 8%～12%。

（二）农户家庭种植的经济作物

农户家庭主要种植的经济作物与旅游发展也有一定的关系，政府在实施旅游发展过程中，除了解决基础设施建设外，还引导农民发展特色农业，既实现产业发展又将经济作物转化为旅游吸引物。例如，贵州省罗甸县在政府的指导下，大力种植油菜花等，并以此为基础，每年举办油菜花节，使其成为著名的旅游节庆。受地域和气候的影响，不同地域的经济作物是不同的，从课题组调查的结果来看，大多数乡村旅游发展项目还是从事传统的农作物耕种，其中主要是水稻，占到了 47.66%，其他的分别是葡萄（5.92%）、柑橘类（23.70%）、板栗（1.37%）、猕猴桃（2.29%）、梨类（2.72%）、烟草（2.96%）、瓜类（0.18%）、芒果（4.37%），有些甚至没有种植农作物（8.83%）。在调查样本中，绝大多数农户家庭都没有种植高附加值作物。一个成功的乡村旅游开发项目除了自然风光旅游资源和民族文化旅游资源外，更多的是要发展特色农业和休闲农业，并将其作为旅游开发的可持续发展产业。然而，事实上，当问及为何不发展特色农业时，许多农民都表示，发展特色农作物需要专业技术，由于青壮年村民大多数都外出务工，留守村民年龄大，文化程度低，特色农业发展较困难。

（三）农户家庭年均收入

调查结果显示，农户家庭年人均收入1000元以下的占23.11%，1001～2000元的占26.80%，2001～3000元的占18.67%，超过3000元的占比为31.42%。

（四）农户家庭收入变化

在问及"您家现在与过去10年相比，在收入上是增加了还是减少了"这一问题的时候，90.02%的受调查对象都认为是增加了，只有9.98%的受调查对象认为是减少了。增加的原因是多方面的：一是随着我国经济的发展，外出务工人员的收入明显增加；二是实施乡村旅游开发后，部分村民确实从旅游项目中受益；三是农产品价格上涨推动农户家庭收入增加。少数受访对象认为收入减少了，通过访谈得知，部分出于分家、老龄化问题；还有部分原本较富有的农户因外出经商失利导致收入减少，或因家庭人口增多导致开支增加。

（五）旅游开发前主要经济来源

在旅游开发前，农业生产和外出务工是许多家庭主要的经济来源，分别占到了调查样本的23.12%、32.53%，其他的经济来源则是比较多元化的，包括林业（4.25%）、手工艺（12.01%）、副业（养殖）（22.55%）、渔业（2.77%）、做生意（2.77%）等。

（六）家庭技术来源

技术是拓宽经济来源的主要手段和路径，了解农民的技术来源，对于今后实施旅游开发具有积极的意义。受调查对象所掌握的技术大部分来自自学，占到了 41.77%，或是外出打工获得技术（28.67%），而政府等职能机构提供的技术培训仅占少数，为 19.96%，其他来源为模仿别人（9.24%）、学校所学专业（0.18%）、合作（0.18%）。

（七）村里或者政府成立的经济组织参与情况

在现代市场发展中，经济组织是连接买家与卖家的纽带，也是农村经济发展的重要载体。在受调查对象中，46.03% 的人未参加过相关的经济组织或成立经济组织，25.50% 的农户参与了村经济合作社，11.46% 的农户参加了村旅游合作社，17.01% 的受访者缺乏利用经济组织发展经济的能力。

（八）旅游保护与开发对家庭影响

旅游开发与保护是辩证统一的关系，如果开发不当，会对当地的生态环境、文化资源造成较大的负面影响。而在受调查对象中，46.21% 的人认为旅游开发与保护对其家庭没有影响，39.56% 的人认为主要是积极影响，仅有 14.23% 的人认为有负面影响。

积极的影响主要表现在环境变好（23.11%）、收入增加（22.55%）、资源得到保护（12.94%）、邻里更加团结友好（5.73%）及其他方面（35.67%），其他方面包括增加对外界的认识、村子的知名度提高、与外界接触增多、增强了对自己的文化自信心等。

负面的影响主要表现在环境变坏（7.58%）、收入下降（8.32%）、村镇遭受破坏（7.95%）、邻里关系紧张（3.88%）及其他方面（72.27%），其他方面包括居民与投资商矛盾加剧、生活秩序受到干扰、生产受到干扰、传统文化受到外来文化侵蚀等。

（九）家庭从事旅游活动情况

乡村旅游扶贫项目的初衷在于让更多的农民参与到旅游开发中来。在调查中，有六成家庭农户直接参与了旅游开发活动，占到了 60.44%，有 39.56% 的家庭农户间接参与了旅游开发活动，如为农家乐提供瓜果蔬菜和禽畜等原材料。在 60.44% 直接参与旅游开发活动的家庭农户中，他们从事的旅游开发活动包括出售旅游商品（35.12%）、开农家旅馆（18.85%）、开农家乐（5.18%）、在景区打工（13.12%）、交通运输（3.33%）、当导游或酒店服务员（11.48%），其他业务占12.92%（如为客人照相、背行李、抬轿子、做表演等）。这些活动对技术要求均不高。

（十）当前旅游开发与保护中的主要问题

当前旅游开发与保护中比较突出的问题是村民获利太少（57.86%），只有42.14%的村民能够从乡村旅游开发中直接或间接获利。

同时，由于我国实施的是政府主导型的乡村旅游开发模式，政府在乡村旅游扶贫中的重心是改善交通条件和推进基础设施建设，对于旅游开发的经营管理主导较少。因此，56.19%的受调查对象认为，乡村旅游开发力度不够大，经营不够灵活；还有35.49%的人认为政府在乡村旅游开发与保护中存在管理不足的问题，只有8.32%的人认为乡村旅游开发与保护协调得比较好。

话语权是获取经济收益的另一个路径，乡村旅游开发中占33.83%的外来经营者或投资者具有较高的话语权，24.77%的村民认为自己在乡村旅游开发中没有话语权，这就使15.34%的村民认为，乡村旅游开发导致了居民内部矛盾。当然，乡村旅游致富的收益多少也与村民旅游经营能力低（26.06%）有关。

（十一）旅游经营活动中政府的扶持情况

对于政府、企业及农民来说，资金短缺是制约乡村旅游业发展的原因。因此，65.80%的农民希望在从事旅游经营活动中得到政府资金资助，34.20%的农民希望得到技术培训、政策引导和业务指导。这表明，随着乡村旅游的开发，许多农民都意识到缺乏旅游经营管理技术和资金是导致其很难从旅游开发中获益的根本原因。

（十二）制约农民创业的原因

调查发现，40.30%的受调查对象认为自身没有技术，39.19%的受调查对象认为没有人指导自己发展，这是他们自身不能很好参与旅游活动的原因。当然，也有 20.51% 的受访者认为自家土地少、人口多是制约自身发展的原因。

还有一些受调查对象认为，旅游开发后，制约自身创业的原因很多，包括不能砍伐、捕鱼、养羊（18.32%），没有旅游项目（24.58%），政府管得太严（15.16%），不能从事旅游活动（41.94%）等。

（十三）农民创业满意度调查

课题组以社会学“满意度”理论为指导，从民主决策、经济建设、生态文明建设、文化建设和社会建设 5 个方面构建农民对乡村旅游农民创业问题的评估体系，并设计了 36 项三级指标体系，以此作为测评左右江革命老区乡村旅游农民创业满意度的依据（表 3-1）。

表 3-1　乡村旅游农民创业满意度评价

标指项		选项				
		很满意	满意	一般	不满意	很不满意
民主决策	村民参与旅游开发决策讨论	7.21%	18.85%	53.97%	13.68%	6.29%
	村民对政府指导旅游开发	5.18%	25.87%	50.09%	13.68%	5.18%
	村民参与旅游合作社或管理机构	6.28%	21.63%	54.53%	12.20%	5.36%
	旅游开发后的干群关系	5.36%	17.38%	53.42%	16.45%	7.39%
	旅游开发后对干部作为	6.28%	12.38%	55.64%	17.01%	8.69%
	旅游开发后对村干部选举过程与结果	5.36%	13.86%	57.86%	17.01%	5.91%
经济建设	经济收入	2.59%	19.59%	41.77%	25.69%	10.36%
	生活物价	1.48%	14.05%	47.50%	30.32%	6.65%
	自己投资开发	3.32%	10.54%	65.62%	15.34%	5.18%
	外来投资商开发	4.08%	10.35%	58.96%	19.59%	7.02%
	景区投资商	1.66%	12.35%	67.65%	14.23%	4.11%
	村中经济能人	2.59%	9.80%	68.95%	13.31%	5.35%
	土地出租、出售	2.96%	11.83%	66.35%	15.90%	2.96%
	旅游出现的贫富差距	1.29%	8.51%	68.21%	18.11%	3.88%
	开发旅游后出现经济纠纷处理	2.77%	12.01%	64.51%	15.53%	5.18%

续表

标指项		选项				
		很满意	满意	一般	不满意	很不满意
生态文明建设	生态环境变化	7.20%	53.05%	29.21%	7.95%	2.59%
	乡村卫生条件	11.46%	49.17%	27.54%	9.06%	2.77%
	生态环境保护	9.61%	46.03%	33.27%	8.50%	2.59%
	排污、垃圾处理	8.13%	42.70%	32.53%	10.91%	5.73%
	生活拥挤程度	5.55%	43.24%	40.30%	8.32%	2.59%
	卫生意识	12.93%	34.20%	41.59%	9.06%	2.22%
文化建设	传统文化开发	4.81%	33.46%	52.68%	7.02%	2.03%
	传统家庭婚姻	9.43%	28.28%	57.49%	2.77%	2.03%
	陈规陋习改变	11.65%	25.32%	56.19%	3.70%	3.14%
	社会道德改变	12.57%	25.70%	54.71%	4.99%	2.03%
	游客尊重当地民俗风情、习惯	7.76%	30.68%	53.61%	5.18%	2.77%
	文化保护	6.28%	29.40%	54.71%	8.13%	1.48%
	民族文化开发	7.95%	30.54%	21.90%	36.47%	3.14%
社会建设	游客与居民关系	6.65%	39.01%	48.98%	2.96%	2.40%
	就业创业	4.62%	21.25%	52.87%	14.79%	6.47%
	外来人口与村民关系	6.28%	35.31%	51.02%	5.73%	1.66%
	妇女地位提高	10.72%	35.86%	49.35%	2.96%	1.11%
	旅游开发后邻里关系	9.98%	34.75%	48.24%	3.70%	3.33%
	道路等基础设施改善	16.82%	36.60%	29.39%	9.80%	7.39%
	与外界交往	4.63%	21.07%	48.24%	13.12%	12.94%
	与外来投资商关系	6.10%	9.60%	52.13%	15.90%	16.27%

从表 3-1 我们可以得出如下结论。

1. 民主决策

在这些民族地区，民主决策并没有深入到每个人的生活。农户对民主决策中的“村民参与旅游开发决策讨论”的评价满意度不高，只有 18.85%，旅游民主决策如何更加科学、如何更加尊重社区居民意愿，是未来工作中不可忽视的重要内容。

2. 经济建设

农户对经济收入很满意的占2.59%，满意的占19.59%，一般的占41.77%，不满意的占25.69%，很不满意的占10.36%。由此可以看出，旅游产生的经济效益对人们经济收入的影响并不明显；对生活物价很满意的占1.48%，满意的占14.05%，一般的占47.50%，不满意的占30.32%，很不满意的占6.65%，由此也可以看出旅游对物价的影响并不大；自己投资开发在这些地区较少，主要是没有人员、资金、技术的支持，投资风险大；对外来投资商开发很满意的占4.08%，满意的占10.35%，一般的占58.96%，不满意的占19.59%，很不满意的占7.02%，由此可以看出要进一步改善投资环境以吸引社会资本投资。

3. 生态文明建设

生态环境整体有很大改善，对生态环境变化持满意态度的居民占53.05%，很满意的占7.20%，说明旅游对环境改善起了很大作用；对乡村卫生条件很满意的占11.46%，满意的占49.17%，一般的占27.54%，不满意的占9.06%，很不满意的占2.77%；对生态环境保护很满意的占9.61%，满意的占46.03%，一般的占33.27%，不满意的占8.50%，很不满意的占2.59%；对排污、垃圾处理很满意的占8.13%，满意的占42.70%，一般的占32.53%，不满意的占10.91%，很不满意的占5.73%；对生活拥挤程度很满意的占5.55%，满意的占43.24%，一般的占40.30%，不满意的占8.32%，很不满意的占2.59%；对卫生意识很满意的占12.93%，满意的占34.20%，一般的占41.59%，不满意的占9.06%，很不满意的占2.22%。从上述数据可以看出，成效最明显的是生态环境和卫生条件的改善，排污、垃圾处理还有待完善。

4. 文化建设

居民对传统文化开发，传统家庭婚姻，陈规陋习改变，社会道德改变，游客尊重当地民俗风情、习惯，文化保护，民族文化开发大部分持一般的态度，各占52.68%、57.49%、56.19%、54.71%、53.61%、54.71%、21.90%。这说明旅游在文化挖掘与传播交流这方面还有待提高，很多具有当地民族特色的文化并没有被挖掘。

5. 社会建设

居民对游客与居民关系满意的占 39.01%，一般的占 48.98%；对外来人口与村民关系认为一般的占 51.02%，满意的占 35.31%；对开发旅游后邻里关系满意的占 34.75%，一般的占 48.24%，认为与外来投资商关系一般的占 52.13%，表明旅游促进了人与人之间的交流与和谐发展；对就业创业满意的占 21.25%，不满意的占 14.79%，一般的占 52.87%，说明旅游业是第三产业，可以带动第一、第二产业的发展，增加就业；对妇女地位提高认为一般的占 49.35%，满意的占 35.86%，说明旅游业使更多辛勤工作的妇女受到重视；对道路等基础设施改善情况很满意的占 16.82%，满意的占 36.60%，一般的占 29.39%，说明旅游业促进了基础设施的建设和完善。

四、调查结论

（一）在乡村旅游农民创业中，社会效益要比其他效益好，主要得益于对公共设施、生态环境、对外交流合作等方面起到的积极推动作用

在左右江革命老区，旅游开发主要由政府主导推进，通过改善交通条件、建设道路、改造排水系统、升级垃圾处理设施等方式完善基础设施，同时加强对生态环境保护，“要致富，先修路”成为旅游致富的共识，因此各级政府都将基础设施列为重点工作任务。

旅游促进了人与人的交流，增进了人们之间的了解，完善了农户地区的基础设施，提高了人们的生活质量。在调查中得知，外地游客的生活方式与言谈举止均对当地居民产生了影响。

（二）生态文明建设与社会效益一样，扶贫绩效比较显著

在乡村旅游农民创业问题调查评价中，受访者普遍认为乡村旅游开发对当地的生态环境，尤其是对环境卫生改善起到了重要的作用。广西自 2008 年启动“城乡清洁工程”,2012 年开始“乡村清洁工程”,2019 年实施“人居环境工程、

生态乡村工程”等项目。因为旅游者对环境卫生的要求比较高，为了发展旅游业，乡村旅游项目对环境卫生建设力度空前加强，在旅游村寨中开展了“改厨、改厕、改圈，建垃圾处理设施、建污水处理设施”等清洁卫生项目，不仅满足了旅游者对卫生的要求，而且提高了农民的环境卫生意识。同时，乡村旅游项目还加强了生态文明建设，打造了一批生态文明村。

（三）农民从乡村旅游开发获益少

在大多数乡村旅游项目中，农民家庭经济来源都是传统的农作物耕种和销售，以及外出务工等，旅游在其中的占比是较低的。尽管也有约六成的农民已参与到旅游开发中来，但主要方式还是利用农闲时间出售旅游工艺品，仅有少数具有经济头脑和经济能力的农民开了农家旅馆、农家饭馆等，自己创业开发旅游项目的并不多。

（四）资源产权确认、交易平台等机制尚不完善，导致资源的资产价值、投融资渠道等都受到较大影响

许多旅游村寨往往是引进企业进行经营管理，企业基本上是以门票提成的方式回报农民，门票提成回报率一般是10%～21%，村民从旅游门票中获得的收益有限。农民不能以产权方式入股参与旅游开发，收益也无法体现，这是制约旅游经济效益发挥的根本原因。

（五）乡村旅游产业辐射力弱，乡村旅游产品与旅游市场匹配度不高，导致旅游经济效益差

调查案例包括一些经典乡村旅游项目，如广西那坡县的吞力屯黑衣壮村寨、百色市田阳敢壮山布洛陀景区、河池市宜州刘三姐乡刘三姐故里——流河寨、龙州县美女村、凤山县三门海景区等，这些旅游景区（点）最初实施旅游开发时，多以优美的自然风光或某一独特文化吸引游客。但由于这些景区产品单一，没有相应的旅游产业作为支撑，其旅游业很快就不旺了。同时，调查还发现，现代休闲农业、生态农业对于旅游产业具有十分重要的促进作用。然而，大多数乡村旅游项目依然以水稻等传统的农作物为生产对象，没有从旅游市场发展需求出发去发展休闲农业、生态农业，也没有将农业与乡村旅游有机融合。因此，所开发的乡村旅游产品与市场匹配度不高，导致游客美誉度不高，游客少，旅游经济效益差。

第二节　游客对农民创业影响因素的数据分析

在乡村旅游项目中，农民是创业主体。项目需要从游客角度进行设计，才能确保农民创业成功。因此，课题组设计了游客对乡村旅游农民创业问题评价的调查问卷。游客是旅游主体，游客对于乡村旅游扶贫项目的评价也能从另一个侧面反映乡村旅游农民创业的成功与否。

游客问卷分三个部分进行设计：游客的基本信息、游客对旅游服务各项指标的满意度、游客游览后的评价。旅游服务各项指标包括住宿、餐饮、景点、交通、购物、娱乐、公共服务，从这 7 个指标再细化内容，对游客满意度进行调查，从而全面了解整个旅游链条，清楚地看到游客在这些旅游地的参与程度及旅游绩效的成果。

游客的基本信息有助于课题组研究乡村旅游项目的客源市场及其辐射范围、乡村旅游项目的消费水平和发展潜力。

游客对旅游服务各项指标的满意度有助于课题组对乡村旅游项目的旅游产品质量、文化影响、环境影响等各项影响指标进行测评。

游客游览后的评价有助于课题组研究乡村旅游项目存在的问题并进一步分析研究。

一、调查时间、地点与方法

课题组集中于 2017 年 7 月 22 日至 30 日、2018 年 8 月 17 日至 26 日采取实地调查、访谈、问卷调查等方法对百色市靖西市、那坡县、田东县，河池市巴马县、东兰县、凤山县共 6 个县（市）进行了调研，调查地点是靖西市旧州绣球村、那坡县吞力屯黑衣壮村寨、田东县红军村、巴马县坡纳村和坡月村、东兰县永模村和板凳村、凤山县坡心村。调查人员包括课题组成员和10名本科生、5名旅游管理硕士研究生。本次调查发放游客问卷420份，回收409份，有效问卷396份，问卷有效率为96.82%。

为了保证调查质量，课题组对小于14岁的青少年游客不发放问卷，对14岁及以上的游客按照不同年龄段采取随机不重复的方式发放问卷，在发放问卷过程中随机访谈。问卷发放地点一般是景区（点）的游客中心、停车场休息点、游客休闲亭廊等游客集中休息区域，当场发放当场回收，当场在问卷上记录调查时间和地点并编号，以方便后期统计。

最后，采用计算机软件对问卷样本进行统计分析，得出了调查结果。

二、游客问卷调查分析

游客行为特征包含了旅游市场中旅游产品的购买阶层、购买行为和消费水平、消费层次及消费能力等信息，这些信息是进行市场细分的重要参考依据。

（一）游客的人口统计学特征

1. 游客的性别、年龄

游客性别构成中男性游客占50.88%，女性占49.12%；在年龄结构上，14～25岁的游客占46.09%，26～45岁占30.47%，46～60岁占21.88%，61岁及以上占1.56%。通过观察和访谈发现，游客大多以家庭为单位出游。因此，年龄分布也呈现出代际梯度特征。

2. 游客的职业

游客的职业身份涉及面较广，其中公务员6.25%、企事业人员10.16%、专业/文教科技人员10.93%、服务销售人员6.25%、工人7.42%、军人14.84%、农民4.30%、离退休人员6.25%、学生26.17%、其他7.43%。游客职业分布比较均匀这一结果表明，我国已进入大众化旅游阶段。

3. 游客的受教育程度

随着大众化高等教育的逐步普及，我国国民受教育水平大大提高。在受调查的游客中，大专及本科学历的占到了一半以上，达51.56%，他们由于知识面较广，对旅游的需求也较大；高中及中专文化程度的游客占 30.08%，而高中以下文化程度的游客占 16.41%，研究生以上学历的游客占 1.95%。

4. 游客的月收入水平

国内游客家庭以中等收入群体为主，国外游客各层次家庭收入所占比例相差不大；无论国内国外，在乡村旅游中高收入的阶层不多，低收入的阶层中外国游客所占的比例要比国内高些，主要是学生群体。乡村旅游的出游率与收入并非线性关系，受多方面因素的影响。调查显示，月收入在 1000 元及以下的为 0.09%，1000 至 3000 元的为 11.03%，多数游客月收入在 3000 元以上，达到 53.89%，月收入超过 6000 元的为 34.99%。

（二）重游率分析

重游率是衡量一个乡村旅游区（点）多样性、差异性和地域性旅游特征及产品更新程度的重要指标。调查发现，游览一次的游客占 49.22%，两次的游客为 27.24%，三次的游客为 14.45%，三次以上的游客为 9.09%。从调查数据来看，游客重游率是比较高的，通过访谈得知，这是因为乡村旅游项目的游客大多数是本地及周边游客。

（三）游客的地域分布

游客的地域分布会影响旅游的宣传营销和消费水平，调查数据显示，境内游客占多数，比例高达 88.67%，入境游客仅占 11.33%，其中，境内游客又以乡村旅游扶贫项目周边市县市场为主，占到了 90.00%。

（四）旅游出游组织方式

旅游出游组织方式以自驾游为主，占到了 62.89%，自驾游最大的特点是家庭游。旅行社组团出游的仅占 6.25%，散客游占比达到 30.86%。因为跟团游时间不能自由支配，所以，更多的人喜欢自助游。这说明乡村旅游项目游客来源及市场辐射范围有限，成为制约乡村旅游项目效益提升的重要因素。

（五）乡村旅游项目信息传播

口碑在游客了解乡村旅游项目中起着重要的作用，游客主要是通过同事、亲人、朋友介绍来的，占比40.23%。值得注意的是，随着互联网的普及，通过互联网了解旅游项目的途径占24.61%，网络是现在信息传播最快的方式。旅行社组团占比11.33%，电视广告占比7.19%，报纸杂志占比7.03%，政府宣传推介活动占9.61%。这说明乡村旅游项目在市场宣传营销上存在显著提升空间。

（六）游客满意度调查研究

游客满意度是测量旅游质量的重要指标，同时也可以从另一个层面反映乡村旅游农民创业问题的满意度。为此，课题组将“住宿、餐饮、景点、交通、购物、娱乐和公共服务”7个方面设为二级指标，又在每个二级指标下面分别设计了若干子指标体系，共53项，内容涉及旅游六大要素。经过数理统计，各指标体系得分值如表3–2所示。

表3–2　游客满意度调查统计表

指标	选项	很满意	满意	一般	不满意	很不满意
住宿	特色	10.94%	31.64%	45.70%	6.64%	5.08%
	价格	7.03%	33.20%	38.28%	18.36%	3.13%
	卫生	6.64%	31.25%	47.27%	10.54%	4.30%
	位置 / 可进入性	6.25%	27.34%	45.70%	16.80%	3.91%
	服务质量	6.64%	29.30%	53.56%	8.16%	2.34%
	居住环境	10.16%	33.59%	44.14%	9.38%	2.73%
餐饮	用餐环境	8.20%	25.00%	48.23%	13.10%	5.47%
	价格	5.08%	28.31%	44.14%	17.05%	5.42%
	餐馆特色	6.25%	25.00%	46.48%	20.05%	2.22%
	特色佳肴	7.03%	23.83%	56.76%	10.24%	2.14%
	食品卫生	5.08%	23.05%	53.91%	15.62%	2.34%
	就餐方便性	6.64%	29.30%	49.10%	10.28%	4.68%
	服务质量	7.03%	26.95%	57.42%	8.30%	0.30%

续表

指标	选项	很满意	满意	一般	不满意	很不满意
景点	景观吸引力	16.80%	35.10%	44.12%	1.25%	2.73%
	文化氛围	11.72%	28.13%	52.04%	5.77%	2.34%
	特色项目	9.77%	27.34%	51.17%	8.50%	3.22%
	可进入性	4.30%	29.69%	46.88%	15.63%	3.50%
	门票价格	4.69%	17.97%	34.77%	26.56%	16.01%
	环境卫生	4.69%	23.05%	46.09%	16.92%	9.25%
	厕所状况	4.30%	26.56%	48.05%	11.40%	9.69%
	服务质量	5.86%	28.91%	45.70%	14.41%	5.12%
	指路标识	4.69%	22.66%	53.22%	13.19%	6.24%
交通	道路通畅程度	5.86%	28.13%	40.23%	17.58%	8.20%
	交通工具状况	5.86%	26.17%	48.83%	14.09%	5.05%
	服务态度	8.20%	24.22%	58.20%	7.28%	2.10%
	安全	7.03%	27.34%	50.02%	12.50%	3.11%
	价格	4.30%	24.22%	50.32%	14.13%	7.03%
	停车场	5.47%	25.00%	55.00%	7.50%	7.03%
	旅游专线车	5.47%	23.44%	44.42%	22.25%	4.42%
购物	购物环境	4.30%	19.15%	57.03%	16.31%	3.21%
	种类丰富度	5.47%	20.81%	51.95%	16.50%	5.27%
	商品价格	4.69%	23.05%	49.61%	18.83%	3.82%
	商品质量	4.30%	25.78%	56.44%	11.14%	2.34%
	特色程度	5.86%	22.66%	57.81%	10.94%	2.73%
	服务质量	5.47%	25.78%	54.19%	10.26%	4.30%

续表

指标	选项	很满意	满意	一般	不满意	很不满意
娱乐	场所环境	5.47%	25.78%	54.69%	10.26%	3.80%
	活动特色	6.64%	16.80%	55.08%	16.01%	5.47%
	项目多样性	6.25%	15.23%	57.81%	16.41%	4.30%
	价格	5.69%	18.48%	53.56%	17.19%	5.08%
	安全性	5.52%	20.66%	58.98%	12.50%	2.34%
	服务态度	9.30%	25.41%	54.36%	8.98%	1.95%
公共服务	生态环境	19.14%	42.19%	32.03%	6.42%	0.22%
	服务人员形象	8.20%	31.64%	50%	9.03%	1.13%
	当地居民态度	13.28%	29.69%	49.68%	5.32%	2.03%
	旅游信息咨询服务	8.20%	28.91%	50.78%	10.16%	1.95%
	邮电及网络服务	5.08%	23.05%	60.94%	7.91%	3.02%
	安全保障设施	4.30%	22.66%	58.20%	12.12%	2.72%
	语言沟通	8.20%	27.73%	55.42%	6.42%	2.23%
	公共标识	7.81%	30.08%	48.44%	9.44%	4.23%
	公共服务设施	8.98%	28.91%	46.48%	12.22%	3.41%
	法治环境	9.77%	23.83%	53.22%	8.10%	5.08%
	游客服务及集散中心	6.25%	23.48%	57.03%	8.16%	5.08%
	特殊群体服务设施	5.86%	16.10%	60.46%	10.94%	6.64%

从表3-2可以看出，总体上，游客对乡村旅游项目的满意度不高，这与其质量、管理、经营理念、服务、游览便利程度及产品的丰富程度有较大的关系。乡村旅游项目大多分布在生态环境脆弱、远离城市的偏僻山区。这些地区主要依托村寨文化、民族文化、特色喀斯特地质景观或山水资源。政府主导的开发模式在旅游产品包装、市场营销、特色服务、经营管理等方面与现代旅游需求

具有较大差距，导致游客对这些旅游景区（点）的满意度评价不高。

多数游客对住宿特色、价格、位置 / 可进入性、服务质量、居住环境持满意和一般的态度，满意的占 30% 左右，认为一般的占 45% 左右。

一半左右的游客对餐饮用餐环境、价格、餐馆特色、特色佳肴、食品卫生、就餐方便性、服务质量持一般态度，满意的占 25% 左右，不满意的也占 15% 左右。餐饮没有体现当地特色，菜式和别的地方大致类似，且种类少，是满意度低的主要原因。

景点的景观吸引力给予满意以上评价的游客占 30% 左右。游客对环境卫生和厕所状况等基础设施不满意。这说明旅游扶贫应注重景区（点）基础设施的建设，并提高基础设施和服务设施的质量及管理水平。

交通方面，游客满意度介于满意和不满意之间，占 50% 左右。主要是由于进入乡村旅游项目点的道路交通多以县道、乡道为主，道路等级较低，沿途旅游交通标识牌少，停车场少等多重原因造成的。

购物、娱乐和公共服务在乡村旅游项目中发展不够好。购物种类少、质量不高、当地特色不够鲜明，游客对服务质量基本上感到满意。公共服务中做得较好的是生态环境、服务人员形象、当地居民态度三个方面，满意度都在 30% 左右；多数游客对语言沟通评价为满意和一般，对公共服务所有指标持满意和一般态度的游客占多数。因此，当地政府、企业在旅游开发过程中应该注重购物、娱乐和公共服务三方面的建设，为游客提供更大的便利。

（七）游客问卷调查分析结论

1. 乡村旅游市场“双周（周末、周边旅游市场）性强”，以自驾车游客为主

调查数据显示，乡村旅游项目市场辐射范围基本是所在地的周边市县。实地调查发现，大多数乡村旅游项目仅以某个村寨为旅游吸引物，开发观光旅游产品，规模小、产品单一、特色挖掘不够、对外宣传力度较低、市场吸引力不足。乡村旅游项目面对的市场是本地市场。因此，许多游客选择自驾方式，自驾车旅游具有消费低（基本上局限于门票消费，最多外加一个餐饮）、停留时间短等特征，这就不难解释乡村旅游项目游客消费水平低的原因了。

2. 游客对乡村旅游项目总体满意度较低，反映出旅游的经济效益存在提升空间

游客满意度越高，说明旅游景区（点）的旅游吸引力越强，越能够吸引更多的游客消费，游客量的增加和消费水平的提高对一个乡村旅游区（点）的经济效益贡献是直接的，并成正比关系。因此，游客的旅游满意度也可以反映出乡村旅游项目的经济效益水平。通过测评，45% 以上的游客对 7 个指标体系的满意度均表现为一般，只有 20% 左右的游客对乡村旅游项目表示满意，说明左右江革命老区乡村旅游项目，旅游质量与市场期望值相差较远，由游客直接带来的经济效益不高。这与居民态度问卷和访谈的调查结果高度一致，居民态度调查显示，乡村旅游项目的经济效益不明显，多数农民从中获得的收益有限。

3. 旅游特色不明显，旅游服务质量不高，导致游客满意度较低

大多数乡村旅游项目在旅游六大要素（吃住行游购娱）上的特色都不明显，只有 10% 左右的游客对特色和服务表示满意，多数认为一般或不满意。政府在完成基础设施建设和前期的公共服务设施建设后，往往会退出乡村旅游项目运营管理，而由于农民对旅游运营管理缺乏技术、经验和方法，造成项目可持续性不足。同时，由于这些项目往往都处于比较偏远的山区，即使是由旅游公司投资开发，服务人员也基本上是从当地农民中或周边村屯招聘过来的，由于服务人员受教育程度普遍较低，即使经过培训，也只能掌握基本的服务技能，服务人员专业素养不足，导致服务质量难以提升。

4. 游客对乡村旅游项目的生态环境满意率较高，满意和很满意的占比高

在 53 项考评指标中，游客对乡村旅游项目的生态环境满意度是最高的，满意和很满意共高达 61.33%，其中很满意者高达 20%。尽管民族地区经济发展相对滞后，但农民对生态环境的保护意识还是很强的。少数民族具有很多独特的生态伦理，如风水林不能砍伐、敬鸟、树木神化等，在旅游开发中得到体现，农民对环境保护高度重视。这与农民对旅游开发态度调查中，对生态环境保护意识增强和满意度较高的调查结论是一致的。无论是游客还是农民对生态环境满意度都很高，这说明现代社会生态文明建设理念已深入人心，政府与农民在实施旅游发展过程中贯彻了国家生态文明发展战略。

5. 游客对价格满意度较低，旅游六要素不满意率都在 20% 以上，景区门票价格不满意率达 42.51%

一般情况下，价格是由产品的品质和资源禀赋、市场物价水平、投资回报率等因素确定的。对于旅游六要素，游客的不满意率都在 20% 以上，其中景区门票价格的不满意率高达 42.51%。在实地的调查中，大多数景区门票的价格都在 50～120 元，相对于非乡村旅游项目价格来说并不算高，但游客却普遍认为价格过高。深入访谈得知，许多游客认为由于乡村旅游扶贫项目产品单一、游览行程较短，所提供的旅游产品和项目与价格不相符，因此感觉门票价格过高。而在餐饮、娱乐、购物、交通工具、住宿等方面，游客也普遍认为乡村旅游项目所提供的产品缺乏特色，项目开发单调，体验性不强，与自己所付出的价格不等值，因此，认为物价过高。而从实地访谈得知，无论是住宿（一般农家旅馆是 50 元左右一个晚上）、手工艺品（一般是 10 元左右一个）、娱乐（一般一场歌舞表演是 100 元左右），还是餐饮（一般每道菜价格平均为 20 元左右，除了土鸡、土鸭、土猪肉等之外），这些物价都不算高，但游客却认为高，原因在于游客认为农村的劳动力和物价不高，所以不应该收取这么高的价格。事实上，农民普遍反映，在开发前物价确实不算高，开发后生活成本增高，因此，水涨船高，他们对外营业的各个项目的收费都不得不提高，否则经营难以维系。

第三节　农民创业的风险识别调查数据分析

农民创业机遇与风险并存。深入研究农民创业面临的风险，对于研究如何规避风险，促进农民创业可持续发展具有重要的价值。为了更好地获取和识别农民创业风险因子，课题组通过访谈和问卷相结合的方式设计调查方案。

一、调查的时间与地点

选择调查时间主要考虑两个因素：一是利用暑假和节假日进行调查，这样课题组时间比较充裕；二是利用课题组做横向课题的时候进行调查。

选择调查地点主要考虑三个因素：乡村旅游与农民创业类型的多样性，既考虑已开发比较成熟的乡村旅游村寨，也考虑起步阶段的乡村旅游村寨；既考虑资源丰富型的乡村旅游村寨，也考虑资源特色一般但距离城镇较近的乡村旅游村寨；既考虑有景区依托的，也考虑没有景区和城镇依托的乡村旅游村寨。通过分类、抽样调查，力求样本能够具有代表性和典型性，从而确保数据采集的科学性、可信性。

在人员安排上，课题组成员带领2016级、2017级旅游管理本科生共6人，2015级、2016级旅游管理、民族学硕士研究生共8人分批、分队进行调查。调查前，由课题组成员对这些学生进行田野调查知识及技巧、方法等方面的培训，提升学生的田野调查水平。课题组先后进行了7次集中调查，调查对象主要是识别出来的农民，发放问卷522份，回收500份，有效问卷470份，有效问卷率为94.00%（表3–3）。

表3–3　实地问卷调查一览表

序号	日期	地点	问卷样本数/份	回收问卷/份	有效问卷
1	2016年7月15—21日	广西马山县白山镇上龙村，古零镇安善村、古零村	74	71	68
2	2016年8月9—12日	广西靖西市湖润镇多吉村，岳圩镇大兴村，壬庄乡二郎村、旧州村	87	81	74
3	2016年10月1—7日	广西巴马瑶族自治县甲篆乡甲篆村、坡月村，那社乡大洛村	62	59	55
4	2017年5月16—26日	贵州从江县往洞乡增冲村、丙妹镇岜沙村、翠里瑶族壮族乡高华村	70	66	61
5	2017年7月7—11日	云南丘北县仙人洞村、菜花箐村、普者黑村	81	81	76
6	2018年7月18—23日	广西东兰县武篆镇江平村、隘洞镇板老村、巴畴乡巴英村、长乐镇板凳村	57	54	52

续表

序号	日期	地点	问卷样本数/份	回收问卷/份	有效问卷
7	2018年10月1—7日	广西巴马瑶族自治县那桃乡平林村，巴马镇赐福村、那坝村、坡腾村，甲篆乡百马村、平安村	91	88	84
合计			522	500	470

二、样本统计分析

通过调研，课题组强烈感受到，当地居民（尤其是景区周边的农民）有着强烈的乡村旅游经商意愿。在一些已开发为乡村旅游的村寨或景区，上至六七十岁的老奶奶，下至四五岁的孩童，无不积极向来往的游客售卖旅游商品，这些商品都是自家编织的手工艺品或生产的农副产品，尤其是在乡村旅游线路上或乡村旅游项目活动场地的周边，只要具备条件，农民就会开设餐馆、客栈等。他们中的相当一部分乡村旅游经营者原来也是农民，通过乡村旅游创业就业实现了致富。

（一）对乡村旅游的认知方面

调查地的农户，祖祖辈辈守着这片生他养他的乡土。在未开发的乡村，78.23% 的受访者对乡村旅游没有过多的了解；在已开发乡村旅游的村寨，高达 92.87% 的受访者对旅游有一定了解；基于乡土情结和对世代生活的乡土的情感，超过 90% 的受访者对乡村旅游开发持支持的态度。

1. 对旅游知识的了解和掌握

调查发现，农民对旅游知识的了解和掌握是感性的、有限的和粗浅的，并且是分布不均、层次不等的。由于农民的学历水平普遍偏低，缺乏系统的旅游专业教育，对旅游知识的了解，有 20.71% 来自自己与旅游活动的接触和政府的旅游服务知识宣传。对旅游服务知识的掌握，主要来自在乡村或其周边旅游开发，并且自己有幸参与旅游活动的乡村，而其他在未开发乡村旅游的地方，或者是未能接触乡村旅游活动的农民，就谈不上对旅游服务知识的了解和掌握了。在受旅游影响较大或参与乡村旅游开发活动的社区内部，农民对于旅游服务知识的了解和掌握也是不均衡的，其中占 41.52% 的农民相对了解多些。那些文化知识水平较高、头脑较为灵活，并且积极参与到旅游经营服务当中的农户，他们对于旅游服务知识的了解和掌握就相对多一点，尽管如此，他们也只是懵懂地了解哪些是游客、游客为什么来游览、游客有什么喜好等，但是对于如何才能更好地招徕游客、如何才能让游客满意、如何做好旅游管理经营活动等问题还缺乏应有的认识。

2. 对资源的了解分析

虽然缺乏对旅游服务知识全面而深刻的了解和掌握，但由于乡村旅游开发和保护与当地农民利益密切相关，再加上长期以来政府将乡村旅游作为一个重要的产业富民方式进行宣传、引导，所以受访者对乡村旅游资源还是有着不同的看法与态度。

（1）对乡村旅游资源的认识

当被问及“你们觉得，自己家乡的哪些资源可以开发为旅游资源”这一主观问题时，尽管缺乏备选答案，但绝大部分被访农民（76.31%）都能明确说出是自然景观和文化资源。他们认为，正是这个因素，众多的中外游客才会千里迢迢来这里旅游。

（2）对自身有哪些资源的认识

当被问及“如果开发旅游，你能够为游客提供哪些旅游项目”（多选题）这一问题时，有 43.51% 的受访者选择自己会唱歌跳舞，能够为游客表演；52.89% 的受访者选择“自家有土地，可以开发旅游”；也有 24.14% 的受访者选择，自己什么都不会，不懂得开发旅游；更有 18.76% 的受访者选择，自己要钱没有钱，要技术没有技术，家里地也少，谈旅游开发是梦想。在问卷和访谈中，多数受访者其实对自身的资源认知是模糊的，不知道自身的优势在哪里，也不懂得哪些资源具有开发价值。

（3）对乡村旅游开发问题的认识

在面对“怎么看待乡村旅游开发”（多选题）这一问题时，农民的意见主要集中在“村民获利少”这一方面。绝大多数农民（44.14%）认为，自己祖祖辈辈生活在村里，生活自由而惬意。虽然现在开发乡村旅游，由于各方面的原因，从乡村旅游开发中获得的权益太少，“村民获利少”又跟“开发力度不够大，经营不够灵活”（32.85%）、“村民旅游经营能力低”（19.47%）、“利益分配不均”（19.46%）、“村民没有发言权”（14.13%）等问题紧密相关。村民们认为“村民获利少”是当前乡村旅游存在的主要问题，这个问题需要通过政府引导、协调乡村旅游开发经营管理，进一步加大对乡村旅游开发的力度，允许和帮助他们更多地参与乡村旅游开发管理来解决。

（4）对开发乡村旅游自己担心什么的认识

在回答“开发乡村旅游自己担心什么”的问题时（多选题），大家的意见集中于“没有游客来”（44.65%）、“投资打水漂”（44.75%）、“自己做的东西不好”（38.23%）、“不懂经营”（41.24%）等几个方面，而对于“东西太土、城里人不喜欢”（16.46%）、“没有技术”（20.61%）、“没有资金”（22.37%）则担心不大。

他们对于这个问题的认识，实质上是对旅游市场、对投资及对自身经营能力的信心不足的体现。受访者在访谈时讲到更多的是，他们没有做过生意，没有这方面的经验，不知道游客喜欢什么，总觉得农村的土特产上不了台面，从而制约了他们自己创业的动力。受访者的担心不无道理，创业有风险，在没有完善的创业保障机制的前提下，创业者往往不敢冒太大的风险。

担心“没有游客来”关注的是旅游市场问题，旅游市场的消费有较强规律性，也存在市场风险性，在旅游消费呈现碎片化、个性化、自助化的当下，不仅创业者难以把控和预测市场，即便是现代旅游企业也不敢保证自己能够准确地预测市场，驾驭市场，既然预测不了、驾驭不了，那么，对旅游市场的不确定性的担心便顺理成章。

担心“投资打水漂”关注的是开发方向问题，乡村旅游开发需要走差异化道路，需要有自己的特色和主题，对于受访者来说，一旦投资失败，则有可能加重其贫困度，对生活质量、家庭发展和精神寄托都是打击。

担心“自己做的东西不好”关注的是对自身技能的认知问题，创业需要具备一定的技能和经验等，无任何技能，也不懂经营，对于投资乡村旅游来说，风险都是很大的。

担心“不懂经营”实质是对运营管理问题的思考，任何投资行为和开发行为均需要通过运营管理来实现，课题组也在很多乡村旅游开发案例中发现，有些产品无论是质量还是手工技法等，都是相当不错的。比如，少数民族的银饰品很有民族特色，但游客就是不感兴趣，究其原因，是农民在价格、包装、导购等方面缺乏相应的市场营销知识，没有进行很好的营销，仅是摆摊售卖而已。

（二）对旅游市场风险的分析

1. 是否愿意与人合作

合作机制是市场的重要组成部分，由图 3–1 可知，绝大部分农民（88.83% 的问卷调查对象）都愿意与人合作。农户最担心的就是市场风险，与人合作可以降低创业的风险、实现收益的最大化；在访谈中谈到为什么要和别人合作的时候，多数受访者的回答是首先可以解决资金不足的问题，其次是不想冒险，与人合作可以分担风险，自己出土地或参与民俗表演等。

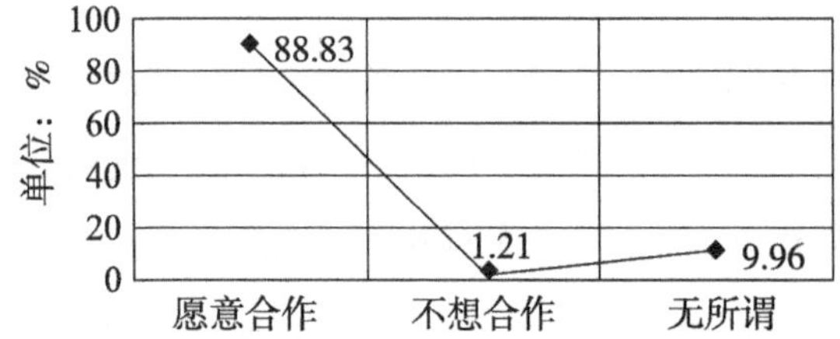

图 3–1　对是否愿意与人合作的态度

2. 如何看待竞争关系

一听到竞争，多数受访者都认为竞争容易导致失败。由于缺乏对竞争的深刻认识，大多数受访者（72.85%）以为，竞争是不好的，竞争的结果就是失败。竞争有良性竞争，也有无序竞争，良性竞争有利于促进发展，利于规范竞争双方的职业行为；只有无序的竞争才容易导致资源重复开发、引发价格战和利益冲突。受访者之所以存在对竞争的认识偏差，是对旅游市场认知较少所致。

3. 对管理制度的看法

在乡村旅游中，农民创业大部分采用的是家庭式、家族式的模式。即由于合作伙伴都是亲人或熟人，所以大多数受访者（60.91%）认为，没有必要建立针对自家人的规章制度，更多时候，他们在管理中完全依靠亲情和自律。也有一部分受访者（38.06%）认为，建立管理制度会影响家庭成员之间的信任；即使建立了规章制度，在施行过程中由于亲情的缘故，也很难执行下去。当然，也有一部分受访者（40.17%）认为，应该加强管理，建章立制，明确职责，只有这样才能让产业传承下去，因为他们深知，创业难，守业更难。有这种建章立制、加强管理思想的受访者，多数是外出务工返乡的农民或者是大家庭、大家族创办的乡村旅游企业的负责人。

4. 对旅游品牌的认知

旅游品牌是旅游市场的重要组成部分，也是旅游市场的无形资产。旅游品牌对游客的决策行为有着至关重要的影响。在问卷中，53.27% 的受访者都意识到要保证质量、吸引回头客、把自己的商品做得有名声、做老字号、有信誉、不能坑人等。其实，农民的内心还保持着那份朴素、诚实、厚道的民风中的思想，这是他们打造旅游品牌的动力所在、思想根基所在。

（三）对技术、组织、环境、团队风险的认知

掌握一技之长，是创业立命之本。有些技术是祖辈传承下来的，比如木工、歌舞表演、农技农艺、烹饪等，而有些技术则是通过后天有意识地培训而得到的，比如电商技术、现代农业生产技术等。由于从事乡村旅游活动能给自己带来一定的经济收入，多数农民对乡村旅游开发抱有较大的希望，有较为强烈的发展乡村旅游的欲望，不少受访者表示他们是少数民族，自己掌握木工技能、会唱歌跳舞、懂得做手工艺品等。抽样调查发现，有 52.43% 的被调查者表示自己拥有一定的技术，不担心技术问题。40.03% 的受访者认为，在乡村旅游创业中，最大的风险来自团队。一个好的团队，会成就一番大的事业，如果团队建设不好，团队不团结，没有协作精神，就会给创业带来较大风险。认为环境对创业有风险

的，也高达 37.12%，环境包括市场机遇、营商环境、创业环境、自身发展环境等。组织风险排到了第三位，17.58% 的受访者认为，组织结构尤其是商业运作结构、运营管理的治理结构会在很大程度上影响创业。

（四）政府扶持意向的风险

图 3-2 表明，大部分从事或即将从事旅游经营服务的居民需要政府提供的各项扶持，主要包括资金资助（61.82%）、技术培训（40.28%）、政策扶持（31.15%）和业务指导（25.91%）。由此可见，资金缺乏是摆在农民面前最难克服的问题，没有资金的扶持，无论多么美好的想法都只能停留在空想阶段，农民迫切期待政府能在资金上给予一定扶持。由于文化水平不高，同时缺乏必要的旅游知识、技术及业务知识的培训，农民的旅游经营服务活动也只能是摸着石头过河，风险较大，理应得到政府在技术层面的扶持。

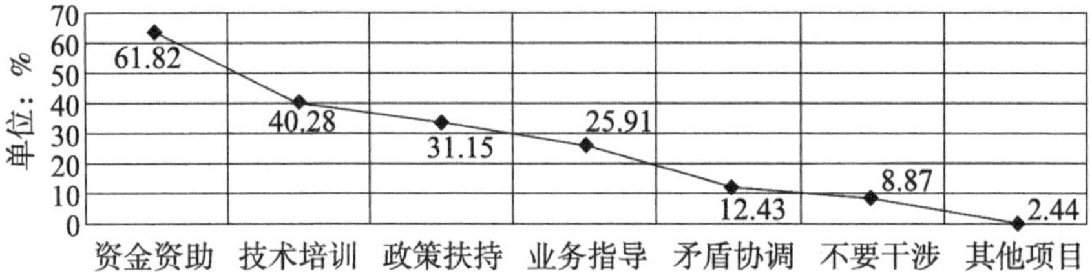

图 3-2　政府扶持意向的风险

（五）农民创业风险影响分析

1. 经济影响

左右江革命老区农民多为常住居民，基本经济收入来源为农业、林业和外出务工，由于居住地大部分是山区，石山多、可耕面积少，种植的粮食作物仅够自家食用，无法对外出售，果树年产量不稳定，产出效益不明显。经济欠发达，会影响农民的财产性收入、工资性收入及其他方面的收入。农民收入低，难以筹措创业资金，在各方面条件成熟但资金无法得到保障的情况下，创业会受到影响。

2. 文化影响

从调查问卷得知，92.67% 的农民文化程度在初中以下，文化认识水平不高，难以适应当今社会各类技术技能要求较高的工作。农民无法明确自己在乡村旅游创业的正确角色定位，在认识上存在一定偏差，一些村民过分在意眼前短期利益，在利益分配方面出现心理失衡问题，这些思想、视野和心胸格局等，都会直接影响农民的创业热情和激情。

3. 环境影响

在外部环境上，创业过程会遇到各种困难挑战，比如政策变化、旅游市场波动及人际关系等的影响，这些复杂的环境动态因素，对农民创业来说，无疑存在很多不确定性，风险是存在的。

内部环境包括农户家庭掌控的资源丰富度、自身掌握的技术能力、是否有发展的思路、身体状况、协调能力、驾驭市场波动的能力、个人视界、社会阅历、先前经验，尤其是农民个人的社会资本、社会网络、个人的管理和学习能力等，这些因素的决策和执行直接影响创业。

（六）农民创业风险因素分析

为了更好地了解农民创业的风险因素，课题组设计了环境约束、市场因素影响、社会网络关系、资源的整合能力、政策变化、自身缺陷及其他选项（多选题）。调查结果显示，首先，43.49% 的受访者认为市场因素影响是创业的最大风险。其次，32.39% 的受访者认为风险存在于自身对资源的整合能力上。最后，25.31% 的受访者认为社会网络关系很重要，21.21% 的受访者认为环境约束会导致创业失败。对于政策的变化，多数人倒不是很关心，只有 9.41% 的受访者认为政策变化会影响创业成功。出乎意料的是，有 14.69% 的受访者认为自身的缺陷是创业风险的主要来源。通过访谈，课题组也得知，多数受访者认为，市场变化莫测，尤其是以农业为基础进行的旅游创业更是如此，所以他们非常担心市场变化带来投资失利。另外，对于创业信息获取、自身胆量和认知、社会舆论、邻里关系、土地政策、经营能力、自身见识、性格等，受访者也认为这些因素会影响他们创业能否成功。

1. 市场因素影响

调查发现，农民的市场意识是很高的。从访谈中得知，其原因：一是农民获得的信息途径和了解外部世界的渠道越来越便捷；二是外出务工扩大了农民的视野、开阔了他们的眼界；三是人际交往扩大了他们的社会网络，使他们获得各种资讯的机会增多；四是一些无市场预测的农业生产（如水果、蔬菜等的种植），由于盲目扩大规模，导致滞销使得农民对市场有了直接的认识。多数受访者担心种植出来的农产品销售不出去，开发的手工艺品没人买等，这是他们对市场最朴素的认知结果。因此，43.49% 的受访者认为市场的不确定性是最大的风险。

2. 资源整合能力的影响

“资源整合能力”也是农民认为的主要创业风险。32.39% 的受访者认为，对创业所需的资金、技术、土地、物资等要素难以获取、协调和加工整合，这成为农民创业成功的一个瓶颈。资源整合能力与农民自身的社会网络关系、创业能力和所掌握的技术、学习能力有着直接的关联，若农民自身各种能力强，则这种风险是可以规避的。农民对因资源整合能力弱而带来风险的担心，则从另一个侧面反映了农民创业的素质和能力是需要学界、业界重点关注的问题。

3. 社会网络关系的影响

“社会网络关系”是农民创业信心的基石，创业成功与否与自身的社会网络关系有着很大的关联。25.31% 的受访者认为，他们与政府的关系、朋友数量、与外界的联系等方面所构成的社会网络对创业有很大的帮助，如果自身的社会关系网络狭窄，就很难获得各种创业资本、资源和要素，如借款、贷款等。因此，没有社会网络关系也被农民列入引发创业风险的重要因素，如果没有朋友担保或自己与朋友都是脱贫户，就很难获得创业资金。

4. 政策变化的影响

“政策变化”是导致农民创业风险的直接因素。21.21% 的受访者认为，在乡村旅游开发中，政府政策和合作者政策的变化，都对农民创业有直接影响，因为农民往往是在政策引导下被动走上创业道路的，其中最直接的是政府的政策，如引导农民开发休闲农业、农家乐、民族文化演艺、手工艺品等的政策，为了激励农民创业，政府一般通过奖励和补贴等政策进行扶持，这为农民降低创业风险增强了信心并奠定了基础。久而久之，农民对政策就产生了依赖，政策一有变动，就会对农民的经营或管理产生影响，多数为负面影响，这也是农民创业时最担心的风险之一。此外，合作者的政策变动如合作的企业、合伙人等政策的变化，也会影响农民创业的效果和质量。

5. 其他影响

此外，14.69% 的受访者认为自身身体素质、文化水平、处理人际关系的能力、思想观念、技能掌握程度等方面的情况，也会给农民创业带来风险；其他风险包括政治环境、自然灾害、气候变化、身边的创业环境氛围、生产资料的多寡等，这些都是他们面临的创业风险。如发展休闲特色农业，尽管有现代相对成熟的农业科学技术，但农民创业时难以通过规模化生产应用这些技术，只能利用自己的资源开发家庭农场、家庭牧场或瓜果园，由于气候原因，作物或受灾害影响，收成并不稳定，这也成为农民创业时所担心的一个风险因素。

三、基本结论

农民创业风险源是多样的，既有内部风险，也有来自外部风险，归结起来，可以得到以下结论。

（一）人际关系风险是农民创业面临的最大风险

人际关系实质就是社会资本，即人际关系资源。乡村旅游项目中的创业对农民来说是一个陌生行业。在经营开发乡村旅游实体过程中，他们需要得到别人的帮助以获取资源、资讯和技术。同时，人与人的关系是最难处理的，农民在创业过程中会面临与政府、游客、邻里、亲朋好友等各种复杂的社会关系，处理好他们，对于农民创业至关重要。课题组在调查中发现，农民创业中有因被赊账长期拿不回资金而失败的，有因亲朋好友的干扰而无法经营的，有因邻里关系处理不好而被迫中断创业的，也有因开发的旅游项目无法满足游客的消费需求、适销不对路而失败的，更有因与旅行社合作不愉快而倒闭的。因而，农民创业与乡村旅游发展及社会资本的积累密切相关，人际关系处理不好是其创业面临的最大风险。

（二）市场波动是农民创业的直接风险

旅游市场具有波动性、不确定性、脆弱性，容易受到政策、自然灾害、经济形势等各种因素的影响，游客消费偏好的变化也会直接引起市场波动。对于农民来说，其创业所依赖的市场主要是游客市场，而我国乡村旅游的竞争已进入白热化阶段，开发项目类型多、数量多，竞争激烈，农民创业没有足够的市场意识和理念，就很难随着市场的波动而开发出适销对路的乡村旅游产品。因此，旅游市场波动是农民创业所面临的直接风险。

（三）政策风险是农民创业不可忽视的风险

前期大量的调查发现，农民创业与政策密切相关，超过 90% 的农民创业与政府的政策引导、扶持和指导密不可分。在经营管理中，政策风险也是存在的。一是土地流转风险，乡村旅游用地会对粮食安全、收益分配、土地利用结构、乡村生态等产生一定的影响，因此政府政策对土地的利用和土地流转方向有着不容忽视的影响。[①] 例如，为保护乡村生态环境，限制放牧，退耕还林，禁止网箱养鱼等环境政策的实施，对那些以种植养殖业为主的乡村旅游创业者来说，就会产生较大的投资风险。政策风险还表现在信贷、项目审批、扶持、产业等政策领域。

（四）环境风险是农民创业难以预测的风险

农民创业环境分为外部和内部环境，外部环境包括自然灾害、社会治安、创业氛围、行业发展、发展机会等；内部环境包括自身的能力、技能、认知水平、家庭劳力等。不管是外部环境还是内部环境，对于农民创业来说都不可忽视。以乡村休闲农业旅游开发为例，自然灾害不仅会影响农业生产，还会直接影响游客数量，对乡村休闲农业旅游项目有直接的破坏作用，影响乡村旅游、农家乐的

① 花思宇，林婕，许文雅，等．乡村旅游创业发展中的风险分析及应对体系——基于社会资本的视角 [J]. 人力资源管理，2014（12）：172–173.

正常经营，更需农民花费一定的精力、财力、物力进行重新修整。这些风险带来的损失都是难以预测的。

（五）创业素质风险是农民创业不可回避的风险

农民创业素质包括技术、技能、观念、经验、阅历、心理等各项素质，这些素质直接决定着农民创业的质量、类型与规模，也直接影响到农民创业的抗风险能力。

第四章　理论基础：乡村旅游与农民创业关系

第一节　农民创业基础：乡村旅游资源分析

资源是乡村旅游发展的基础，也是农民创业的前提。乡村资源为农民进行乡村旅游创业提供了广阔平台，乡村旅游的发展也为农民创业带来了无限机遇，课题组着重从人——地关系及人——人关系出发，分析了农民创业所依托的乡村旅游及其资源的因果关系。

一、左右江革命老区乡村旅游

乡村旅游是左右江革命老区重要的发展模式，国家及广西、贵州、云南均将乡村旅游作为左右江革命老区脱贫致富的重要抓手和路径，不仅大力扶持、发展一批乡村旅游项目，而且实施示范带动项目，在众多的乡村旅游项目中选取了一批乡村旅游扶贫重点村进行扶持发展，通过乡村旅游扶贫重点村示范、带动其他乡村旅游项目发展，从而为广大农民提供了大量的创业就业平台。

经过统计，课题组得出以下数据，左右江革命老区 3 个省（自治区）所辖 8 个市（州）48 个县（市、区），列入国家乡村旅游重点村的村寨有 353 个（表 4-1，表 4-2，表 4-3，表 4-4）。

表 4–1　左右江革命老区国家级乡村旅游重点村统计表　　单位：个

地市名	南宁市	百色市	河池市	崇左市	黔西南州	黔东南州	黔南州	文山州	合计
县（市、区）数	2	10	7	4	7	3	7	8	48
村数量	18	54	63	20	47	26	60	65	353

资料来源：国家发展和改革委员会等七部门联合下发的《关于实施乡村旅游富民工程推进旅游扶贫工作的通知》（发改社会〔2014〕2344 号）整理统计而得。

表 4–2　广西壮族自治区乡村旅游重点村分布名单

县区名（个数）	重点县或片区县	行政村名
隆安县（3）	重点县和片区县	布泉乡布泉社区、那桐镇定江村、屏山乡屏山社区
马山县（3）	重点县和片区县	白山镇上龙村、古零镇安善村、古零镇古零村
田阳县（2）	片区县	巴别乡三坡村、百育镇六联村
田东县（3）	重点县	江城镇大诺村、那拔镇福星村、思林镇真良村
凌云县（2）	重点县和片区县	伶站瑶族乡浩坤村、泗城镇金保村
乐业县（3）	重点县和片区县	新化镇店坪村、花坪镇花坪村、同乐镇央林村
德保县（3）	重点县和片区县	城关镇西读村、城关镇云梯村、都安乡都安村
靖西市（3）	重点县和片区县	湖润镇多吉村、岳圩镇大兴村、壬庄乡二郎村
田林县（1）	重点县和片区县	潞城瑶族乡八洞村
隆林各族自治县（1）	重点县和片区县	德峨镇田坝村张家寨屯
西林县（2）	重点县和片区县	马蚌乡鲁维村、普合乡新丰村
那坡县（1）	重点县和片区县	德隆乡德孚村
巴马县（3）	重点县和片区县	甲篆乡甲篆村、甲篆乡坡月村、那社乡大洛村
大化瑶族自治县（以下简称大化县）（3）	重点县和片区县	百马乡科优村、大化镇达悟村、都阳镇双福村
东兰县（3）	重点县和片区县	长乐镇永模村、三石镇板文村、武篆镇东里村

续表

县区名（个数）	重点县或片区县	行政村名
都安瑶族自治县（以下简称都安县）（3）	重点县和片区县	大兴乡池花村、地苏镇大定村、地苏镇新苏村
凤山县（3）	重点县和片区县	江洲瑶族乡凤平村、袍里乡久隆村、袍里乡弄仁村
环江毛南族自治县（以下简称环江县）（3）	重点县和片区县	川山镇社村、大安乡环界村、洛阳镇文雅村
罗城仫佬族自治县（以下简称罗城县）（3）	重点县和片区县	宝坛乡罗东村、东门镇章罗村、怀群镇伦洞村
天等县（3）	重点县和片区县	都康乡逐龙村、天等镇百灵村、龙茗镇古棣村
龙州县（2）	重点县和片区县	彬桥乡安镇村、上金乡云江村
宁明县（2）	片区县	城中镇耀达村、那堪镇南执村
隆安县（6）	重点县和片区县	乔建镇新光村、城厢镇良兴村、乔建镇新光村、城厢镇良兴村、丁当镇红阳村、都结乡红光村
马山县（6）	重点县和片区县	古零镇乐平村、古零镇新杨村、乔立乡三乐村、古零镇乔老村、古零镇羊山村、古寨乡本立村
田阳县（4）	片区县	洞靖乡活旺村、那满镇露美村、那满镇新立村、那坡镇那芘村
田东县（6）	重点县	陇穷村、思林镇立丰村、印茶镇巴麻村、作登镇梅林村、中平村、平马镇百谷村
乐业县（6）	重点县和片区县	甘田镇夏福村、新化镇磨里村、甘田镇四合村、同乐镇上岗村、花坪镇花岩村、花坪镇烟棚村
德保县（6）	重点县和片区县	燕峒乡那布村、巴头乡巴头村、足荣镇那亮村、龙光乡岜考村、都安乡农棋村、城关镇排莫村
靖西市（6）	重点县和片区县	化峒镇三友村、壬庄乡巴择村、化峒镇爱布村、新靖镇旧州街、安德镇安德街、龙邦镇其龙村
田林县（1）	重点县和片区县	利周瑶族乡凡昌村

续表

县区名（个数）	重点县或片区县	行政村名
那坡县（4）	重点县和片区县	百南乡规良村、城厢镇达腊村、城厢镇那赖村、城厢镇龙华村
巴马县（6）	重点县和片区县	那桃乡平林村、巴马镇赐福村、巴马镇那坝村、巴马镇坡腾村、甲篆乡百马村、甲篆乡平安村
大化县（6）	重点县和片区县	七百弄乡弄腾村、北景乡那色村、大化镇弄着村、贡川乡红柳村、羌圩乡艾圩村、岩滩镇常吉村
东兰县（6）	重点县和片区县	武篆镇江平村、隘洞镇板老村、巴畴乡巴英村、长江乡兰阳村、长乐镇板凳村、切学乡切学村
都安县（6）	重点县和片区县	地苏镇兴利村、澄江乡红渡村、大兴乡九顿村、东庙乡东庙村、东庙乡弄工村、隆福乡隆旺村
凤山县（6）	重点县和片区县	袍里乡坡心村、长洲乡百乐村、凤城镇松仁村、凤城镇兴隆村、平乐瑶族乡兰包村、乔音乡合运村
环江县（6）	重点县和片区县	明伦镇八面村、长美乡长美社区、川山镇何顿村、洛阳镇雅脉村、明伦镇北宋村、下南乡中南村
罗城县（6）	重点县和片区县	黄金镇义和村、宝坛乡平英村、东门镇中石村、怀群镇东安村、小长安镇长安社区、小长安镇合北村
天等县（6）	重点县和片区县	上映乡桃永村、天等镇稻香村、进结镇民元村、向都镇中和村、驮堪乡道念村、宁干乡台利村
大新县（4）	片区县	宝圩乡板价村、恩城乡恩城社区、恩城乡和平村、恩城乡护国村
龙州县（3）	重点县和片区县	上金乡进明村、上龙乡上龙村、响水镇四清村

表 4–3　贵州省乡村旅游重点村分布名单

县区名（个数）	重点县或片区县	行政村名
从江县（3）	重点县和片区县	往洞乡增冲村、丙妹镇岜沙村、翠里瑶族壮族乡高华村
黎平县（3）	重点县和片区县	双江镇四寨村、双江镇黄岗村、肇兴镇堂安村
榕江县（3）	重点县和片区县	车江乡三宝侗寨、兴华乡摆贝村、栽麻乡大利村

续表

县区名（个数）	重点县或片区县	行政村名
安龙县（3）	重点县和片区县	万峰湖镇坝盘村、戈塘镇香车河村、招堤街道办事处海庄村
册亨县（1）	重点县和片区县	坡妹镇岜凡村
普安县（2）	重点县和片区县	江西坡镇联盟村、江西坡镇细寨村
晴隆县（1）	重点县和片区县	光照镇规模村
兴仁市（2）	重点县和片区县	城北街道办在桥河村、屯脚镇鲤鱼坝村
望谟县（2）	重点县和片区县	蔗香乡板陈村、蔗香乡蔗香村
贞丰县（3）	重点县和片区县	者相镇纳孔村、珉谷镇必克村、珉谷镇岩鱼村
惠水县（2）	片区县	断杉镇八大村、好花红镇百鸟河村
平塘县（3）	重点县和片区县	甲茶镇甲茶村、者密镇甲青村、平舟镇京舟村
三都县（3）	重点县和片区县	周覃镇洞揽村、交梨乡高平村、三合镇姑挂村
长顺县（3）	重点县和片区县	白云山镇鼠场村、敦操乡敦操村、鼓扬镇鼓扬社区田哨村
荔波县（3）	重点县和片区县	小七孔镇联山村、翁昂乡拉内村、瑶山乡拉片村
罗甸县（3）	重点县和片区县	红水河镇红河村、龙坪镇大关村、龙坪镇板庚村
独山县（3）	重点县和片区县	百泉镇尧梭村、上司镇打羊村、基长镇秀峰村
从江县（6）	重点县和片区县	丙妹镇銮里村、高增乡小黄村、高增乡高增村、加榜乡加车村、高增乡岜扒村、高增乡平求村
黎平县（6）	重点县和片区县	肇兴镇肇兴村、茅贡乡地扪村、肇兴镇厦格村、高屯镇八舟村、岩洞镇铜关村、尚重镇盖宝村
榕江县（5）	重点县和片区县	两汪乡空申村、寨蒿镇晚寨村、寨蒿镇乌公村、平阳乡小丹江村、计划乡加宜村
安龙县（3）	重点县和片区县	招堤街道办事处陇西村、钱相乡打凼村、招堤街道办事处铜鼓井村

续表

县区名（个数）	重点县或片区县	行政村名
册亨县（6）	重点县和片区县	八渡镇乃言村、威旁乡大寨村、巧马镇巧马村、庆坪乡庆坪村、冗渡镇冗渡村、丫他镇板万村
晴隆县（6）	重点县和片区县	光照镇孟寨村、大石镇地久村、花贡镇都田村、鸡场镇学官村、莲城镇蔡家村、莲城镇南街村
兴仁市（6）	重点县和片区县	城北街道办丰岩村、李关乡李关村、民建乡林家田村、鲁础营乡鲁础营村、城南街道办洛渭屯村、巴铃镇绿阴河村
望谟县（6）	重点县和片区县	纳夜镇卡发村、乐旺镇六里村、麻山镇麻山村、石屯镇包树村、复兴镇平饶村、桑郎镇桑郎村
贞丰县（6）	重点县和片区县	平街乡小花江村、龙场镇对门山村、珉谷镇大碑村、者相镇董箐村、白层镇白层村、挽澜乡窑上村
惠水县（4）	片区县	涟江街道办事处大新村、好花红镇好花红村、羡塘镇红旗村、涟江街道办事处九龙村
平塘县（6）	重点县和片区县	掌布镇开花寨村、掌布镇掌布村、者密镇平河村、平舟镇双江村、塘边镇清水村、牙舟镇卡罗村
三都县（6）	重点县和片区县	拉揽乡来楼村、九阡镇水各村、打鱼乡来述村、拉揽乡排烧村、廷牌镇羊楼村、都江镇怎雷村
长顺县（6）	重点县和片区县	广顺镇新寨社区杜鹃湖村、凯佐社区核子村、马路乡青山村、威远社区永增村、广顺镇石板村、营盘社区营盘村
荔波县（6）	重点县和片区县	永康乡尧古村、玉屏镇水春村、播尧镇觉巩村、播尧镇尧花村、瑶山乡高桥村、茂兰镇洞流村
罗甸县（6）	重点县和片区县	沫阳镇大井村、红水河镇云里村、罗悃镇龙井村、罗沙乡者任村、沫阳镇访里村、沫阳镇麻怀村
独山县（6）	重点县和片区县	麻尾镇麻尾村、百泉镇井桥村、麻万镇花园村、基长镇阳地民族文化村、麻万镇麻抹村、影山镇翁奇村

表 4–4　云南省乡村旅游重点村分布名单

县区名（个数）	重点县或片区县	行政村名
文山州（2）	重点县	东山乡石牛角村、新平街道老保黑村
砚山县（3）	重点县和片区县	盘龙乡白石岩村、盘龙乡法土龙村、盘龙乡响水龙村
西畴县（3）	重点县和片区县	香坪山村、大地村、合心村
麻栗坡县（3）	重点县和片区县	小坪寨村、城寨村、南朵村
马关县（3）	重点县和片区县	阿峨新寨、马夹冲、马洒村
丘北县（3）	重点县和片区县	仙人洞村、菜花箐村、普者黑村
广南县（3）	重点县和片区县	八宝镇乐共村、坝美镇出水洞村、莲城镇懂湖村
富宁县（3）	重点县和片区县	坡芽村、登冒村、那律村
文山州（2）	重点县	塘子边村、马椰村
砚山县（4）	重点县和片区县	马鞍山村、黑巴村、黑鱼洞村、白沙坡村
西畴县（6）	重点县和片区县	上果村、蚊子寨、岔河村、石门坎村、么所村、下坝村
麻栗坡县（6）	重点县和片区县	新城村、中寨村、大坝村、曼棍队、猫猫跳队、三转湾队
马关县（6）	重点县和片区县	八寨社区、塘房村、新发寨、茅坪村、罗家坪村、石丫口村
丘北县（6）	重点县和片区县	岩峰山村、阿诺村、阿鲁白村、白脸山村、猫猫冲村、小白山村
广南县（6）	重点县和片区县	峰岩洞村、端讽村、董仕基村、河野村、河边村、普迁村
富宁县（6）	重点县和片区县	老街三寨村、甘屯村、河边村、那马村、普阳一村、山脚村

二、乡村旅游资源调查分析

（一）乡村旅游资源的形成背景

左右江革命老区乡村旅游资源极为丰富，地文景观、水域风光、气象景观、民族建筑、民俗文化、历史文化、节庆活动等旅游资源种类齐全，具有较高的等级和品位，且不少资源是独特的国家级和世界级的资源，为发展左右江革命老区乡村旅游提供了丰厚的资源条件，也为农民创业提供了良好的条件。

1. 自然环境背景

左右江革命老区地处云贵高原东南边缘，地势西北高、东南低，四周多山，中部和南部多平地。境内喀斯特地貌、丹霞地貌和花岗岩地貌三大地貌交替分布，石山地区面积约占陆地总面积 60.10%。其中，喀斯特地貌占石山总面积的 37.81%，丘陵地貌约占总面积的 10.60%[①]。集沿边、沿江优势于一体，发展乡村旅游地理位置优越。

2. 历史文化背景

远古的百色古人类遗址，红色历史文化遗迹，壮、瑶、苗、侗、仫佬、毛南、水族、布依族、彝族等少数民族民俗文化，构成了左右江革命老区乡村旅游资源的区域人文背景。

（二）乡村旅游资源的类型

1. 自然景观类乡村旅游资源

左右江革命老区范围内乡村自然类旅游资源极为丰富，乡村景观显现出自然生态环境与农耕文化相融合的特征，展示着人与自然的和谐相处、自然生态与人类发展的持续融合。

（1）地质地貌类

主要有喀斯特地貌、丘陵地貌、河谷盆地等。美丽的喀斯特地貌和浓厚的民族风情的有机结合，构建了“诗境家园”般的人与自然相处和谐的优美环境，散发着乡村旅游的独特魅力。

喀斯特地貌乡村山水田园风光，呈现的是优美宁静、淳朴怡人的田园山水图画。以百色靖西山水、崇左左江风光、河池宜州下枧河、荔波大小七孔、乐业天坑群、平塘天坑群的喀斯特地貌风光最具代表性。

---

① 根据国家发展改革委批复实施的《左右江革命老区振兴规划（2015—2025 年）》，所涉及的 3 个省（自治区）所辖 8 个市（州）59 个县（市、区）的官网公布的地理信息，整理统计而得。

丘陵地貌山水田园风光则是山岭绵延，溪谷萦绕，如仙境一般，主要以分布在云南文山普者黑、从江的加榜梯田等为代表。

河谷盆地以红水河、左江、右江河谷为代表，河谷山水田园散落有少数民族村寨，构成了一幅幅如诗如画的田园景象，以龙州左江河谷盆地、右江河谷盆地、罗甸河谷盆地为代表。

上述三大类型山水田园风光构成了左右江革命老区乡村自然景观资源的主体，它们如诗如画，可居、可游，适合开发具有当代乡村旅游需求中的体验性与休闲性的乡村旅游产品。

（2）气象气候类

左右江革命老区属于亚热带季风气候区，光热充沛，雨热同季，夏长冬短。年平均气温 12.0～23.1℃，初终间日数 193～332 天。全年多刮偏东南风。低海拔地区炎热，高海拔地区凉爽。由于海拔高低相差很大，因而形成了云雾、冰凌、雪霜等立体气候特征。

气候环境是影响乡村旅游的主导性因素。通常，温湿指数、风效指数和着衣指数是衡量旅游目的地旅游活动适宜性的重要指标。表 4–5 表明，在温湿指数、风效指数和着衣指数处在 ABCD 等级时，乡村旅游活动都能开展，其中 ABC 等级较舒适，适合开展乡村旅游度假活动。如果在某个月份中，气候指标等级为 A、B、C 时，则该月称为气候舒适月，舒适月的持续时间为气候舒适期。①

表 4–5　不同等级的温湿指数、风效指数和着衣指数及人体感受

等级	温湿指数		风效指数		着衣指数	
	范围	感觉程度	范围	感觉程度	衣着	着衣指数
E	<40	极冷，极不舒适	<–1200	酷冷	羽绒服等防寒服	>2.5
D	40～45	寒冷，不舒适	–1200～–1000	冷	冬季常用服装	1.8～2.5
C	45～55	偏冷，较不舒适	–1000～–800	冷凉	羊毛衫加外套	1.5～1.8

① 刘青春，王铮，许世远．中国城市旅游气候舒适性分析 [J]. 资源科学．2007（1）：133–140.（有整合与改动）

续表

等级	温湿指数		风效指数		着衣指数	
	范围	感觉程度	范围	感觉程度	衣着	着衣指数
B	55～60	清凉，舒适	−800～−600	凉	衬衣加薄外套	1.3～1.5
A	60～65	凉，非常舒适	−600～−300	舒适	衬衣	0.7～1.3
B	65 ～ 70	暖，舒适	−300 ～ −200	暖	轻便夏装	0.5 ～ 0.7
C	70 ～ 75	偏热，较舒适	−200 ～ −50	暖热	短式、短袖开领衫、凉鞋	0.3 ～ 0.5
D	75 ～ 80	闷热，不舒适	−50 ～ 80	热（T>32.8℃）	热带衣着	0.1 ～ 0.3
E	>80	极闷热，极不舒适	>80	炎热（T>32.8℃）	超短裙	<0.1

根据 1981—2018 年各月的平均气温（℃）、风速（m/s）、日照时数（h/d）和相对湿度等气象统计数据，对广西百色市、云南省文山州、贵州省黔南州的各月份气候舒适指数进行计算，结果发现，百色每年有 8 个月（1 月、2 月、3 月、4 月、5 月、10 月、11 月、12 月）为旅游舒适月，文山州有 5 个月为旅游舒适月，黔南州全年适合旅游（表 4–6）。

表 4–6　百色、文山、黔南乡村度假旅游适宜期比较

城市	1 月	2 月	3 月	4 月	5 月	6 月	7 月	8 月	9 月	10 月	11 月	12 月	舒适月数量
百色	CBB	CAB	BAA	AAB	CCC	DCD	DDE	DDE	CCD	BBB	BAA	CAA	8
文山	BBC	CBC	CCC	DCD	EDE	EDE	EDE	ECD	DCE	DCD	CCC	BBC	5
黔南	CAB	CAA	BAA	AAA	ABB	BBB	BBB	BBB	ABB	BAA	CAA	CAB	12

（3）水域风光类

左右江革命老区水域风光旖旎，有左江、右江、红水河等河流，有天生桥水电站、龙滩水电站、岩滩水电站等水域相关景点，还有众多的水库、湖泊，水资源开发利用率较高，区内广泛分布有景观河段、湖泊、池沼，这些丰富的水域资源是乡村休闲的好去处。此外，左右江革命老区主要河流呈小而散的状态分布，自然山水与民族村寨的有机组合是构成左右江革命老区美丽乡村景观的主要元素，也是左右江革命老区乡村旅游的魅力所在。

（4）生物生态类

左右江革命老区目前已知野生维管束植物288科、1717属、8354种，占全国维管束植物总种数的29%①。左右江革命老区特有的植物种类有10属、744种。自然植被有14个植被型、301个群系。这一地区还拥有植物的活化石银杉、红豆杉、景观树华南五针松、砧板用材蚬木、茶花皇后金花茶等123种珍稀濒危物种，占全国总种数的32%；陆栖脊椎野生动物884种，其中国家重点保护动物150种，省级重点保护动物147种。另外，左右江革命老区森林覆盖率为69.71%。目前共有国家级和省（自治区）级的风景名胜区12处，省级自然保护区37处，国家级森林公园29处，国家地质公园4处，且不少森林公园或自然保护区位于乡村之间，或者其周边广泛分布着乡村。上述条件为左右江革命老区开展生态、环保型的乡村旅游提供了丰富的资源开发条件。

2. 民族文化类乡村旅游资源

左右江革命老区是一个多民族聚居的地区，全域面积17万平方千米②，2018年年末人口2274万，少数民族人口达73.27%③，包括汉、壮、瑶、苗、侗、仫佬、毛南、回、京、彝、水、仡佬、满、蒙古、朝鲜、白、藏、黎、土家等40多个民族，以壮族、瑶族、苗族、侗族等民族为主；罗城县还是全国仫佬族人口最多的县，

① 根据国家发展改革委批复实施的《左右江革命老区振兴规划（2015—2025年）》，所涉及的3个省（自治区）所辖8个市（州）59个县（市、区）的官网公布的资源信息，整理统计而得。

② 国家发展改革委批复实施的《左右江革命老区振兴规划（2015—2025年）》。

③ 数据来源于2019年年初对包括广西百色市、河池市、崇左市全境，南宁市隆安县、马山县；贵州黔西南州全境，黔南州都匀市、荔波县、独山县、平塘县、罗甸县、长顺县、惠水县、三都县，黔东南州黎平县、榕江县、从江县；云南省文山州全境，覆盖3个省（自治区）所辖8个市（州）59个县（市、区）的官网公布数据进行统计汇总而得。

2019 年年末有 12.47 万，占全县人口的 33.16%[①]。全国唯一的环江毛南族自治县，是我国毛南族聚居最集中的区域，2020 年年底毛南族人口 4 万多人。[②]

左右江革命老区各少数民族多聚族而居，长期以来各民族之间团结协作，构建了和谐团结的民族大家庭，创造了丰富的物质文化和精神文化，铸就了我国民族文化最丰富、类型最多、特色最鲜明的文化基因库。

（1）富有特色的民族村寨

左右江革命老区民族村寨数量众多，历史悠久。这里的民族村寨数量多达数千个。这些村寨主要集中于少数民族人口较为密集的地区，由于历史悠久，且历史上较少受到战乱和疾病等社会和自然因素的影响，其社会生活较为稳定，有着丰富的历史文化和人文景观。

左右江革命老区民族村寨景色优美，民风淳朴。由于良好的地形地貌环境基础，加之受传统风水观念及社会历史因素的影响，这些民族村寨大都依山傍水，景色优美；村寨中民族团结和睦，民风淳朴敦厚，保留着热情好客、助人为乐、乐善好施、重情重义的良好风俗和习惯，一些村寨至今依然“路不拾遗，夜不闭户”。

（2）民俗文化独特

独特的民族结构和自然环境铸就了左右江革命老区独特的村寨民族文化，许多民族村寨至今依然保持着独特的风土人情、民居建筑、生活习俗、服饰装束、民间艺术、工艺特产、烹饪饮食、节日庆典[③]，提升了左右江革命老区乡村旅游的吸引力。

（3）乡村旅游开发渐成气候

左右江革命老区的乡村旅游开发渐成气候，如宜州的流河寨、壮古佬寨，那坡的黑衣壮弄文屯，从江的岜沙苗寨、小黄侗寨，文山的广南坝美村等。这些

① 数据来源：广西河池市罗城仫佬族自治县人民政府官网 .

② 数据来源：广西河池市环江毛南族自治县人民政府官网 .

③ 王雯雯 . 广西少数民族村寨旅游可持续发展对策研究 [J]. 科技资讯，2006，（18）：186-187.

民族村寨的建筑具有独特的风格，丰富的民族文化活动吸引着越来越多的四方游客[①]。

（4）历史悠久的古村镇

在左右江革命老区内的主要古村镇中，建筑多为明清时期所建，错落别致、工艺精良、古韵犹存、各有特色，是乡村旅游开发的重要资源。一批古村落现已开展了独具特色的乡村旅游活动，如靖西的旧州古镇、凌云的泗城古镇、黔南的草塘千年古邑、马关都龙古镇等。

（5）绚丽多姿的民族文化遗产

长期以来，左右江革命老区保留着古朴的文化传统，沿袭着独特的生活习惯，原生态的文化遗产得到了传承。

1）物质文化遗产

①传统工艺品。左右江革命老区各民族的手工艺品主要有壮锦、瑶绣、根雕、农民画、剪纸、刻纸、藤编、竹编等，不仅形式多样，而且内涵丰富，特色鲜明。民族乐器更是数不胜数，主要有壮族的马骨胡，瑶族的牛角号、铜锣、五月箫、长鼓、瑶鼓、花鼓，苗族的古瓢琴，侗族的侗笛、唢呐等。

左右江革命老区还是中国古代铸造和使用铜鼓的主要地区之一，出土的铜鼓数量之多，居世界首位，世界上收藏铜鼓最多的是河池市东兰县，有 617 面。铜鼓文化是古代文明的标志，是最具浓厚的左右江革命老区地方民族特色的物质文化遗产。

②民族传统建筑。左右江革命老区各少数民族房屋建筑以干栏型为主，且以木、竹为主要建筑材料。壮族干栏建筑又以壮族的高脚楼——麻栏木楼具有代表性；瑶族民居是穿斗式竹木结构的干栏建筑，纯木结构的半边楼极有特色；苗族住宅为纯木结构，干栏吊脚木楼独具特色；侗族擅长石木建筑，其结构精巧、形式多样的侗寨鼓楼、风雨桥、戏台和外廊式吊脚木楼是其建筑艺术的结晶。

---

① 简王华．广西民族村寨旅游开发与民族文化旅游品牌构建 [J]. 广西民族研究，2005，（4）：187-191.

③民族服饰。壮锦是壮族民间布匹，是壮族最具有特色的服饰原料，具有浓郁的壮族特色；刺绣是侗族妇女擅长的工艺；瑶族善于蜡染和挑花，其服饰上的盘王印图案最具特色；苗族则善于挑花、织布、蜡染，还擅长刺绣等。毛南族服饰以纺织品和蜡染为特色，也别具一格。

④风物特产。左右江革命老区风物特产也很丰富，中药材有田七、天麻、八角、野生大黑蚂蚁等，茶叶有苦丁茶、云雾茶、毛尖茶等，饮品和酒类有乐业刺梨汁、南丹丹泉酒等，此外各地的特产如辣椒、侗家酸菜、蜂蛹等都是极好的风物特产。

2）非物质文化

非物质文化遗产又称口头或无形文化遗产。左右江革命老区非物质文化遗产也很丰富。

①民族节日。除各民族共同的传统节日春节、元宵节、清明节、端午节等外，各少数民族还有自己的节日：壮族“三月三歌圩”、瑶族“盘王节”、苗族“苗年”、侗族“侗年”、仫佬族“依饭节”、毛南族“分龙节”、彝族“跳弓节”、水族“端节”等代表性的传统节庆，这些都是非常重要的乡村旅游扶贫和农民创业的资源。

②宗教和民间信仰文化景观。一部分寺院庵堂与教堂所在地环境优美，历史建筑别具特色，可作为旅游资源进行旅游开发。此外，各民族的传统信仰有祖神崇拜、天体崇拜、无生物崇拜、植物崇拜和动物崇拜等，各有特色。比如，布洛陀文化的发源地田阳敢壮山，壮民族保护神蛙神祭祀圣地花山岩画。

③民间文学艺术。壮族有《姆六甲》《布洛陀》《莫一大王》等，瑶族有《盘古开天地》《伏羲兄妹》《盘瓠》《密洛陀》等神话故事、民间故事、诗歌山歌等。

④舞蹈戏剧。瑶族的长鼓舞与铜鼓舞、苗族的芦笙舞、仫佬族的彩调剧、毛南族的毛南戏等少数民族舞蹈和戏剧是其中的典型代表，在乡村旅游产品开发中应加以挖掘开发，以提升乡村旅游农民创业的文化特色和品位。

⑤传统体育竞技与民间杂技。在左右江革命老区各民族的节庆民俗文化活

动中，壮族的舞狮子、矮马马术、板凳戏、抛绣球、扁担舞，汉族的武术、南拳、龙舞，瑶族的赤脚上刀山下火海、推杠、彩麒麟舞、双刀舞，苗族的爬竿、推牛舞，京族的顶竿，毛南族的顶棒，仡佬族的民间高台舞狮，壮、汉、仫佬、彝、仡佬等民族的打磨秋等节目，均含有杂技的成分，极具观赏性。

3. 农业产业类乡村旅游资源

（1）自然农业景观各具特色

左右江革命老区地处云贵高原向东南沿海丘陵过渡地带。受亚热带气候影响，水热条件好，加上地貌复杂多样，形成了独特的农业自然景观。崇左、文山等重点甘蔗种植区，甘蔗种植面积超过430万亩，百色芒果、文山三七、兴仁薏仁米等特色农产品知名度不断提升。这些自然农业景观主要有以山地丘陵为代表的果山农业景观，如百色田阳芒果园；以河谷盆地为代表的现代特色农业景观，如百色右江河谷农业产业园；以喀斯特山区为代表的特色果蔬农业景观，如乐业高山刺梨；还有各县的各类茶园景观，如凌云茶山。除了这些特色农业景观外，各地还因气候、土壤、水源等条件的不同，开发出乡村观光农业、休闲农业景观，如贵州罗甸的油菜花等。这些独具特色的农业景观经过开发，可以实现乡村旅游致富的目的。

（2）传统农耕文化富有旅游体验性

左右江革命老区民族地区的农业生产基本上还属于经验型农业，即仍以传统作业方式为主，农事活动类型多样，各类农具的使用，农耕劳作、狩猎围猎、种养驯养等活动都是各乡村中不可缺少的参与性农副业劳作内容，可以设计相关参与性极强的乡村旅游项目。

总之，农业景观的多样性决定了左右江革命老区乡村旅游产品类型及功能的多样化特点。

（三）乡村旅游资源评价

1. 乡村旅游资源丰富、种类齐全

左右江革命老区地理位置优越，地形地貌复杂多变，属于热带和亚热带季风气候，自然景观资源丰富；有壮、汉、回、苗、瑶、侗、毛南、仫佬、彝、仡佬等多民族居住，民族文化资源丰富多彩。左右江革命老区乡村旅游涵盖了众多旅游资源类型与形态。有农（渔）家乐，有展示民俗文化的村寨或古村镇，有集观光、购物、体验于一体的农业高科技示范园，还有依托著名自然或人文景点的乡村旅游地。

2. 乡村旅游资源分布广，覆盖面大

左右江革命老区每个县都有丰富的乡村旅游资源。初步调查显示，丰富而广泛分布的乡村旅游资源为左右江革命老区乡村旅游的可持续开发提供了丰厚的资源基础。

3. 乡村旅游资源的等级和品位高，特色突出

左右江革命老区乡村旅游资源质量等级高，在全国乃至国际上都具有较高的知名度，如有亚洲第一大跨国瀑布——大新德天瀑布，有中国绣球之乡旧州，有世界长寿之乡盘阳河流域及其风光，有世界奇观——平塘大射电天坑群、乐业天坑群等特色突出景区。刘三姐的传说以三声部合唱等资源，壮、瑶、侗、苗、毛南、仫佬等少数民族风情多彩多姿、令人陶醉，是左右江革命老区乡村旅游资源中、民族文化内涵中最活跃最具旅游吸引力的部分。

4. 乡村旅游资源互补性好，组合度高

从大的范围来看，左右江革命老区山水风光、革命历史遗迹、少数民族风情、亚热带气候、长寿疗养度假、科考探险等乡村旅游资源的区域互补性非常好，乡村旅游资源组合度也比较高。

第二节　乡村旅游与农民创业关系综合评价指标

乡村旅游为农民创业提供了机会和平台，能提高农民创业质量，拓宽农民创业渠道，改善农民创业环境等，农民创业对乡村旅游的耦合度、依赖度高。为了考察乡村旅游与农民创业关系，课题组从人——地关系、人——人关系两个维度构建了乡村旅游与农民创业关系综合评价指标体系。

一、指标构建的理论基础

（一）产业关联理论

产业关联理论的创始人华西里·里昂惕夫（Wassily Leontief）（1936）最早在《哈佛大学经济学与统计评论》一文中提出了关于美国经济体制中投入与产出关系，而 Leontief（1941）出版的《美国的经济结构 1919—1929》标志着产业关联理论的正式诞生。

产业关联理论，主要关注中间投入与中间产出之间的关系。它能够很好地反映不同产业的中间投入和中间需求，这是产业关联理论的一个主要特征，不同于产业结构和产业组织理论。产业关联理论还可以分析相关产业之间的关系，包括前向关联、后向关联和横向关联。产业的影响包括产业的敏感度和影响力、对生产和就业的最终依赖性和资本需求。①

产业关联是产业要素、产品、劳务、技术等之间的相互关联程度。当产业关联客观存在的时候，产业耦合才能成为可能。也就是说，产业能借助耦合系统的作用机制，增强产业关联程度②。

（二）耦合理论

"耦合"（Coupling）一词来源于物理学，最初广泛运用于电路理论中，本意是指两个或两个以上的电路元件或者电信号网络系统，在这些元件或系统中，某一元件的电流输入输出值会直接影响网络中其他元件的电流输入输出值。通过元件之间的相互作用、相互影响实现能量的正常传输，从而使整个电信号网络系统正常运作，这种元件间的相互关系反映了各子系统之间的动态关系，各子系统相互依存、相互影响、相互促进。随着研究的深入和应用范围的不断扩大，耦合理论逐渐被应用于社会科学领域，某两种社会现象通过某种机制有机结合起来，这两种现象的关联程度和发展动向被称为耦合③。

---

① 刘志迎，丰志培．产业关联理论的历史演变及评述 [J]. 产业与科技论坛，2006（1）：6–9.

② 许秦强．长三角地区旅游产业与文化产业的耦合关系研究 [D]. 南京：南京财经大学，2016.

③ 同②.

二、乡村旅游与农民创业之间的耦合机理

乡村旅游和农民创业具有天然的耦合性，乡村旅游和农民创业关系紧密，乡村旅游为农民创业提供了平台、机会、环境等，而农民创业丰富了乡村旅游的内容与活力，从而促进了各个要素在乡村旅游中的流通与整合。

乡村旅游扶贫和农民创业的耦合作用如图 4-1 所示。

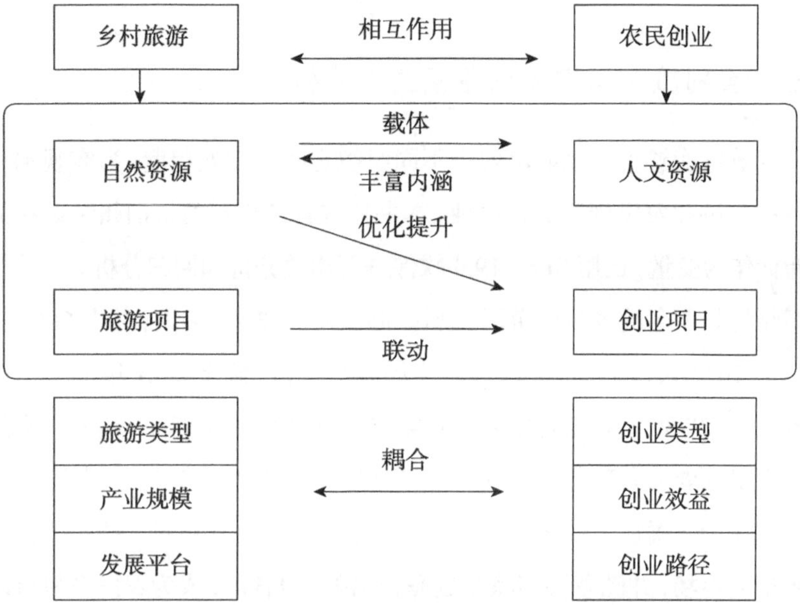

图 4-1　乡村旅游和农民创业的耦合作用分析图

乡村旅游与农民创业是互相作用的，乡村旅游推动了一批农民创业，而农民创业的动力来自乡村旅游所提供的机遇，乡村旅游让农民创业拥有了发展前景，乡村旅游是农民创业脱贫致富的重要路径，而农民创业成功与否，也直接影响着乡村旅游绩效的高低。因此，乡村旅游与农民创业又是互相影响的。

乡村旅游所依托的自然资源和人文资源反映了人——地、人——人关系，在多数的乡村旅游重点村旅游开发实践中，乡村旅游主要是依托自然资源开发休闲农业、观光旅游、户外运动等项目，所依托的是农民所掌握的人文资源，如建筑、梯田景观、歌舞、曲艺、服饰、生活习俗、音乐、祭祀等物质遗产及非物质遗产。这些人文资源之所以形成在很大程度是与其所依托的自然地理环境

有关的，而人文资源则提升和丰富了自然资源的内涵。

在开发过程中，乡村旅游所选定的旅游项目很大程度上也是农民创业的项目，如休闲果园、家庭农场、歌舞表演、民宿等，两者之间不仅耦合度很高，而且本质上是深度融合的。

乡村旅游所开发的旅游类型与农民创业类型、产业规模与创业效益、发展平台与创业路径是息息相关的，它们之间具有很强的耦合关系。

三、乡村旅游与农民创业相关性分析

经济效益能够直观地显示两个不同组织之间的发展程度，为客观和科学地说明乡村旅游和农民创业的相关性，本书选取百色市靖西市旧州绣球村的旅游收入指标作为变量，运用 SPSS 19.0 软件进行相关分析和回归分析。

旧州村是著名的乡村旅游区，全村 500 多户、3000 多人，其中 2003 年统计的人口为 1032 人，2016 年全村人口全部脱贫致富，截至 2021 年 12 月，全村人均年收入为 19780 元。全村主要产业就是制作绣球旅游商品，从七八岁的娃娃到六七十岁的老太太都参与其中，家家户户都以绣球生产为核心创业项目，兼顾开发绣球体验、餐饮、住宿、绣球非遗展示等乡村创业项目。绣球作为旅游工艺品被推向市场，并随着游客漂洋过海，远销欧美各国，成为农民乡村旅游创业的典范，得到了中央电视台、新华网、人民网等国家级媒体的宣传推介。因此，以靖西市旧州乡村旅游区作为数据采集点，进行分析乡村旅游与农民创业的相关性。

（一）变量选取

旧州绣球村绝大部分绣球产业由各家各户来生产和销售，除了农民自己直接生产销售绣球外，村里还成立了旅游公司，负责乡村旅游整体开发，开发的内容有山水观光、绣球文化展示、文化演出等，收入主要是门票和政府补贴，而村民则主要是经营餐饮、绣球工艺品等。为了获取样本数据，课题组通过抽样和剥离等统计分析方法测算农民创业收入（表 4–7），而乡村旅游收入则直接以门票、文化演出等由公司经营的收入作为测算数据。

表 4–7　乡村旅游和农民创业相关主要经济效益指标

年　份	收入类型	
	乡村旅游收入 / 万元	农民创业收入 / 万元
2013	332.57	62.03
2014	469.63	78.19
2015	618.9	105.18
2016	779.57	116.49
2017	974.5	124.24
2018	1219.2	146.05

数据来源：靖西市旧州文化旅游开发有限公司历年的工作总结及课题组抽样测算。

（二）相关性分析

将经济效益指标数据录入软件 SPSS 19.0，通过相关分析得出结果。根据皮尔森相关系数理论，相关系数越接近于 1，说明两者的关系越强，乡村旅游和农民创业在 0.01 水平上显著相关，其相关系数为 R=0.975，呈现较高正向相关。这说明乡村旅游和农民创业密切相关，并且在经济效益上是相互促进关系。

（三）耦合协调度模型构建

1. 耦合度模型引入

借用物理学中的容量耦合系数模型，并运用到乡村旅游和农民创业两个系统或要素相互作用耦合度模型中，得出的函数表达式如下。

$$C=[u_1 \cdot u_2 / (u_1+u_2)^2]^{1/2} \tag{4-1}$$

其中，C 表示乡村旅游和农民创业的耦合度，u_1 和 u_2 分别为乡村旅游和农民创业两个系统的综合评价指数。C 的取值在 1 与 0 之间，当 C 非常接近 0 时，表明乡村旅游和农民创业之间的耦合度极小，两者之间的关系处于无关联状态，两种产业系统之间或系统内部各要素之间基本没有任何关联，系统也将向无序发展；当 C 非常接近 1 时，则表示两者之间的耦合关联度最大，关系处于最和谐的状态，两种产业系统包括内部各相关指标之间处于良性的耦合状态，系统也将走向有序发展[①]。

2. **耦合协调度模型应用**

耦合度模型很难反映出乡村旅游子系统和农民创业子系统两者的发展水平，单纯依靠耦合函数鉴别可能会产生误导，当两者发展水平都处于低水平阶段，却会呈现高耦合度，就会造成较大误差。因此，为客观反映乡村旅游和农民创业系统协调发展水平，本书引入耦合协调度模型。

$$S = \alpha u_1 + \beta u_2 \quad (4\text{–}2)$$

其中，S 是乡村旅游子系统和农民创业子系统的综合评价值，反映的是两个系统的综合发展水平，α、β 为两个子系统在整个耦合系统中的权重，参考相关文献[②]将 α、β 赋值为 0.5。

$$D = (C \cdot S)^{1/2} \quad (4\text{–}3)$$

式中，D 为耦合协调度，C 为耦合度，S 为综合评价指数。耦合协调度模型有较强的稳定性，相对于耦合度模型可以更加准确地反映乡村旅游和农民创业协调发展的状况和发展的水平，避免出现两个系统发展水平低但耦合度却高的特殊情况。表 4–8 协调度等级划分标准直接反映乡村旅游子系统和农民创业子系统耦合协调发展状况。

表 4–8 耦合协调度等级划分标准

序号	协调度	协调等级	序号	协调度	协调等级
1	0～0.09	极度失调	6	0.5～0.59	勉强协调
2	0.1～0.19	严重失调	7	0.6～0.69	初级协调
3	0.2～0.29	中度失调	8	0.7～0.79	中级协调
4	0.3～0.39	轻度失调	9	0.8～0.89	良好协调
5	0.4～0.49	濒临失调	10	0.9～1.0	优质协调

① 方忠，张华荣．文化产业和旅游产业耦合发展的实证研究——以福建省为例 [J]. 福建师范大学学报（哲学社会科学版），2018（1）：39–45.

② 张琐飞，朱海英．西南地区文化演艺与旅游流耦合协调度实证研究 [J]. 经济地理，2014，34（7）：182–187.

3. 指标体系构建

遵循科学性、可操作性原则，从旅游产业视角，构建乡村旅游与农民创业系统耦合协调度评价指标，为探讨两者关联性提供理论指导（表 4–9）。

表 4–9　乡村旅游和农民创业系统耦合协调度评价指标

产业系统	指　标	单　位
乡村旅游	旅游接待游客量	万人次
	旅游总收入	万元
	开发项目类型数	个
	旅游餐饮数	个
	旅游餐饮收入	万元
	旅游购物场所数	个
	旅游购物收入	万元
	旅游住宿收入	万元
	提供的就业数	万人
农民创业	旅游接待游客量（测算值）	万人次
	旅游总收入（测算值）	万元
	创业项目类型数	个
	旅游餐饮数	个
	旅游餐饮收入	万元
	旅游购物场所数	个
	旅游购物收入	万元
	旅游住宿收入	万元
	提供的就业数	万人

4. 标准化及权重确定方法

由于能够收集到较为全面合理的数据，因此采用客观赋权法中的熵值法确定各指标权重。

熵值赋权是通过计算指标相对的离散程度对该指标进行赋值的一种数学方

法，根据样本的实际数值将最优权重求解，提高指标权重的有效性和可信度。熵值法计算指标权重的一般步骤如下。

第一步：对指标数据进行标准化处理。采用极差法与去零化处理得到指标数据的标准值，在此基础上计算指标熵值与权重，公式如下

正向指标：$X'_{ij}=\frac{X_{ij}-X_{\min}}{X_{\max}-X_{\min}}+0.01$ （4-4）

负向指标：$X'_{ij}=\frac{X_{\max}-X_{ij}}{X_{\max}-X_{\min}}+0.01$ （4-5）

其中X_{ij}表示第 i 项的第 j 个指标的原始数据，$X_{\max}$和$X_{\min}$表示指标各年份数据中的最大值和最小值，X'_{ij}则是处理之后的数据标准化值。为了避免 0 值的出现，对于标准化数值进行 0.01 的平移。

第二步：指标权重计算。基于数据标准化值，计算每项指标的熵值，依据各项指标的熵值，计算出差异度，某项指标的权重就等于该项指标的冗余度与所有指标冗余度的比值。公式如下

求解特征比重：$p_{ij}=\frac{X'_{ij}}{\sum_{i=1}^{n}X'_{ij}}$ （4-6）

计算 j 项指标的熵值：$Z_{ij}=-k\sum_{i=1}^{n}(p_{ij}\cdot\ln p_{ij})$其中 k 表示指标熵值系数，令 $k=\frac{1}{\ln(n)}$

计算各 j 项指标的差异度：$d_j=1-Z_{ij}$ （4-7）

对差异度归一化处理，得出指标权重：$W_j=\frac{d_j}{\sum_{i=1}^{n}d_j}$ （4-8）

（四）数据收集，分析软件运用

相关数据主要来源于《广西年鉴》（2013—2018）、《中国统计年鉴》（2012—

2018）、《广西旅游统计年鉴》（2012—2018）、《广西壮族自治区乡村旅游重点扶贫村规划》（2015—2020）、《云南统计年鉴》（2013—2018）、《贵州统计年鉴》（2013—2018），以及百色市、河池市、黔西南州、黔东南州、黔南州、文山州两市四州 2013 年至 2018 年的政府工作报告。

数据处理软件主要有 EXCEL 和 SPSS 19.0。

1. 乡村旅游产业与农民创业产业耦合协调度计算

依据熵权法得出的各指标权重如表 4–10 所示。

表 4–10　乡村旅游产业与农民创业产业系统评价指标赋权值

产业系统	指标	单位	权重
乡村旅游	旅游接待游客量	万人次	0.12686763
	旅游总收入	万元	0.090374493
	开发项目类型数	个	0.128975324
	旅游餐饮数	个	0.131664454
	旅游餐饮收入	万元	0.038595772
	旅游购物场所数	个	0.180842551
	旅游购物收入	万元	0.082460186
	旅游住宿收入	万元	0.145968769
	提供的就业数	万人	0.08226344
农民创业	旅游接待游客量（测算值）	万人次	0.09433238
	旅游总收入（测算值）	万元	0.096354126
	创业项目类型数	个	0.107695104
	旅游餐饮数	个	0.06451619
	旅游餐饮收入	万元	0.093668532
	旅游购物场所数	个	0.32572324
	旅游购物收入	万元	0.118569028
	旅游住宿收入	万元	0.1005858
	提供的就业数	万人	0.08102286

将乡村旅游和农民创业产业赋予权重，得到子系统发展水平得分值，如表4-11、表4-12，以及乡村旅游与农民创业产业耦合协调度数据，如表4-13所示。

表4-11 乡村旅游产业子系统得分值

乡村旅游产业子系统	2013年	2014年	2015年	2016年	2017年	2018年
旅游接待游客量（测算值）	0.002379	0.020945	0.045272	0.064944	0.094156	0.128716
旅游总收入（测算值）	0.054545	0.089267	0.076745	0.001004	0.031054	0.059460
创业项目类型数	0.002190	0.031715	0.042351	0.067815	0.095754	0.141663
旅游餐饮数	0.095926	0.133181	0.122636	0.001323	0.016246	0.061586
旅游餐饮收入	0.000831	0.034167	0.058973	0.062173	0.065893	0.079222
旅游购物场所数	0.000928	0.027168	0.068005	0.056305	0.103771	0.104261
旅游购物收入	0.001017	0.034642	0.057826	0.071318	0.054020	0.083577
旅游住宿收入	0.011515	0.091319	0.176308	0.041054	0.009140	0.081385
提供的就业数	0.003901	0.045265	0.045970	0.047657	0.059120	0.080743
旅游接待游客量（测算值）	0.169502	0.478519	0.689156	0.408317	0.542481	0.910357

表4-12 农民创业产业子系统得分值

农民创业产业子系统	2013年	2014年	2015年	2016年	2017年	2018年
旅游接待游客量（测算值）	0.008094	0.018716	0.050230	0.06178	0.076054	0.097493
旅游总收入（测算值）	0.000898	0.017186	0.053121	0.056992	0.075294	0.093578
创业项目类型数	0.002010	0.013008	0.065984	0.082303	0.094451	0.107590
旅游餐饮数	0.000598	0.060981	0.061210	0.062021	0.061112	0.062111
旅游餐饮收入	0.021720	0.063179	0.000832	0.042417	0.073344	0.091416
旅游购物场所数	0.028794	0.041097	0.003290	0.003327	0.025784	0.313205

续表

农民创业产业子系统	2013 年	2014 年	2015 年	2016 年	2017 年	2018 年
旅游购物收入	0.001190	0.017831	0.033995	0.090031	0.09886	0.115969
旅游住宿收入	0.000986	0.014712	0.061192	0.061320	0.088221	0.100163
提供的就业数	0.055904	0.245879	0.340106	0.471282	0.573933	1.010900
旅游接待游客量（测算值）	0.181502	0.487919	0.689956	0.403997	0.536164	0.815763

表 4–13　乡村旅游与农民创业产业耦合协调度数据分析

年份 / 年	乡村旅游产业系统u_1	农民创业产业系统u_2	耦合度	耦合协调度	耦合协调度等级
2013	0.157802	0.050460	0.426163	0.229358	中度失调
2014	0.491759	0.249961	0.478057	0.412830	濒临失调
2015	0.695116	0.331680	0.463814	0.482938	濒临失调
2016	0.401407	0.468296	0.498658	0.469866	濒临失调
2017	0.536164	0.573933	0.492497	0.529650	勉强协调
2018	0.815763	1.080100	0.497218	0.670738	初级协调

2. 总体评价

从上述耦合度分析来看，乡村旅游开发越深入、越成熟，农民创业的机会就越多，两者的耦合度也就越高。随着乡村旅游开发的不断深入，乡村旅游为农民创业带来的机会就越多，农民在乡村旅游中可创业的类型、模式也就越多。在实地调查中课题组也发现，乡村旅游与农民创业问题解决得好、企业绩效高的村寨里，由于客源增加、信息量增多，农民的视野和获取旅游知识、技能、社会网络关系的途径就增多。这大大增强了农民创业的勇气和信心，使得更多农民愿意参与到乡村旅游开发中，通过乡村旅游开发这一创业途径脱贫致富。

（五）乡村旅游与农民创业综合评价指标体系构建

1. 指标构建原则

（1）侧重反映乡村旅游人——地关系的结构特征和发育水平。乡村旅游自然资源的丰富度、完整度、规模度、美誉度等直接与农民创业的规模、影响力等有关联。因此，要重点考察农民创业与乡村旅游之间所需要的自然资源。

（2）乡村旅游人——关系的结构特征和发育水平。在乡村旅游开发中，农民本身就是一个重要的旅游资源，农民所掌握的文化资源是乡村旅游所依托的人文资源。因此，要从人——人关系角度考察农民创业与乡村旅游之间所需要的人文资源。

（3）指标体系的指标层。根据左右江革命老区人——地关系、人——人关系实际情况和特征，结合后续研究的需要（主要针对乡村旅游开发研究），选取区域差异较大和具有代表性的典型指标。

（4）为便于进行聚类分析，指标体系的设置在满足要求的前提下应尽量精简，以减少指标间的相互干扰，由此建立由 1 个目标层、2 个评价结构层和 18 个评价指标层组成的乡村旅游和农民创业关系综合评价指标体系。

2. 指标体系构建

指标构建从人——地、人——人关系进行考虑，人——地方面重点考虑农民创业所依托的自然资源，人——人关系方面主要考虑农民创业所依托的人文资源，构建相关指标。这些指标体现为农民能够掌控的相关资源，具体内容见表 4–14。

表 4–14　指标体系表

目标层	评价结构层	评价指标层	释义
乡村旅游扶贫与农民创业综合评价指标体系	自然资源结构	自然景观丰富度	旅游资源丰富程度
		自然景观美誉度	旅游资源是否有知名度
		农业资源构成与类型	各类农业资源及具体的类型
		林业资源构成与类型	各类林业资源及具体的类型
		乡村景观利用价值	是否具有旅游开发价值
		乡村生物多样性	乡土景观、乡土植物、乡村动物的多寡程度
		乡村土地类型	乡村农田、耕地、林业、居住用地等土地类型
		水利景观	河流、溪谷、水库、水利设施等各类水利景观
		气候资源	云雾、日出日落、雪景、气温、湿度等气候资源

续表

目标层	评价结构层	评价指标层	释义
乡村旅游扶贫与农民创业综合评价指标体系	人文资源结构	文化资源类型	生产、生活、民俗、制度、宗教等各类文化资源类型
		文化景观丰富度	建筑、村落、人造设施等各类文化景观
		文化景观规模	物质文化和非遗文化景观的规模、多寡
		文化景观利用价值	考察文化景观是否具有旅游开发价值
		文化景观美誉度	文化景观的知名度
		农民掌握资源类型	农民掌握物权、物资等资源的类型
		农民对资源的支配能力	农民自己能够直接开发利用的文化资源和自然资源
		农民拥有的土地规模	农民拥有的农田、耕地、林地、宅基地等各类土地的规模
		农民拥有的非遗文化类型	农民掌握歌舞、曲艺、农技、农艺、手工艺、渔猎、体育等非遗文化的类型

3. 指标综合评价

指标评价采取的是服务质量评价法，原因是，不管是乡村旅游开发还是农民创业，目的都是为游客服务，游客是旅游开发的关键因素，没有游客就没有旅游。因此，从游客的视角来评价可以使得乡村旅游和农民创业更具操作性。

通过对各个比较矩阵进行求解，得到最终的指标权重汇总（表 4–15）。

表 4–15　指标权重汇总表

目标层	评价结构层	评价指标层	相对权重	绝对权重
乡村旅游与农民创业综合评价指标体系	自然资源结构（0.105）	自然景观丰富度	0.532	0.056
		自然景观美誉度	0.270	0.028
		农业资源构成与类型	0.122	0.013
		林业资源构成与类型	0.076	0.008
		乡村景观利用价值	0.334	0.059

续表

目标层	评价结构层	评价指标层	相对权重	绝对权重
乡村旅游与农民创业综合评价指标体系	自然资源结构（0.105）	乡村生物多样性	0.189	0.034
		乡村土地类型	0.033	0.006
		水利景观	0.062	0.011
		气候资源	0.017	0.003
乡村旅游扶贫与农民创业综合评价指标体系	人文资源结构（0.258）	文化资源类型	0.109	0.019
		文化景观丰富度	0.256	0.046
		文化景观规模	0.250	0.020
		文化景观利用价值	0.750	0.060
		文化景观美誉度	0.262	0.167
		农民掌握资源类型	0.109	0.069
		农民对资源支配能力	0.172	0.110
		农民拥有的土地规模	0.052	0.033
		农民拥有的非遗文化类型	0.405	0.258

从上表可以看出，自然景观丰富度、乡村景观利用价值、乡村生物多样性、农民对资源的支配能力、文化景观美誉度、文化景观利用价值及农民拥有的非遗文化类型是乡村旅游和农民创业中权重比较高的指标，尤其是农民拥有的非遗文化类型所占的权重最大，说明在乡村旅游中农民自身所拥有的资源对于创业起到非常重要的作用。

第三节 乡村旅游与农民创业关系研究

一、乡村旅游与农民创业关系的定性分析

如前文所述，乡村旅游与农民创业具有高度的耦合性，它们互为因果、互相作用。

（一）乡村旅游所产生的集聚效应，为农民创业带来大量机会，搭建了低门槛的创业平台

乡村旅游要依托乡村自然景观和文化资源进行开发，可以为当地农民提供大量的创业就业机会。吃住行、游购娱、商学养、闲情奇等多个领域对技术要求不高、对投资要求不大，既可以单独经营，也可联合经营。同时，乡村旅游具有精准性，农民可以依托自己的一技之长，开农家旅馆、家庭农场、餐馆，甚至是卖红薯、芋头、瓜果蔬菜等农副产品，也可为游客托运行李、为一些有需求的游客提供抬轿子服务等，这些都是低投资，甚至是靠劳力就可以营收的旅游服务项目。

随着我国休假制度的逐步完善和居民生活水平的日益提高，国民出游率逐年上升。尤其是私家车拥有量的激增，更进一步激活了周末旅游和周边旅游市场。同时国家密集出台促进乡村旅游开发的措施，也促进了乡村旅游的发展。乡村旅游发展为农民创业提供了创业就业的平台，农民成为创业就业创新实践的主体。

（二）农民创业类型的多样性，丰富了乡村旅游发展模式

乡村旅游农民创业的类型是多样的，涉及方方面面，归结起来主要有以下类型。

1. 餐饮类

农民根据自身的投资能力和技能，利用自家房屋小院，一是采用临时摆摊方式，销售红薯、玉米、粽子、小吃等；二是经营餐馆、饭店、农家乐等。

2. 住宿类

经营旅馆是农民创业的重要类型。一是利用自家空余房间，稍加改造成为农家旅舍，或称农家客栈、农家旅馆；二是有一定融资能力的，还会经营酒店、民宿等。

3. 体验类

体验类旅游是乡村旅游中较常见、投资较少的创业方式之一。农民利用自己的牛、马、驴、骡子等经营体验性旅游项目，诸如坐畜力车等，也有用畜力帮

游客搬运行李，甚至是直接为游客提供服务性、体验性旅游项目，诸如抬轿子、推独轮车、坐竹排、乘龙舟等，这些经营项目投资少、见效快。

4. 观光类

观光游览类也很适合农民创业致富。他们利用自己掌控的资源，开发具有观光游览价值的旅游项目，这些项目往往成为农民创业的重要平台。这一类创业主要是农民将自己的果园、菜地、林地、建筑等直接开发为观光游览项目，收取一定的门票作为经济来源。

5. 商品类

旅游商品是农民依托自身的种植养殖业和手工艺，开发农副产品、民族手工艺品、各类农具或生活用具等，农民经营旅游商品的方式也非常多元化，或直接出售瓜果蔬菜、鸡鸭鱼鹅、蜂蜜等初级农产品和酸野（新鲜蔬菜腌制而成）等加工食品，或者服饰、蜡染、银器、木器等手工艺品。

6. 表演类

农民自身掌握一定的技能，杂技、民族体育、山歌、民族舞蹈、音乐、曲艺甚至是犁田、耙田、收割等的农耕演示，都能够成为收入来源。文艺表演既可以是个人自己经营的，也可以是与他人合作经营的，甚至是可以与公司合作开发的，规模大小不一。

除此之外，还有不少农民经营诸如按摩、推拿、拔火罐、药浴等养生项目。

（三）乡村旅游和农民创业具有耦合性、共融性

乡村旅游开发为乡村带来了新的发展机遇，也成为促进乡村产业转型升级、推动乡村振兴的重要路径。乡村成为投资的新热土，在此背景下，乡村旅游成为乡村投资的新领域，不仅促进了乡村经济的繁荣与振兴，也带来了大量的就业机会。

乡村旅游资源中的农业资源、自然风光资源及乡村文化资源所带来的优质空气、绿色食材和优质水源等，都成为城市市民所向往的重要资源吸引物。在政府已完成村寨人居环境改造、外部道路建设、公共配套设施建设等前提下，农民只要稍微对这些资源进行加工营销，就可以带来流量，诸如现在的诸多乡村

网络点，并不需要投入太多的资金，只要把营销做好，自然就会有流量。此外，乡村特色景观、乡村戏台、闲置民房等也是农民能够直接创业的资源。由此可见，乡村旅游和农民创业具有很高的耦合性和共融性。

（四）乡村旅游资源丰富，为农民创业奠定了坚实基础

左右江革命老区旅游资源丰富，同时具备生态、文化、临边、沿江四大优势，有着世界级的自然山水风光、古朴浪漫的跨国风情、世界级的长寿养生资源、壮美神秘的边境风情、生态多元的民俗风情及灿烂独特的红色历史等且吸引力强，还具有适宜旅游的气候环境和季节，生态环境优良，为广泛开展乡村旅游和农民创业提供了良好的发展条件。

（五）乡村旅游推进的公路“村村通”建设，为农民创业提供了便利的交通条件

自 2015 年国家批准实施《左右江革命老区发展规划》以来，国家及桂滇黔三省（自治区）不断加大乡村旅游建设，尤其是为了实施乡村旅游而加强了农村公路建设，农村交通因此得到极大改善。村屯良好的交通条件，让游客“进得去、出得来、散得开”，为实现农民创业提供了有利条件。

（六）政府大力支持乡村旅游富民工作，为农民创业提供了有力的保障

左右江革命老区各级党委、政府和有关部门对乡村旅游富民工作高度重视。乡村旅游在解决“三农”问题、“三留”问题、“生态文明建设”等方面发挥了其功能。大力推进乡村旅游开发工作，打造了一批批具有民族特色的乡村旅游产业，能够增加农民创业的机会。

（七）旅游业快速发展，为农民创业提供了良好的机遇

随着大众旅游和全域旅游的强力推进，左右江革命老区各市县推出了一批旅游精品景区和旅游精品线路，推动旅游业提质增效升级和跨越发展，旅游业界出现了“贵州模式”“云南现象”和“广西典范”。同时，左右江革命老区各级政府在财政安排上，对旅游发展的资金支持也呈现上升趋势。各级政府以乡村旅游区、农家乐、休闲农业旅游示范点为重点，推动一批旅游特色村镇和特色乡村旅游区的建设，以此促进乡村旅游业的发展，为乡村旅游和农民创业提供了良好的机遇。

二、乡村旅游对农民创业的贡献量化分析

（一）乡村旅游对农民创业贡献测算方法

在测算乡村旅游对农民创业的贡献时，很难获得创业人员尤其是乡村旅游农民创业的人数，本课题为了获得农民创业的数据，主要通过广西壮族自治区旅游发展委员会（2019年机构改革后现为广西壮族自治区文化和旅游厅）、云南省旅游发展委员会（现为云南省文化和旅游厅）、贵州省旅游发展委员会（现为贵州省文化和旅游厅）官方网站，以及《中国统计年鉴》《云南统计年鉴》《广西统计年鉴》《贵州统计年鉴》及国家企业信用信息公示系统和入村抽样调查获取的相关数据进行测算。这些数据统计期为2013—2017年，部分数据采集到了2018年12月。

本课题从核心旅游业直接创业就业量、旅游直接相关产业创业就业量、旅游综合创业就业量三个方面测算了乡村旅游对农民创业的贡献。由于核心旅游创业就业量就在文化和旅游部对旅游就业进行统计的旅游行业范围之内，所以旅游统计年鉴上对其已有记载。而旅游直接相关产业创业就业量、旅游综合创业就业量则需借鉴产业经济学中的剥离系数法和投入产出法进行计算才能得出。计算旅游增加值是计算直接相关就业量和综合创业就业量的基础。

旅游业增加值是指反映涉及旅游业的所有常住单位在一定时期内（通常为一年）生产活动的最终成果，即指所有涉及旅游业的常住单位生产过程创造的新增价值和固定资产的转移价值。国内生产总值的计算方法有生产法、收入法和支出法三种，旅游业增加值的测算方法在理论上也应包括上述三种，但考虑到计算时的复杂性，目前只按生产法进行计算。本课题借鉴《旅游卫星账户》中的方法对直接相关产业旅游增加值进行计算[①]。

① 王友明．旅游业对无锡经济社会发展的影响力和贡献度研究[D]．南京：南京理工大学，2006.

利用卫星账户计算旅游增加值的过程如下：用旅游产业生产账户中每一个部门的增加值率，乘以总产出，得到旅游产业各部门的增加值，各部门增加值之和，即为旅游产业的增加值，这是衡量旅游活动对经济影响的根本性总体指标。式中：设$Z=(Z_1,Z_2,\cdots,Z_n)^T$为增加值率向量，其中 Z_n 为第 n 个旅游相关部门年度增加值率；$C=(C_1,C_2,\cdots,C_n)$旅游产出向量，C_n为第 n 个旅游相关部门的旅游部分产出，则

$$\text{TVA}=CZ=(C_1,C_2,\cdots,C_n)\ (Z_1,Z_2,\cdots,Z_n)^T=\sum C_nZ_n=1,2,\cdots,n \qquad (4-9)$$

事实上，这种方法如果仅仅考虑旅游直接相关部门的产出，则测算出来的旅游增加值可以认为是旅游直接增加值，因为它仅仅涉及旅游直接相关产业的增加值之和①，所以，也只能计算出旅游直接相关产业创业就业量。

而计算旅游综合创业就业量则需要将旅游业的间接相关产业的增加值考虑进去，即考虑旅游业对国民经济的完全影响，因此计算要复杂得多。

相对于直接消耗和完全消耗，在国民经济核算的投入产出分析中，有直接消耗系数和完全消耗系数的概念。直接消耗系数用a_{ij}表示，说明 j 部门生产单位产品对 i 产品的直接消耗数量，直接消耗系数矩阵用 A 表示，即$A=(a_{ij})$；完全消耗系数用b_{ij}表示，说明 j 部门生产单位最终产品对 i 产品的完全消耗，完全消耗系数矩阵用 B 表示，即$B=(b_{ij})$。

可以证明，A 和 B 的关系可以表达为：

$$B=A+A^2+A^3\cdots \text{或} B=(E-A)^{-1}-E \qquad (4-10)$$

其中，E 是单位矩阵。$(E-A)^{-1}$为里昂锡夫逆矩阵。

利用完全消耗系数矩阵的概念，根据投入产出核算的行平衡原理，可以计算出由于旅游业直接产出量的增加，需要国民经济各部门增加的完全产出量 X。

$$X=(E-A)^{-1} \qquad (4-11)$$

① 黄进．利用卫星账户测算旅游业增加值研究 [J]. 桂林旅游高等专科学校学报，2004，15(4)：4.

其中，$C=(C_1,C_2,\cdots,C_n)$旅游直接产出列向量，C_n为第 n 个旅游直接相关部门的旅游部分产出。在各部门的完全产出量 X 计算出来之后，就可利用公式，

$$\text{TVA}=CZ=(C_1,C_2,\cdots C_n)(Z_1,Z_2,\cdots Z_n)^T=\sum C_nZ \quad (4\text{-}12)$$

计算旅游业的完全增加值。再结合平均劳动生产率进而得到旅游综合创业就业量，而完全增加值减直接增加值就可得到间接增加值[①]，再结合各部门劳动生产率计算旅游对各个间接相关产业就业促进量。

运用剥离系数法计算旅游对直接相关产业的就业贡献，运用投入产出法计算旅游对间接相关产业的就业贡献，即旅游综合创业就业量，该方法在目前的研究中运用最为成熟，也最为科学合理。

1. 核心旅游业直接创业就业测算方法

旅游业是国民经济中为旅游活动提供游览、住宿等服务的行业，主要包括：旅行社、旅馆业、旅游景区景（点）、旅游管理部门、其他（包括旅游车船公司、贸易公司、服务公司等）。

因此，核心旅游业直接创业就业量可通过以下公式得到：

核心旅游业直接创业就业总量 = 旅行社就业量 + 旅馆业就业量 + 旅游景区景（点）就业量 + 旅游车船公司等服务业就业量。

2. 旅游直接相关产业就业测算方法

旅游直接相关产业就业测算方法为剥离系数法，测算流程如下。

计算流程：

第一，计算各直接相关行业中旅游产值。计算公式为：

$$C_i=TR\times N_i\times 117\% \quad (4\text{-}13)$$

式中：C_i表示第 i 个旅游直接相关产业的旅游产出；TR 表示入境和国内旅游总收入；N_i表示入境和国内旅游者对第 i 个产业内产品的消费占总消费的比例。

① 刘益．基于投入产出模型的旅游卫星账户研究 [J]. 暨南学报（哲学社会科学版），2006（5）：60-65.

第二，计算各行业部门中旅游所带来的增加值。计算公式为：

$$\mathrm{TVA}_i = C_i \times Z_i = TR \times N_i \times 117\% \times Z_i \qquad (4\text{–}14)$$

式中：TVA_i表示第 i 个旅游直接相关部门的旅游增加值，Z_i表示第 i 个旅游直接相关部门的增加值率。

第三，计算相关旅游业就业数量。计算公式为：

$$E_i = \mathrm{TVA}_i / L_i \qquad (4\text{–}15)$$

式中：E_i表示第 i 个行业的旅游就业人数；L_i表示第 i 个行业的劳动生产率。

第四，对各旅游相关行业就业人数进行求和。计算公式为：

$$T = \sum E_i \qquad (4\text{–}16)$$

式中，T 表示直接相关旅游业就业总人数。

3. 旅游间接相关产业就业总量测算方法

计算方法为投入产出法。

计算流程如下步骤。

第一步，求得左右江革命老区的投入产出直接消耗系数。计算公式为：

$$a_{ij} = X_{ij} / X_j (i, j = 1, 2, \cdots, n) \qquad (4\text{–}17)$$

其中X_{ij}表示 j 部门对 i 部门的直接消耗；X_j表示 j 部门的总产出。用每个部门的中间投入除以本部门的总投入，就能得到全部直接消耗系数a_{ij}所组成的矩阵，记为：

$$A = (a_{ij})_{n \times n} \qquad (4\text{–}18)$$

第二步，计算投入产出完全消耗系数。

直接消耗系数刻画了部门之间的直接联系，但是整个国民经济各部门之间，除了直接联系之外，还有各种间接联系。从经济学的角度上来说，B（完全消耗系数）$= (E - A)^{-1} - E$（4–19）

第三步，求得里昂锡夫逆矩阵。假设里昂锡夫逆矩阵为D,$D = (E - A) - 1 = B + E$（4–20）

第四步，利用里昂锡夫逆矩阵，可以计算出由于旅游业直接产出量的增加，需要国民经济各部门增加的完全产出量 X。计算公式为：

$$X=(E-A)^{-1}\cdot C \tag{4-21}$$

式中：$C=(C_1,C_2,\cdots,C_m)^T$为旅游直接产出列向量，C_m为第 m 个旅游直接相关部门的旅游产出。在各部门的完全产出量 X 计算出来后，就可以利用上文计算旅游直接相关产业旅游增加值的方法来计算旅游业的完全增加值。

第五步，利用已经求得的国民经济各部门增加的完全产出量 X 乘以旅游综合产业完全旅游增加率，就可以求得旅游综合产业完全旅游增加值。公式为：

$$\text{TVA}=XZ=(E-A)^{-1}C\cdot Z=(E-A)^{-1}(C_1,C_2,\cdots,C_m)\cdot(Z_1,Z_2,Z_3,\cdots,Z_n)^T \tag{4-22}$$

其中，TVA为旅游综合产业完全旅游增加值，$Z=(Z_1,Z_2,Z_3,\cdots,Z_n)^T$。其中，$Z=(Z_1,Z_2,Z_3,\cdots,Z_n)^T$是旅游综合相关部门增加值率列向量。

第六步，通过已经求得的旅游综合产业完全旅游增加值来计算旅游综合创业就业人数。产业旅游就业人数＝该产业旅游增加值 / 产业劳动生产率。公式为：

$$\text{TTE}=\text{TVA}\cdot L^{-1} \tag{4-23}$$

式中，TTE表示旅游综合就业人数。$L^{-1}=(L_1^{-1},L_2^{-1},\cdots,L_n^{-1})$ 是旅游综合相关产业劳动生产率倒数列向量。

（二）核心旅游业直接创业就业贡献

如上文所述，左右江革命老区核心旅游业直接创业就业贡献在历年旅游年鉴已有统计。因此，查阅统计年鉴可得核心旅游业直接创业就业贡献表（表 4–16）。

表 4–16　2013—2017 年左右江革命老区核心旅游业直接创业就业量表　单位：人

年份	旅行社	宾馆饭店	旅游景区	旅游管理部门	其他	合计
2013 年	6829	47902	—	669	12074	67474
2014 年	8622	47908	—	642	14017	71189

续表

年份	旅行社	宾馆饭店	旅游景区	旅游管理部门	其他	合计
2015 年	9167	47341	10777	—	7200	74485
2016 年	7018	44887	—	—	23483	75338
2017 年	7170	52617	15440	—	8252	83979

数据来源：广西、贵州、云南等省（自治区）《旅游统计年鉴》（2013—2017 年）。

从表 4-16 中可以看出从 2013 年到 2017 年，左右江革命老区核心旅游业就业量呈增长态势。2013 年、2014 年、2015 年、2016 年各年的增长率分别为 5.5%、4.6%、1.15%、11.5%。从表 4-17 中可知，2013 年核心旅游业直接创业就业为 67474 人。

（三）旅游直接相关产业就业贡献测算

直接相关旅游行业名目、直接相关旅游行业的直接投入运用剥离系数法来计算，先得到总增加值、总产出、增加值率、剥离系数、相关旅游业产业增加值等，再根据《中国年鉴》，以及广西、贵州、云南等省和自治区的《统计年鉴》得出直接相关行业劳动生产率，最终算得旅游促进就业量（表 4-17）。

表 4-17　旅游促进第二产业就业测算表

旅游直接相关的行业	对于旅游的投入 / 万元	总增加值 / 万元	总产出 / 万元	增加值率	剥离系数	相关旅游业产业增加值
饮料生产	1.91	159453.9	615882.52	0.258903	3.1×10^{-6}	0.494504941
纺织制成品制造业	111.3	10592.56	41936.33	0.252587	0.002654	28.11290182
针织品、编织品及其制造业	3.86	8109.22	35380.63	0.229199	0.000109	0.884709775
纺织服装、鞋、帽制造业	728.39	30586.98	158154.41	0.193399	0.004606	140.8702442
家具制造业	17.86	60620.1	173835.71	0.348721	0.000103	6.228150626
造纸及纸制品业	21.86	325265.5	1311284.47	0.248051	1.67×10^{-5}	5.422395626

续表

旅游直接相关的行业	对于旅游的投入 / 万元	总增加值 / 万元	总产出 / 万元	增加值率	剥离系数	相关旅游业产业增加值
印刷业和记录媒介的复制业	744.18	138447	403170.29	0.343396	0.001846	255.548297
文化用品制造业	91.98	7970.39	38052.37	0.209458	0.002417	19.26598717
石油及核燃料加工业	3086.83	51172.44	211577.91	0.241861	0.01459	746.5837193
涂料、颜料、油墨及类似产品制造业	12.09	60094.35	171273.29	0.350868	7.06×10^{-5}	4.24199647
橡胶制品业	762.09	45575.82	139451.67	0.326822	0.005465	249.0674846
塑料制品业	11.9	158541.5	585779.55	0.27065	2.03×10^{-5}	3.220740176
玻璃及玻璃制品制造业	15.76	36563.94	114774.37	0.318572	0.000137	5.02070013
其他非金属矿物制品制造业	6.71	359407.3	1521198.79	0.236266	4.41×10^{-6}	1.585343743
汽车制造业	103.39	260698.3	1132653.21	0.230166	9.13×10^{-5}	23.79686742
汽车零部件及配件制造业	1462.7	114106.1	559113.04	0.204084	0.002616	298.5137305
家用器具制造业	9.45	17705.28	51517.35	0.343676	0.000183	3.247738791
其他电器机械及器材制造业	4.68	93356.07	411931.72	0.22663	1.14×10^{-5}	1.060628222
通信设备制造业	26.29	28546.54	93507.99	0.305285	0.000281	8.025929513
其他电子计算机设备制造业	112.89	1097.59	3408.63	0.322003	0.033119	36.35094894
仪器仪表制造业	2.38	38066.44	115967.88	0.32825	2.05×10^{-5}	0.781234659
文化、办公用机械制造业	127.62	3242.95	9599.88	0.337812	0.013294	43.11150546

续表

旅游直接相关的行业	对于旅游的投入 / 万元	总增加值 / 万元	总产出 / 万元	增加值率	剥离系数	相关旅游业产业增加值
工艺美术制造业	9.79	183117.5	579970.32	0.315736	1.69×10^{-5}	3.091055289
其他工业	26.93	18362.92	67871.86	0.270553	0.000397	7.285986204
电力、热力的生产和供应业	458.3	599493.9	1274150.9	0.470505	0.00036	215.6322871
水的生产和供应业	282.21	77639.7	150488.08	0.515919	0.001875	145.5975765
建筑业	278.39	1648036	6268375.03	0.262913	4.44×10^{-5}	73.19229303

数据来源：《中国统计年鉴 2017》，广西、贵州、云南等省（自治区）《统计年鉴 2017》，广西、贵州、云南等省（自治区）《2017 年国民经济投入产出表》。

根据表 4–17 数据，代入公式：产业旅游就业人数 = 该产业旅游增加值 / 产业劳动生产率。公式为：

$$TTE = TVA \cdot L^{-1}, L^{-1} = (L_1^{-1}, L_2^{-1}, \cdots, L_n^{-1}) \tag{4-24}$$

可以计算出旅游与第二产业中的 26 个行业直接相关数据，其中旅游业增加值总量为 2326235 万元，第二产业的劳动生产率为 317307 元 / 人，旅游直接促进第二产业就业的人数为 733 人。

从表 4–18 可以得出旅游与第三产业中的 25 个行业直接相关，并且可以得到其相关旅游业增加值总量为 139889.9895 万元，而当年的第三产业的劳动生产率为 13275.17 元 / 人，所以根据上文中的相关方法($E = \mathrm{TVA} / L$)，可以得出旅游直接促进第三产业就业的人数为 105377 人。

表 4–18　旅游促进第三产业就业测算表

旅游直接相关的行业	对于旅游的投入 / 万元	总增加值 / 万元	总产出 / 万元	增加值率	剥离系数	相关旅游业产业增加值
铁路旅客运输业	58932.18	37679	173394	0.217303	0.339874	12806.12715
铁路货运业	78.32	211684	396448	0.533951	0.000198	41.81908064

续表

旅游直接相关的行业	对于旅游的投入/万元	总增加值/万元	总产出/万元	增加值率	剥离系数	相关旅游业产业增加值
道路运输业	77646.66	1150806	1288677.01	0.893014	0.060253	69339.51759
城市公共交通运输业	5594.24	96653	136902.01	0.706001	0.040863	3949.540834
水上运输业	5203.57	316948	445880.96	0.710835	0.01167	3698.882106
航空旅客运输业	38620.68	—	—	—	—	—
航空货运业	5.97	8755	17976.95	0.487013	0.000332	2.907464837
仓储业	2.41	12135	20963.98	0.57885	0.000115	1.39502852
邮政业	610.35	53563.01	86101.99	0.622088	0.007089	379.6913771
信息传输服务业	1430.57	466546	834291.04	0.559213	0.001715	799.9926463
计算机服务和软件业	459.24	1334	10114.02	0.131896	0.045406	60.57197435
批发零售业	1497.87	2647556	4611884.01	0.574073	0.000325	859.8860459
住宿业	28859.02	233918	499099.04	0.468681	0.057822	13525.66064
餐饮业	14662.53	537071	1730497	0.310357	0.008473	4550.611558
金融业	4045.04	285194	630573.01	0.452278	0.006415	1829.480678
保险业	501.7	36825	62120.01	0.592804	0.008076	297.4098443
房地产业	12.61	694328	940008.01	0.738641	1.34×10^{-5}	9.314256886
租赁业	653.62	9976	13310.97	0.749457	0.049104	489.8601019
商务服务业	28609.65	71793	111027.01	0.646626	0.257682	18499.75607
旅游业	27628.34	39448	351020	0.112381	0.078709	3104.90216
公共设施管理业	2308.38	182244	196381.99	0.928008	0.011755	2142.194428
居民服务和其他服务业	945.43	119466	146571	0.815073	0.00645	770.5940492
教育事业	288.9	869017	1450031.98	0.599309	0.000199	173.1403271

续表

旅游直接相关的行业	对于旅游的投入 / 万元	总增加值 / 万元	总产出 / 万元	增加值率	剥离系数	相关旅游业产业增加值
体育事业	220.48	6750	14686.99	0.45959	0.015012	101.3304973
公共管理事业和社会组织	4232.5	1138357	1962241.97	0.580131	0.002157	2455.403603

综上所述，旅游直接促进的就业按照产业划分的标准分为：直接促进第二产业就业和直接促进第三产业就业，其中直接促进第二产业就业人数为 733 人，直接促进第三产业就业人数为 105377 人，合计 106110 人。

（四）旅游综合创业就业贡献测算

用里昂锡夫逆矩阵计算出由于旅游业直接产出量的增加，需要国民经济各部门增加的完全产出量 X。计算公式为：

$$X=(E-A)^{-1}\cdot C \tag{4-25}$$

式中，$C=(C_1,C_2,\cdots,C_m)^T$ 为旅游直接产出列向量，C_m 为第 m 个旅游直接相关部门的旅游产出。在各部门的完全产出量 X 计算出来后，就可以采用上文计算旅游直接相关产业旅游增加值的方法来计算旅游业的完全增加值。公式为：

$$\text{TVA}=XZ=CZ\cdot(E-A)^{-1}=(E-A)^{-1}(C_1,C_2,\cdots,C_m)\cdot(Z_1,Z_2,Z_3,\cdots,Z_n)^T \tag{4-26}$$

其中，TVA 为旅游综合产业完全旅游增加值，$Z=(Z_1,Z_2,Z_3,\cdots,Z_n)^T$[①]，是旅游综合相关部门增加值率列向量。通过已经求得的旅游综合产业完全旅游增加值来计算旅游综合创业就业人数。产业旅游就业人数 = 该产业旅游增加值 / 产业劳动生产率，公式为：

$$\text{TTE}=\text{TVE}\cdot L^{-1} \tag{4-27}$$

其中，$L^{-1}=(L_1^{-1},L_2^{-1},\cdots,L_n^{-1})$ 是旅游综合相关产业劳动生产率倒数列向量[②]。由于数据可得到性的问题，本课题采用总体数据处理的办法，即首先将

① 张明 . 旅游综合就业统计模型的构建 [J]. 科技情报开发与经济，2007（19）：162–164.

② 张建辉 . 欠发达地区旅游就业效应的时空差异分析 [D]. 桂林：广西师范学院，2010.

产业分为第一产业、第二产业、第三产业，将旅游促进三大产业的综合产出计算得出，然后除以各自产业的当年劳动生产率，即可求得旅游综合创业就业人数（表 4–19）。

表 4–19　旅游综合创业就业人数测算表

项目	综合产出 / 万元	平均劳动生产率 /（元 / 人）	综合就业人数 / 万人
农业	2921.409502		
林业	747.4162945		
木材及竹材采运业	445.8583805		
畜牧业	1217.346368		
渔业	1654.881765		
农、林、牧、渔服务业	13.87999148		
一产合计	7000.792302	3881.83	1.803477304
煤炭开采和洗选业	4176.555385		
石油和天然气开采业	9147.035467		
黑色金属矿采选业	848.7281982		
有色金属矿采选业	1646.987098		
采盐业	46.34960118		
其他非金属矿采选业	813.344787		
谷物磨制业	548.9971776		
饲料加工业	344.1233935		
植物油加工业	411.7172854		
制糖业	112.6384331		
屠宰及肉类加工业	1902.686369		
水产品加工业	752.7175959		

续表

项目	综合产出 / 万元	平均劳动生产率 / （元 / 人）	综合就业人数 / 万人
其他食品加工和食品制造业	1165.837517		
酒精及饮料酒精制造业	234.8106684		
其他饮料制造业	185.132209		
烟草制品业	151.4125231		
棉、化纤纺织及印染精加工业	1352.242883		
毛纺织和染整精加工业	62.51958719		
麻纺织、丝绢纺织及精加工业	101.7545272		
纺织制成品制造业	441.6743433		
针织品、编织品及其制造业	159.3414142		
纺织服装、鞋、帽制造业	1623.485625		
皮革、毛皮、羽毛（绒）及其制品业	214.0340672		
木材加工及木、竹、藤、棕、草制品业	486.9630806		
家具制造业	1776.285408		
造纸及纸制品业	2599.834482		
印刷业和记录媒介的复制业	2861.269589		
文化用品制造业	583.7070929		
玩具体育娱乐用品制造业	8.35974904		
石油及核燃料加工业	27641.27958		
炼焦业	553.19669		
基础化学原料制造业	1308.010636		
肥料制造业	665.18197		

续表

项目	综合产出 / 万元	平均劳动生产率 /（元 / 人）	综合就业人数 / 万人
农药制造业	302.0757429		
涂料、颜料、油墨及类似产品制造业	1099.072463		
合成材料制造业	1362.392894		
专用化学产品制造业	1756.269101		
日用化学产品制造业	1269.695624		
医药制造业	85.46481456		
化学纤维制造业	394.1231436		
橡胶制品业	2767.343284		
塑料制品业	2925.973704		
水泥、石灰和石膏制造业	438.1361713		
玻璃及玻璃制品制造业	302.7054093		
陶瓷制品制造业	307.5068887		
耐火材料制品制造业	207.7147857		
其他非金属矿物制品制造业	1516.103925		
炼铁业	782.9611024		
炼钢业	1294.313712		
钢压延加工业	6006.651463		
铁合金冶炼业	918.5730152		
有色金属冶炼业	1928.706576		
有色金属压延加工业	2771.416218		
金属制品业	2913.691348		
锅炉及原动机制造业	310.3029418		

续表

项目	综合产出 / 万元	平均劳动生产率 /（元 / 人）	综合就业人数 / 万人
金属加工机械制造业	159.1565776		
其他通用设备制造业	3502.211852		
农林牧渔专用机械制造业	4.64487254		
其他专业设备制造业	1453.72217		
铁路运输设备制造业	8461.152606		
汽车制造业	1879.207629		
汽车零部件及配件制造业	4640.442093		
船舶及浮动装置制造业	336.4694595		
其他交通运输设备制造业	82.90276706		
电机制造业	419.1886998		
家用器具制造业	290.9922764		
其他电气机械及器材制造业	4243.337497		
通信设备制造业	2759.582336		
电子计算机整机制造业	581.5444549		
其他电子计算机设备制造业	705.7102117		
电子元器件制造业	704.5498368		
家用视听设备制造业	65.74659529		
其他通信、电子设备制造业	217.1982401		
仪器仪表制造业	656.7860435		
文化、办公用机械制造业	715.4948665		
工艺美术品制造业	553.4866258		
其他工业	419.2613652		
废品废料	3622.302456		

续表

项目	综合产出 / 万元	平均劳动生产率 / （元 / 人）	综合就业人数 / 万人
电力、热力的生产和供应业	21431.23098		
燃气生产和供应业	754.3960533		
水的生产和供应业	2013.362152		
建筑业	5634.252902		
二产合计	162897.7424	31703.7	5.138130325
铁路旅客运输业	64607.94965		
铁路货运业	1961.963651		
道路运输业	89140.61641		
城市公共交通运输业	6843.065176		
水上运输业	7159.501822		
航空旅客运输业	42739.92834		
航空货运业	85.72709258		
管道运输业	0		
仓储业	36.53730649		
邮政业	1067.126577		
信息传输服务业	21135.49082		
计算机服务和软件业	991.6834716		
批发和零售贸易业	16662.21747		
住宿业	33553.54664		
餐饮业	18695.0322		
金融业	17275.87893		
保险业	2853.160113		
房地产业	2601.060333		

续表

项目	综合产出 / 万元	平均劳动生产率 /（元 / 人）	综合就业人数 / 万人
租赁业	4678.317948		
商务服务业	39491.48454		
旅游业	30235.8115		
科学研究事业	2019.461223		
专业技术及其他科技服务业	496.6030062		
地质勘查业	0.01102176		
水利管理业	13.89797965		
环境资源与公共设施管理业	2924.417996		
居民服务和其他服务业	3808.028888		
教育事业	1247.944851		
卫生事业	211.2312842		
社会保障和社会福利业	21.13112071		
文化艺术和广播电影电视业	715.8549599		
体育事业	239.5352613		
娱乐业	555.1953136		
公共管理和社会组织	496.669556		
三产合计	414566.0825	13275.17	31.22868351

数据来源：《中国统计年鉴 2017》，广西、贵州、云南等省（自治区）《统计年鉴 2017》，广西、贵州、云南等省（自治区）《2017 年国民经济投入产出表》。

根据表 4–19 计算可知，旅游综合创业就业人数为 38.1703 万人，其中间接促进第一产业就业人数为 1.8035 万人、间接促进第二产业就业人数为 5.1381 万人、间接促进第三产业就业人数为 31.2287 万人。

（五）乡村旅游对农民创业就业贡献模型

从上文中对“核心旅游业直接创业就业贡献、旅游直接相关产业就业贡献测算、旅游综合创业就业贡献测算”的测算分析得知，2013 年核心旅游业直接创业就业量、旅游直接相关产业就业量和旅游综合创业就业量分别是 67474 人、106110 人和 381703 人。三者之间的比例为 12.15 ：19.11 ：68.73。以此为基础，展开乡村旅游对农民创业就业贡献进行测算，测算顺序首先是做出关于旅游收入和旅游核心就业的线性回归方程，将二者的关系进行说明；然后通过核心旅游业直接创业就业量、旅游直接相关产业就业量、旅游综合创业就业量三者关系比例来预测旅游直接相关就业和旅游业综合就业的人数（表 4–20）。

表 4–20　主要旅游数据统计表

年份 / 年	国际旅游收入 / 万元	国内旅游收入 / 万元	旅游总收入 / 万元	核心旅游业直接创业就业量 / 人
2013	266057.2123	2041100	2307157.2123	67474
2014	136025.2122	1933600	2069625.2122	71189
2015	238302.6104	2311100	2549402.6104	74485
2016	294025.4254	2778000	3072025.4254	75338
2017	330403.1981	3340200	3670603.1981	83979

数据来源：广西、贵州、云南等省（自治区）《统计年鉴》2014—2018 年，广西、贵州、云南等省（自治区）《2013—2017 年国民经济投入产出表》。

注：一些数据来源单位为美元，本书将其全部转化为统一单位人民币。

假设旅游总收入为 Y，旅游核心创业就业量为 X，运用 EVIEW3.1 做出关于二者的线性方程，结果为：

$$Y_t = -4357454 + 95.19306 \cdot X_t \qquad (4\text{–}28)$$

$$p\,(0.01) \qquad p\,(0.031)$$

R^2=0.83　　D.W=2.21　　F=14.15　　Prob（F–statistic）=0.032

从方程的拟合优度、杜宾检验、F 统计量检验来看，回归方程具有较高的显著性，并且经济意义合理。以 2017 年为例，当已知 2017 年的旅游总收入为 3670603.198 万元，那么将这一数字代入方程 $Yt=-4357454+95.19306 \cdot X_t$，可以得到核心旅游业直接创业就业量为 84334 人，然后再利用核心旅游业直接创业就业量、旅游直接相关产业就业量、旅游综合创业就业量三者关系比例（12.15∶19.11∶68.73），进而得到旅游直接相关产业就业量为 132644 人，旅游综合创业就业量为 477129 人。值得说明的是，根据这一方程预测的数据与统计现有统计资料数据基本相符。

（六）乡村旅游促进农民创业作用评价

1. 旅游就业的行业技能水平、行业工资水平、旅游从业者满意度及行业发展机会研究

旅游业是一个综合性产业，需要多方面的技术人员与服务人员参与其中，尤其是旅游基础设施、服务设施及旅游产品开发领域，需要有不同行业的技术人员参与。因此，旅游业还能促使更多行业改进技术，提高行业技术水平。

同时，旅游业属于服务行业，不同行业的工资水平是不一样的，即使是同一行业不同阶层的员工收入也是不一样的，没有办法通过具体的量化指标进行衡量，旅游业工资水平总体处于国民就业的中下游。

大多数旅游业的从业者满意度较高，但具有本科学历以上的就业者满意度较低，这主要与本行业的薪资水平有关。因此，旅游就业的满意度与就业者的学历呈负相关。

诚然，学界已经形成这样的共识，旅游业是一个劳动密集型行业，大量的实证研究表明，旅游业是拉动内需、扩大创业就业的有效途径，旅游业每增加 1 个直接就业岗位可以创造 5 到 6 个间接就业机会。可见，旅游就业的发展机会是非常大的。

2. 乡村旅游促进农民创业的作用

乡村旅游促进农民创业至少具有两个显著的作用。

一是旅游作为劳动密集型行业，也是就业门槛比较低的服务型行业，通过发展乡村旅游业可以大量吸收农村劳动力，扩大旅游创业就业规模。它创造了三类典型的创业就业模式：直接创业就业，即在住宿设施、商店、饭店、夜间娱

乐场所、酒吧等场所，以及政府旅游管理部门和运输、旅游公司等机构中进行的创业就业；间接创业就业，指由旅游需要派生出来的商品生产与服务相关的创业就业，包括农业、食品处理、手工艺品、轻工业制造、建筑业等行业；由消费和地方旅游收入循环在当地经济诱发的创业就业[①]。

二是乡村旅游业可以提高农村农民就业质量，旅游业是一个开放性、交流性的行业，发展旅游业可以使大量农民得到培训机会和交流信息机会，并且旅游业属于服务性行业。因此，旅游业的发展可以促进农民素质不断拓展与提高。

① 黄郁成．旅游就业资源的社会分配关系研究——以井冈山为例 [J]. 江西社会科学，2008，（2）：190–194.

第五章　农民旅游创业脱贫共富的理论模型构建

第一节　农民旅游创业脱贫共富的 PSR 理论分析工具

一、PSR 模型理论

PSR（Pressure-State-Response），即压力、状态、响应，最初由加拿大统计学家 David J.Rapport 和 Tony Friend（1979）提出，之后由经济合作与发展组织（OECD）和联合国环境规划署（UNEP）于二十世纪八九十年代共同发展起来的用于研究环境问题的框架体系[①]。PSR（压力——状态——响应）模型的思维逻辑是“原因——效应——响应”，主要体现人与环境相互作用的关系，人类为获得自身生存与发展需要不断向大自然索取物质资源，这一过程对自然环境造成的破坏，以及人类活动向自然环境排放的废弃物，某种程度上改变了自然环境的质量与资源储量，给自然环境和资源造成了一定压力，这些压力又通过相对应的状态指标传递到个人、企业及政府。为继续维护自然环境及资源带来的福祉，并能开展相关社会经济活动，个人、企业及政府会通过制定和调整环境保护政策、经济政策及部门政策等行为，提升环保意识，从而做出响应，以减轻、阻止、恢复和预防人类活动对自然环境造成的负面影响并采取补救措施，如此形成循环效应，便构成了人类与自然环境之间压力——状态——响应的模型框架[②]（图 5-1）。

---

① 顾勇炜，施生旭．基于 PSR 模型的江苏省生态文明建设评价研究 [J]. 中南林业科技大学学报（社会科学版），2017，11（1）：21–26.

② 姜楠．我国政府环境绩效审计相关问题探究 [D]. 北京：首都经济贸易大学，2014.

图 5-1 PSR 模型框架

PSR 模型主要有三个指标，即压力指标、状态指标和响应指标，该模型建立了压力指标和状态指标之间的因果关系，以便做出有效响应，同时它主要回答了“发生了什么、为什么发生、我们将如何做”三个基本的可持续发展问题。该模型由于存在一些指标之间因果关系不明显的情况，或者因果关系不具有唯一性、存在其他相关作用，因此在回答上述问题时存在一定的困难。尽管如此，PSR 模型理论这种概念性的框架具有的创新性逻辑思维，仍然值得借鉴。该模型中指标参照对比的评价模式受到了国内外学者的推崇，目前该模型主要用于区域环境可持续发展指标体系的研究。

随着学者们对 PSR 模型的深入研究，开始尝试将该模型用于其他学科的研究，如李松、綦群高、张小雷（2009）以 PSR 模型为理论基础，对乌鲁木齐市非户籍人口与房地产市场的相关性进行了验证研究；李健宁、潘苏东（2004）将教育现代化系统（EMS）和 PSR 框架模型相结合，用于研究教育现代化指标体系设置。虽然模型用于其他学科的研究成果还较少，但课题组结合乡村旅游扶贫农民创业的现实情况，发现该模型理论与之非常契合，便进行探索研究。

二、PSR 模型的农民旅游创业机理分析

从乡村旅游农民创业行为进行分析可知，经济特性、社会特性和人口特性对农民的社会经济活动会形成压力。乡村旅游中农民创业是由其人口的内部特性及社会的外部特性两部分构成的，进而表现出的状态和响应方法也受到相应影响，如图 5-2 所示。该图中农民创业脱贫的机理过程，突出了压力、状态及响应之间的关联，关系图中的指标为课题组结合乡村旅游农民创业的实际情况初步设计的指标，增加了评价环节，不同地区具体指标的确定，还需要结合不同地区、不同发展阶段的特点进行相应调整。

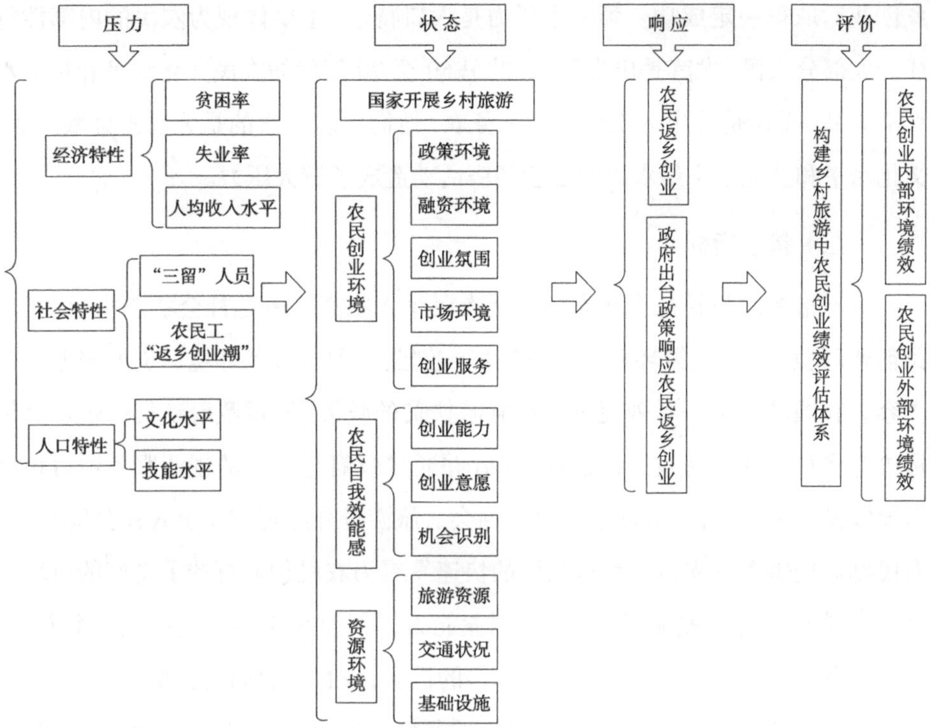

图 5–2　乡村旅游农民创业 PSR 评价机理图

（一）压力指标

压力指标指农民在社会经济活动中的压力。农民社会经济活动的压力主要来自 3 个特性，即经济特性（贫困率、失业率、人均收入水平）、社会特性（包括“三留”人员、农民工“返乡创业潮”）、人口特性（包括文化水平、技能水平）。第一个压力是经济特性，其中贫困率依据各乡村农民建档立卡的数据而得出。失业率不仅表现为外出务工农民的城镇就业失业情况，还表现在人——地矛盾导致的失业情况。人均收入水平普遍较低带给农民的压力最大。第二个压力是社会特性，主要包括农村“三留”人员（即留守儿童、留守老人、留守妇女）幼无所养，老无所依，为生计而家庭成员分离的社会现象和农民工“返乡创业潮”的压力。2015 年 6 月，国务院办公厅发布了《关于支持农民工等人员返乡创业的意见》，同年 11 月，中共中央 国务院办公厅印发实施了《深化农村改革综合性实施方案》等政策，助推了我国第二次农民工“返乡创业潮”，部分农民工返乡创业后取得一定成功。第三个压力是人口特性，主要体现为农民的内部性特征。大部分农民，尤其是出生于20世纪50至70年代的农民文化水平和技能水平不太高，无论是外出务工还是在家务农，他们更多从事的是劳动密集型产业。文化水平和技能水平给农民的社会经济活动造成了较大压力。

（二）状态指标

状态指标既包括社会状态还包括农民个人状态。一是社会状态指标，指农民创业环境，包括政策环境、融资环境、创业氛围、市场环境、创业服务5项内容。我国颁布了一系列促进乡村旅游扶贫的政策，通过政府动员、张贴宣传标语等多种方式营造良好的创业气氛，并通过政府与企业的创业服务项目积极引导农民自主创业，地方政府通过招商会、旅游推介会等方式引入社会资本，为农民创业提供多方支持。乡村旅游的快速发展为农民创业打造了良好的市场环境。二是农民自我效能感，体现在创业能力、创业意愿和机会识别3个方面。乡村旅游的发展给农民创业带来了更多的机会，农民结合自身意愿及自身能力，进行机会识别，选择创业方向。三是资源环境，包括旅游资源、交通状况、基础设施。当前乡村所拥有的旅游资源、交通状况及基础设施都会影响农民的创业选择。

（三）响应指标

响应状态是农民基于状态指标所采取的行动，这里的响应行动主要指乡村旅游扶贫中农民的自主创业活动，具体创业活动内容因不同区域而有所不同。响应指标体现在两个方面，一是农民自身对返乡创业的响应，主要是因为在城市已没有多大的就业空间，城市的建设已差不多完成，留下就业的空间不大，迫于压力所以农民选择返乡创业；二是政府响应，即政府出台相关政策引导农民创业和扶持农民创业，国家大力发展乡村旅游农民创业离不开政府政策支持与引导。

三、评价指标

评价指标是对乡村旅游农民创业进行评价所使用的指标。通过构建评价指标体系，可以评价农民创业内部环境与农民创业外部环境的绩效贡献。

乡村旅游农民创业评估指标体系涉及面广、内容多，部分指标难以统计或量化，给构建准确衡量农民创业问题的有效指标体系增加了难度。乡村旅游农民创业评估指标体系应包含乡村旅游开发绩效和农民创业问题两个方面，但又要侧重于对农民创业问题的评价，将乡村旅游开发绩效通过农民创业问题体现出来，二者相互影响，因此在选取指标时既要综合考虑影响二者的有效指标，又要有所侧重。本课题在文献研究和数据可取性的基础上，结合实际经验及咨询专家意见，构建了一套多层次的指标体系，以确保其合理性、准确性及有效性。

（一）评价指标选取的基本原则

要想对乡村旅游农民创业问题进行较为全面的评价，需要综合考虑多方面因素，选取评价指标体系较为复杂，这也增加了选取有效指标的难度。本着既要体现指标选取的合理性，又要体现其科学性和准确性的思路，构建乡村旅游农民创业问题评估指标体系遵循以下原则。

1. 科学性原则

科学性原则要求运用科学的手段和方法，客观真实地反映实际情况。乡村旅游农民创业问题评估指标体系应以科学的态度选取有效指标，遵循地方发展规律和农民创业的现实特点，构建可测评、可描述的定量和定性指标体系，把握科学发展规律，提高评估体系的科学性，以便得出可靠的、有效的结果。

2. 可行性原则

乡村旅游农民创业问题评估指标体系应当具有较强的可操作性和可行性。可行性原则体现在两方面：一是指标选取力求简化，便于操作；指标之间既不可替代也要具有可比性；二是指标数据易获取，评估方法简明扼要。

3. 动态性原则

评估指标体系是一个动态发展的过程，需要不断完善和优化，以便更准确地反映真实绩效和引导完善相关政策。本书构建的指标体系是以 2018 年以前乡村旅游国家及地方的相关政策和农民创业的实际绩效为前提，今后指标体系的构建还应结合动态发展过程的实际。因此，遵循动态性原则，建立的评估指标体系也将是动态性的优化结果。

4. **综合性原则**

全面评价乡村旅游农民创业问题应该遵循综合性原则。结合左右江革命老区农民创业实际，其绩效应从农民创业内部绩效和农民创业外部绩效内外因相结合的综合性角度周全考虑，通过多参数、多角度去衡量并选取指标，以使指标体系更完整。

5. **层次性原则**

层次性是指标体系自身所具有的多重性表现，指标体系也是由多层次内容组成的，各要素之间的相互关系构成了一个有机整体。乡村旅游农民创业问题评估指标体系是一个有机的整体，是多层次、多因素共同作用和影响的结果，评价指标体系也应遵循层次性原则，层层递进、层次分明，既反映评价指标之间的递进关系，又反映一定的梯度，表现其影响的轻重程度。遵循层次性原则，既能有效避开指标之间的相容性又能使指标体系更全面、更合理，以便反映评估目标的实际情况。

（二）指标选取与指标体系建立

从理论上讲，完整的绩效评价应包括事前、事中及事后三个层面，但是由于实际情况相对复杂及条件的限制，现实中很难像理想那样构建一套完整、精确的评价体系，其主要原因如下：

一是目前乡村旅游农民创业类型以私营企业、个体工商户、合作社或未记录在册的小型创业居多，数据收集和分析难度较大，精确的绩效定量分析存在困难。而且，目前现有的官方统计中也缺乏精准的数据。

二是涉及农民创业问题的影响因素较多，既有外部因素也包括内在因素，无法全部具体量化，这也造成了指标体系不够全面和精准。

在发展乡村旅游的背景下，考虑农民自身对创业要求及农民创业影响因素，在借鉴已有关于农民创业文献研究成果的基础上，结合前期开展的专家咨询、实地调查、对相关人员访谈等，初步构建乡村旅游农民创业绩效指标体系，见表 5-1。

表 5–1　乡村旅游农民创业绩效指标体系

目标层	准则层	元素层	指标因子	补充说明
乡村旅游农民创业指标 A	创业内部环境 B1	农民自身特征 C1	受教育程度 D1	农民的文化水平
			创业意愿 D2	农民创业意愿强烈程度
			年龄 D3	
			性别 D4	
		人力资本禀赋 C2	个人创业资源条件 D5	个人拥有的资金、土地、房屋等资源
			社会关系网络 D6	农民的亲戚、朋友等交际圈是否广泛，是否有已经创业的亲戚朋友，自身是否干部或亲戚中有无在政府部门任职的情况
			外出务工经验 D7	外出务工时间长短、外出务工积累的经验
			创业技能或特长 D8	农民自身所具备的一技之长，如养殖技术、种植技术、厨艺技术等
			社交能力 D9	对外交往沟通、解决问题的能力
			创业风险承担能力 D10	对创业风险的预估、创业风险大小选择，以及承担创业风险的能力
			创业机会识别与利用能力 D11	创业者在乡村旅游发展中发掘和利用创业机会的能力
	创业外部环境 B2	创业环境 C3	社会市场经济环境 D12	地方社会经济发展水平和旅游收入占地方 GDP 比率。乡村旅游扶贫中乡村旅游经济发展的市场环境，包括吃、住、行、游、购、娱六大方面市场经济环境情况
			创业技能培训 D13	政府部门为农民创业提供的各项创业技能培训活动
			政策支持 D14	国家及地方政府部门制定的支持农民创业的政策性文件和指导文件等，包括土地利用优惠政策、贷款免息政策、创业资金奖励政策等
			创业氛围 D15	即社会创业文化环境氛围、政策引导创业氛围、农民创业帮扶氛围、乡村创客创业氛围等
			金融服务环境 D16	主要包括融资渠道、融资难易度、财政税收扶持力度、贷款免息支持力度等

续表

目标层	准则层	元素层	指标因子	补充说明
乡村旅游农民创业指标 A	创业外部环境 B2	社会及自然环境 C4	自然资源条件 D17	旅游资源条件、生态环境等自然资源。其中，旅游资源按《中华人民共和国国家标准：旅游资源分类、调查与评价》（GB/T18972-2017）定量分析而得
			基础设施条件 D18	公共服务设施完善度、旅游服务配套设施情况

该指标体系层次框架表主要是由创业内部环境和创业外部环境两个准则层构成，其中创业内部环境分为农民自身特征和人力资本禀赋两个元素层，创业外部环境分为创业环境和社会及自然环境两个元素层。该指标体系共包括 18 个指标因子，其中既有定性指标，也有定量指标。具体指标说明如下。

1. 农民自身特征

按照决策行为学的观点，在企业相关政策中，农民自身特征是影响决策的内在因素[①]。农民创业问题与农民自身特征有密切关系。农民自身受教育程度越高，创业意愿越强烈，对创业问题影响越大[②]。农民受教育程度对创业知识的运用、技能水平的掌握和学习创新能力有着正向影响，受教育程度高可以增强农民创业抵御风险和化解问题的能力。创业意愿表现为农民对创业的热情，热情度越高，越能让农民坚定创业信念，愿意为之努力付出。性别与年龄是人的自然标志，是自身特征之一，因此，农民自身特征选取了性别、年龄、受教育程度、创业意愿 4 个指标因子。

2. 人力资本禀赋

人力资本禀赋与创业具有直接关联。从认知论角度看，个人的技能、社会网络关系、社交能力等对创业都会有较大影响。因此，人力资本禀赋指标中选取了个人创业资源条件、社会关系网络、外出务工经验、创业机会识别与利用

① 张应良，汤莉．农民创业问题影响因素的研究——基于对东部地区 284 个创业农民的调查 [J]. 华中农业大学学报（社会科学版），2013（4）：19-24.

② 陶欣，庄晋财．农民工群体特征对其返乡创业过程影响的实证研究——基于安徽省安庆市的调查数据 [J]. 农业技术经济，2012（6）：87-94.

能力、创业技能或特长、创业风险承担能力和社交能力等7个具体指标。在乡村旅游致富中，农民人力资本禀赋里的个人创业资源条件包括个人拥有的资金、土地、房屋等。社会关系网络主要是农民的亲戚朋友、基层干部等。外出务工经验包括外出务工时长、外出务工积累的经验。创业机会识别与利用能力指农民在乡村旅游发展中发掘和利用潜在的创业机会的能力。创业技能或特长即农民创业需要自身所具备的一技之长，比如养殖、种植、手工艺、厨艺等技术。创业风险承担能力包括农民对创业风险的预估、创业风险大小选择、创业风险的承受能力以及规避风险的能力。社交能力包括农民对外交往沟通、解决问题的能力。

3. 创业环境

吴连翠等（2018）研究了创业环境对农民创业问题的影响后认为，政策支持环境、文化氛围、社会资本、市场环境对农民创业问题有直接正向影响，融资环境对农民创业问题有显著正向影响[①]。张应良等（2013）的研究认为，政府支持力度、贷款难易度对农民创业的影响最显著。在乡村旅游扶贫政策导向中，政策支持即国家及地方政府部门制定的支持乡村旅游发展中农民创业的政策性文件和指导文件等，包括土地利用优惠政策、贷款免息政策、创业资金奖励政策等。因此，政策支持对农民创业引导和扶持有着至关重要的作用，政策支持力度越大，其对农民返乡创业的意愿及创业问题影响越大。体系健全的、良好的金融服务环境对农民创业至关重要。张应良等（2013）研究得出，创业贷款越容易，越利于提高农民创业意愿。易朝辉（2010）研究得出，加大银行贷款支持力度，可以提高新创企业的资源整合能力，利于促进企业快速成长。吴连翠（2018）认为，社会市场经济环境对农民创业问题既可能是有利的，但也可能存在某种威胁。刘畅等（2015）基于东北调研得出市场环境对农村微型企业创新绩效效应最为明显的结论。朱红根（2015）提出，创业氛围影响当地互信及合

① 吴连翠，项杰，陆超哲，等．创业环境、个性特质与农民创业问题研究 [J]. 当代经济，2018，（13）：100–105.

作关系的建立和维持，对创业行为具有重要影响[①]。蒋剑勇等（2012）的研究得出农村地区创业氛围，以及创业榜样都显著影响农民的创业意愿，从而影响创业活动的结论。罗明忠等（2012）研究指出，创业培训能增强农民创业水平和技能，促进农民创业得到良好发展。罗军等（2013）研究发现，农民创业培训效果好会对创业问题产生正向影响，良好的创业培训效果作用于农民的创业选择，从而影响创业问题。

在借鉴已有研究成果的基础上，将创业环境指标选取包括社会市场经济环境、创业技能培训、政策支持、创业氛围、金融服务环境等 5 个具体指标。

4. 社会及自然环境

社会及自然环境是农民创业的基础性保障条件，以农民工返乡创业为例，郭元源（2005）认为完善的基础设施条件和社会支持能够提高农民创办的企业经营效率，节省企业非生产成本；朱红根（2011）研究也发现基础设施条件是影响农民工返乡创业活动的重要因素，随着基础设施的改善，创业成功率也有较为显著地提高；杨新萍（2012）则认为，通过加大基础设施投入的方式能够提高返乡农民创业成功率；刘唐宇（2010）研究也发现自然资源的可获取性对农民返乡创业有较大积极影响；林裴（2004）认为丰富的资源条件是农民返乡创业成功的基础。研究借鉴已有成果选取自然资源条件和基础设施条件作为具体指标。

（三）评估指标权重确定

评估指标权重的确定可使用层次分析法进行测算。层次分析法（Analic Hierarchy Process，AHP）最早是由美国运筹学家萨汀等提出的一种定量与定性相结合的、系统的、层次化的分析方法，一种处理一些较为复杂和模糊问题之间关系的简易方法，尤其适用于处理那些难以完全进行定量分析的问题。因此，选用层次分析方法，再结合专家评分法，综合确定乡村旅游发展中，农民创业各项指标的权重。其具体方法步骤如下：

① 朱红根，刘磊，康兰媛 . 创业环境对农民创业问题的影响研究 [J]. 农业经济与管理，2015，（1）：15–25.

1. 建立层次结构模型

在深入分析实际问题的基础上，课题组将有关的各个因素按照不同属性自上而下地分解成若干层次，同一层的诸因素从属于上一层的因素或对上层因素有影响，同时又支配下一层的因素或受到下层因素的作用。最上层为目标层，通常只有 1 个因素，最下层通常为方案或对象层，中间可以有一个或几个层次，通常为准则或指标层 ①。

2. 构造成对比矩阵

从层次结构模型的第 2 层开始，对于从属于（或影响）上一层每个因素的同一层诸因素 ②，用对比法和 1～9 比较尺度（1～9 标度法说明见表 5–2）构造成矩阵$A=(a_{ij})_n \cdot n$，直到最下层。

表 5–2　1～9 标度法说明表

因素 i 比因素 j	量化值
同等重要	1
稍微重要	3
较强重要	5
强烈重要	7
极端重要	9
两相邻判断的中间值	2，4，6，8

3. 计算权向量并做一致性检验

对于每一个成对矩阵计算最大特征根及对应特征向量，利用一致性指标、随机一致性指标和一致性比率做一致性检验。若检验通过，特征向量（归一化后）即为权向量：若不通过，需重新构造矩阵 ③。

① 刘刚 . 基于 BIM 技术的装饰工程项目成本控制效果研究 [D]. 扬州：扬州大学，2018.

② 同① .

③ 杨陵 . 奇瑞汽车公司供应商绩效评估研究 [D]. 兰州：兰州理工大学，2018.

（1）计算权重向量，通过权重向量进行归一化处理，得到最终权重，计算公式如下：

$$\omega_i = \sqrt{\prod_{j=1}^{n}(a_{ij})}, (i = 1, 2, \cdots, n) \quad (5-1)$$

$$\omega_i' = \omega_i \Big/ \sum_{i=1}^{n} \omega_i, (i = 1, 2, \cdots, n) \quad (5-2)$$

（2）计算矩阵的最大特征值λmax；

$$\lambda \max = \sum_{i=1}^{n} (A\omega)_i \Big/ n\omega_i, (i = 1, 2, \cdots, n) \quad (5-3)$$

4. 计算组合权向量并做组合一致性检验

计算最下层对目标的组合权向量，并根据公式做组合一致性检验，若检验通过，则可按照组合权向量表示的结果进行决策，否则需要重新考虑模型或重新构造一致性比率较大的矩阵[①]。若$CR < 0.10$，说明矩阵具有一致性；反之，则说明矩阵需要重新调整，直至比较矩阵满足$CR < 0.10$，过程中 RI 的取值范围见表 5–3。

$$CI = \frac{\lambda \max - n}{n - 1}, n \text{ 为指标数} \quad (5-4)$$

$$CR = \frac{CI}{RI} \quad (5-5)$$

表 5–3　*RI* 的取值范围如下

n	RI	n	RI
1	0	5	1.12
2	0	6	1.24
3	0.58	7	1.32
4	0.90	8	1.41

① 杨陵 . 奇瑞汽车公司供应商绩效评估研究 [D]. 兰州：兰州理工大学，2018.

（四）指标权重的计算

1. 建立层次结构模型

为了直观地了解农民创业指标体系层次结构，将表 5–1 指标体系通过层次结构模型进行展示（图 5–3）。同时，通过专家评分法，对从事乡村旅游扶贫工作和研究的学者、政府工作人员等 11 名专家进行发放问卷征询。

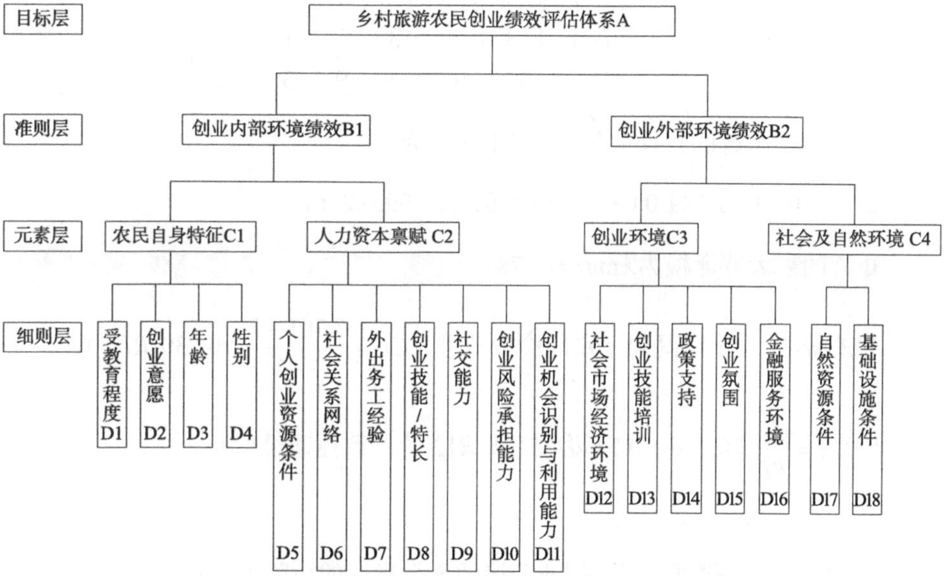

图 5–3　乡村旅游农民创业绩效评估体系层次结构图

2. 元素层指标权重计算

（1）农民自身特征权重计算

通过专家打分数据，得到农民自身特征的 4 个指标的矩阵如下。

矩阵 $R11$ 求解的特征向量，即权重向量为 $\omega 11=(0.532, 0.270, 0.122, 0.076)$ 矩阵的最大特征根为 $\lambda\max=4.075$

将 $\lambda\max$ 代入计算得到一致性检验结果为 $CI=\dfrac{4.0753-4}{4-1}\approx 0.025, RI=0.9$

则 $CR=\dfrac{CI}{RI}=0.028<0.1$，说明矩阵 $R11$ 的一致性通过检验。

（2）人力资本禀赋权重计算

通过专家打分数据，得到人力资本禀赋的 7 个指标的矩阵如下：

$$R12=\begin{bmatrix}1 & 2 & 7 & 5 & 9 & 4 & 3\\ 1/2 & 1 & 7 & 5 & 8 & 3 & 1/3\\ 1/7 & 1/7 & 1 & 1/3 & 5 & 1/5 & 1/9\\ 1/5 & 1/5 & 3 & 1 & 7 & 1/3 & 1/5\\ 1/9 & 1/8 & 1/5 & 1/7 & 1 & 1/7 & 1/9\\ 1/4 & 1/3 & 5 & 3 & 7 & 1 & 1/3\\ 1/3 & 3 & 9 & 5 & 9 & 3 & 1\end{bmatrix}$$

矩阵 $R12$ 求解的特征向量，即权重向量为

$\omega 12=(0.334,0.189,0.033,0.062,0.017,0.109,0.256)'$

矩阵的最大特征根为 $\lambda\max=7.781$

将 $\lambda\max$ 代入计算得到一致性检验结果为 $CI=\dfrac{7.781-7}{7-1}\approx 0.130, RI=1.32$

则 $CR=\dfrac{CI}{RI}=0.096<0.1$，说明矩阵 $R12$ 的一致性通过检验。

（3）创业环境权重计算

通过专家打分数据，得到创业环境的 5 个指标的矩阵如下：

$$R13=\begin{bmatrix}1 & 3 & 2 & 4 & 1/2\\ 1/3 & 1 & 1/3 & 3 & 1/4\\ 1/2 & 3 & 1 & 4 & 1/3\\ 1/4 & 1/3 & 1/4 & 1 & 1/5\\ 2 & 4 & 3 & 5 & 1\end{bmatrix}$$

矩阵 $R13$ 求解的特征向量，即权重向量为

$$\omega 13=(0.262,0.109,0.172,0.052,0.405)'$$

矩阵的最大特征根为 $\lambda\max=5.143$

将 $\lambda\max$ 代入计算得到一致性检验结果为 $CI=\dfrac{5.143-5}{5-1}\approx 0.036, RI=1.12$

则$CR=\frac{CI}{RI}=0.032<0.1$，说明矩阵 $R13$ 的一致性通过检验。

（4）社会及自然环境权重计算

通过专家打分数据，得到社会及自然环境的 2 个指标的矩阵如下：

$$R14=\begin{bmatrix}1 & 1/3\\ 3 & 1\end{bmatrix}$$

矩阵 $R14$ 求解的特征向量，即权重向量为

$$\omega 14=(0.250,0.750)'$$

矩阵的最大特征根为$\lambda\max=2$

将$\lambda\max$代入计算得到一致性检验结果为$CI=\frac{2-2}{2-1}=0, RI=0$

则$CR=\frac{CI}{RI}=0<0.1$，说明矩阵 $R14$ 的一致性通过检验。

3. 准则层指标权重计算

矩阵 $R2$ 求解的特征向量，即权重向量为

$\omega 2=(0.055,0.262,0.565,0.118)'$

矩阵的最大特征根为$\lambda\max=4.095$

将$\lambda\max$代入计算得到一致性检验结果为$CI=\frac{4.095-4}{4-1}\approx 0.032, RI=0.9$

则$CR=\frac{CI}{RI}=0.036<0.1$，说明矩阵 $R2$ 的一致性通过检验。

4. 目标层指标权重计算

较矩阵 $R3$ 求解的特征向量，即权重向量为

$$\omega 14=(0.250,0.750)'$$

矩阵的最大特征根为$\lambda\max=2$

将$\lambda\max$代入计算得到一致性检验结果为$CI=\frac{2-2}{2-1}=0, RI=0$

则$CR=\frac{CI}{RI}=0<0.1$，说明矩阵 $R3$ 的一致性通过检验。

5. **指标权重汇总**

通过对各个矩阵进行求解，得到最终的指标权重值汇总表 5–4。

表 5–4　农民旅游创业共富绩效评估体系权重表

目标层	准则层	元素层	细则层	相对权重	绝对权重
乡村旅游农民创业指标 A	创业内部环境 B1（0.250）	农民自身特征 C1（0.055）	受教育程度 D1	0.532	0.023
			创业意愿 D2	0.270	0.012
			年龄 D3	0.122	0.005
			性别 D4	0.076	0.003
		人力资本禀赋 C2（0.262）	个人创业资源条件 D5	0.334	0.069
			社会关系网络 D6	0.189	0.013
			外出务工经验 D7	0.033	0.007
			创业技能或特长 D8	0.062	0.039
			社交能力 D9	0.017	0.004
			创业风险承担能力 D10	0.109	0.023
			创业机会识别与利用能力 D11	0.256	0.053
	创业外部环境 B2（0.750）	创业环境 C3（0.565）	社会市场经济环境 D12	0.262	0.107
			创业技能培训 D13	0.109	0.068
			政策支持 D14	0.172	0.163
			创业氛围 D15	0.052	0.032
			金融服务环境 D16	0.405	0.251
		社会及自然环境 C4（0.118）	自然资源条件 D17	0.250	0.032
			基础设施条件 D18	0.750	0.097

专家打分法对各层级进行的权重分配，更直观地反映了各指标因素对农民创业问题的贡献率。从上表数值可以得出如下结论：

从准则层权重分配数据看，创业外部环境绩效权重为 0.750，创业内部环境绩效权重为 0.250，这说明乡村旅游对农民创业问题贡献率较大。

从元素层权重分配数据看，权重数值大小排序为：创业环境（0.565）权重值最高，人力资本禀赋（0.262）次之，随后是社会及自然环境（0.118）和农民自身特征（0.055），说明创业环境对农民创业问题有着显著的正向影响，相关人员应当注重创业环境的优化，进而推动农民创业。

农民自身特征的细则层指标权重大小排序为：受教育程度（0.023）权重值最高，创业意愿（0.012）次之，后面是年龄（0.005）和性别（0.003），由此可见，受教育程度是农民自身特征中对创业问题影响最大的因素。

人力资本禀赋的细则层指标权重排序为：个人创业资源条件（0.069）权重值最高，创业机会识别与利用能力（0.053）次之，接着是创业技能或特长（0.039），随后是创业风险承担能力（0.023）、社会关系网络（0.013）、外出务工经验（0.007）及社交能力（0.004），这说明个人创业资源条件是农民创业的基础，个人创业资源条件越好对农民创业的贡献越大。创业机会识别与利用能力是农民对机遇识别的灵敏度和创业能力的体现，对农民创业的贡献值影响次之。

创业环境的细则层指标权重大小排序为：金融服务环境（0.251）权重值最高，政策支持（0.163）次之，随后是社会市场经济环境（0.107）、创业技能培训（0.068）及创业氛围（0.032），这说明金融服务环境是创业环境细则层中影响最大的指标。

社会及自然环境的细则层指标权重大小排序为：基础设施条件（0.032）高于自然资源条件（0.097），这说明基础设施条件对农民创业问题贡献较大。

第二节　农民旅游创业脱贫共富的 RPM 创业理论模型分析

以农民为核心的 RPM 创业模型是本课题针对欠发达地区乡村旅游扶贫设计的农民创业模型，即以资源（Resources，R）为基础，农民（Peasants，P）为核心，市场（Market，M）为导向的一种创业模型。农民旅游创业脱贫共富创业模型示意图如图 5-4 所示。

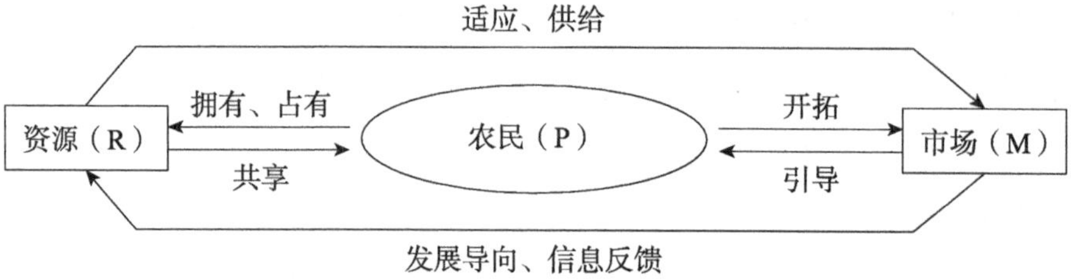

图 5-4 农民旅游创业脱贫共富创业模型示意图

RPM 创业模型由三个关键要素构成，资源、农民与市场，三个要素共同强调了市场的反馈机制和导向机制，并强调了农民合法拥有资源的重要性。资源和市场是农民创业脱贫的基础，也是乡村旅游开发的基础，但有了资源不等同于就可以脱贫致富，资源需要与市场相适配，通过市场反馈机制引导农民利用自身的资源优势开发出适销对路的旅游产品，只有这样，才能提升创业成功率。

一、资源（Resources）是创业基础

从经济学角度来看，资源是人类为创造社会财富，而在生产、生活和其他社会活动中直接或间接加以利用的各种投入要素的总称①。丹增认为，"人类发展过程中所创造的一切含有文化意味的文明成果，以及承载着一定文化意义的活动、物件、事件以及一些名人、名城等，都可以认为是某种形式的文化资源"②。资源是农民创业的基础，也是农民创业的源泉和动力，农民创业的资源包括三大模块：生态景观资源、文化资源和社会资源。

（一）生态景观资源

生态景观资源是老天赐给的，或者说是自然界馈赠的。农民利用土地、林地等自然资源发展起来的农业生态景观、林业生态景观等既是农民赖以生存的物质基础，也是农民旅游创业所需要的重要景观资源。但并非所有的生态景观资源都具有旅游开发价值，只有具有一定的景观质量和吸引力的生态景观资源才能开发

① 陈伟，毕勇 . 企业人力资本的形成与特征探析 [J]. 社会经济研究，2006（12）：103.

② 丹增 . 文化产业发展论 [M]. 北京：人民出版社，2005.

成为乡村旅游产品。

左右江革命老区生态景观资源丰富，农民创业可充分利用这些天景、地景、水景、生态景等来开发乡村旅游。尤其是具有观光价值的喀斯特地形地貌、高山丘陵地貌和河谷平原，这些独特的生态景观成为左右江革命老区农民创业的原始资本。

调查发现，左右江革命老区生态景观资源具备了当前旅游市场所需要的养生资源：优质的空气、天然的弱碱性水及各种养生食材。

天景：空气好，负氧离子高，气候景观多样，看星星看月亮都是一种享受，日出日落、云雾冰雪都可以成为景观。

地景：喀斯特景观是左右江革命老区最具特色的地文景观，当地还拥有各类花岗岩、丘陵山地、丹霞地貌（南丹县）等，地景与田园、村寨构成了一幅人间仙境、世外桃源、诗境家园的美好画卷。

水景：左右江革命老区水资源丰富，以富含弱碱性天然水体为特色，例如，巴马依托水资源开发的长寿养生乡村旅游，成为世界有名的长寿养生胜地。喀斯特地下河、红水河、左右江、湖泊、水库、瀑布等都成为左右江革命老区具有很高开发价值的资源。例如，大新县的德天瀑布开发，带动了当地 217 户农户旅游创业，其中农民创业的有 28 人，他们通过在景区内及景区入口沿线出售工艺品和农副产品、开发农家乐和果园观光采摘等方式进行创业脱贫。

生态景：左右江革命老区的生物景观尤其丰富，涵盖了乡村生态景观、乡村农业景观、独特的山地林业景观等，尤其是其拥有的茶景观、特色农业景观、民族中草药景观已成为农民创业的优质资源。例如，罗甸县就是依托农民连片种植的油菜花而打造成为全国著名的乡村旅游目的地，带动了大量的农民创业就业。此外，国家森林公园、自然保护区、风景名胜区等都是很好的资源。

一片茶叶、一棵树、一朵花、一个水果、一根草（中草药）都可以成为农民创业的资源。乡村旅游富民中，农民创业可充分挖掘本地特色的生态景观，以市场为导向进行乡村旅游产品开发，实现脱贫致富。

（二）文化资源

文化资源是农民创业的重要资源，也是农民最能够直接开发的资源。左右江革命老区是少数民族聚居区域，民族文化灿烂丰厚，原生态特色鲜明。侗族大歌、苗族节庆、瑶族歌舞、壮族山歌、侗族鼓楼等，这些都是农民拥有的资源，在符合相关规定的前提下，可进行低成本开发。根据左右江革命老区的文化特征和丰厚程度，农民所掌握和拥有的资源可分成三个层次：静态文化层、动态文化层和抽象文化层。每个文化层对应不同的审美层次、行为层次和产品类别（图 5–5）。

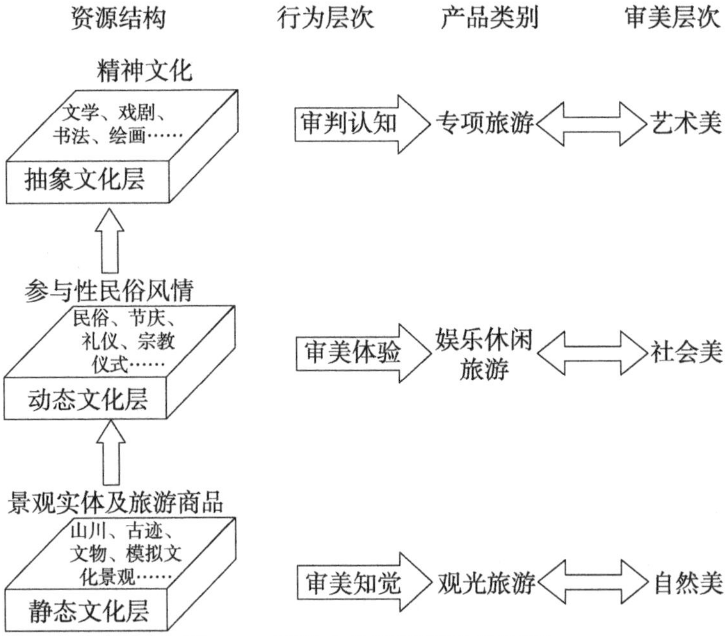

图 5–5　民族文化资源系统结构图

1. 静态文化层

静态文化层资源属于实体民族文化，处于民族文化资源系统结构的最基础层，主题旅游资源以文化景观资源和民族旅游商品资源为主，开发的产品主要是观光旅游产品，在旅游审美中处于感知阶段，能满足游客对形态美、色彩美、结构美、清香之美等自然美的审美需求。

2. 动态文化层

民族文化资源系统结构的中间层（核心层）资源是参与性很强的民俗风情，也就是动态文化或活文化，具有深厚社会氛围的民族文化，它是民族文化主题旅游在激烈的旅游市场竞争中的优势所在，这种资源具有鲜明的民族性、地域性及强烈的文化感染力。

3. 抽象文化层

抽象文化层属于精神文化，位于民族文化资源系统结构的最高层。它是民族文化差异的核心，是构成专项主题旅游产品的素材。抽象文化层面往往需要游客去解读、品味其艺术魅力，是和旅游者心智的交互，需要旅游者具备较高的文化素养及一定的审美经验、审美态度。

（三）社会资源

创业作为一种社会行为，涉及多方面的社会资源，归结起来主要有社会资本和社会网络。

1. 社会资本

社会资本是指人与人之间的关系。与其他资本形式不同，社会资本存在于人际关系之中，不依附于独立的个人，也不一定存在于生产过程之中，但是它又是个人生存乃至发展必不可少的资源。社会资本理论认为，创业者的社会资本是获取创业资源的重要渠道。研究发现，在创业初始阶段，经营绩效、成长规模等，往往受创业者个人社会资源的调动和整合能力影响，即创业者社会资本水平越高，新创企业的经营绩效越好，竞争力也越强[①]。对于从事农业生产、务工等行业来说，乡村旅游创业完全是一个陌生的行业，创业需要涉及政府、亲朋好友、不同的组织机构。因此，农民创业既需要掌握一定的社会资本，也需要具备获取更多社会资本的能力。

2. 社会网络

作为一种社会行为，创业活动与创业者所嵌入的社会结构是紧密联系的，而人际关系建构的社会网络就是一种重要的社会结构[②]。社会网络的概念最早是由英国人类学家 R 布朗在对结构的关注中提炼出来的。较为成熟的社会网络定义则是 Wellman 提出的：社会网络是由某些个体间的社会关系构成的相对稳定

① 红梅．社会资本视角下农民创业绩效影响因素及其性别差异——以辽宁 125 家农户调查数据为例 [J]. 党政干部学刊，2015（10）：56.

② Granovetter M. Elonomic action and social structure：The problem of embededness[J]. American Journal of Sociology，1985，91（3）：481-510.

的系统[①]。随着社会网络应用范围的不断拓展，它已经超越了人际关系的范畴，网络的行动者既可以是人，也可以是集合单位，如家庭、组织。社会网络理论有两大分析要素：关系要素和结构要素。社会网络对于创业者来说起到非常关键的作用。乡村旅游富民中嵌入了不同的相关利益者，政府、企业、社会组织、非营利组织、农民等构成了乡村旅游开发的社会网络结构，他们既是利益共同体，也是相对独立的个体，个体间处于动态平衡时，社会网络结构才处于稳定状态。作为乡村旅游开发社会网络结构中的一员，农民在开发农业观光、购物、农家乐、客栈等乡村旅游项目时，需融入社会网络，获取相应资源，以提高创业成功率。

（四）资源与农民企业的关系分析

优质且具有开发价值的资源对农民创业成功起到至关重要的作用，但并非农民拥有的资源都能成为创业资源，资源与农民创业之间存在占有、依托、租赁等三种关系，不同的资源关系对农民创业所起的绩效作用是不同的。

第一种，农民占有资源（图 5-6）。在乡村旅游开发中占有一定的土地、生态、文化甚至社会资源（如在社会关系网络中有广泛人脉资源）的农民，拥有对资源的支配、处置、决策等权利，在创业过程中其投资成本会大大降低，创业的风险也会大幅度降低。这类农民可以利用自身拥有的资源开发乡村旅游，创业的模式也可以是多元的，既可以独资经营，也可以通过出让资源或资源入股等方式进行开发。

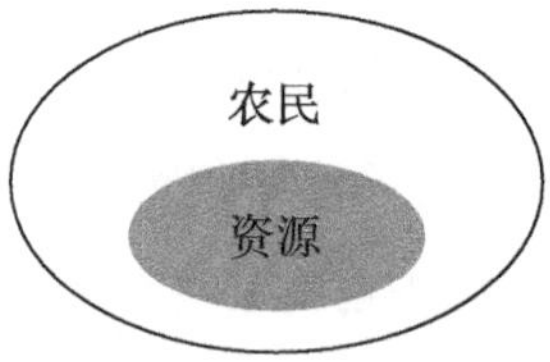

图 5-6　农民与资源占有关系图

① Rainie L, Wellman B. Networked：The New Social Operating System[M]. London：The MIT Press, 2012.

第二种，农民依托资源（图 5–7）。也就是说农民虽拥有一定资源，但这些资源自身是不能由农民单独决策的（如村集体资源、公共资源），或者农民自身的资源难以作为创业的资本（资源规模小或不在旅游开发范围内），只有将自己依托或依附到其他的资源当中去，才能实现创业的目的。在这种状态下，乡村旅游可以通过合理的分工，将开发所需要的原材料（食材、旅游商品等）分配给农民，让农民利用所拥有的资源参与到旅游开发的创业中去，实现通过为旅游开发提供原材料等间接形式的创业，也可以让他们将自己的资源以租赁、承包等方式给到第三方开发，并到第三方开发公司就业，获取租金、薪金、股金等财产性收入来源，实现脱贫致富。

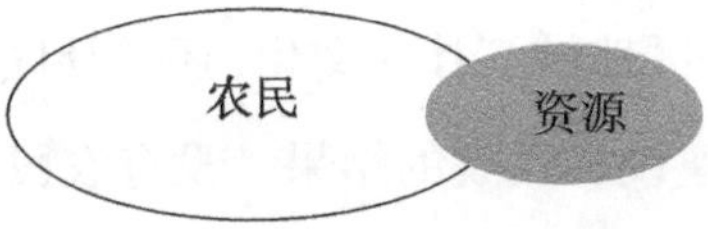

图 5–7　农民与资源依托关系图

第三种，农民没有资源，需要租赁（图 5–8）。对于失地贫困或因人多地少而贫困的农民来说，如果他们拥有一定的社会资源和掌握一项技能、技艺，可以通过租赁别人的场地、资源等进行创业，如开办农家乐、商店、游乐园、餐饮场所、瓜果采摘园、作坊等。

图 5–8　农民与资源租赁关系图

二、农民（Peasants）是创业核心

乡村旅游在转移农村剩余劳动力方面发挥了重要作用，是效果较好、成本较低、返贫率较低、受益面较宽、拉动性较强的行业之一[①]，农民能够获得新

① 赵波．四川民族地区乡村旅游发展的战略转型与升级 [J]. 四川理工学院学报（社会科学版），2011，26（4）：78–82.

技能、获得实惠多、实现自我能力提升。农民创业还在很大程度上缓解了城镇就业压力，改变了农民传统的观念、思想和生活方式，是实现乡村振兴、解决“三农”问题、“三留”问题、“乡村传统文化发展”问题的重要力量。

（一）农民身份识别

农民在乡村旅游创业中至少拥有3种角色，即地方主人、旅游资源与人力资源[①]。

首先，乡村旅游项目中农民是创业的主人、民族村寨的主人、乡村旅游创业的最终受益人，在乡村旅游开发中是经营管理者和利益拥有者。他们拥有对乡村旅游创业所有财富的占有权、支配权和管理权。在左右江革命老区乡村旅游扶贫项目内，无论是社区地域、社区文化，还是社区环境和社区结构，都是当地农民世世代代开发、建设和发展的结果。没有农民对社区的建设，也就不会有优美迷人且具独特文化的旅游社区。

其次，在乡村旅游项目中农民本身就是一种具有较强吸引力的旅游资源，其资源价值应纳入旅游资源价值体系，使其成为一种有价资本，成为旅游创业中旅游产品开发的对象。农民是民族民俗文化的载体，其言行、装束、习俗、信仰等都承载着深厚的民俗文化，对游客有着很强的吸引力。

再次，农民也是人力资源。在乡村旅游开发中，农民自身既是创业者也是劳动者，具有多重角色。他们从事民俗歌舞表演、民俗事项展示，为游客提供餐饮、住宿及民俗旅游商品加工等服务，是乡村旅游产品真实性的直接体现[②]。

（二）农民创业群体分析

1. 乡村旅游间歇性（特征）创业群体

乡村旅游受气候、农业生产等因素影响，往往具有季节性、间歇性等特点，尤其是以农业景观、生态景观为主体开发的乡村旅游产品，季节性或间歇性更

① 吴忠军，张瑾．民族旅游开发中东道主间关系的人类学研究 [J]. 贵州民族研究，2008，28（6）：62-69.

② 卢彦红．民族村寨旅游开发社区居民满意度战略研究 [D]. 桂林：桂林理工大学，2010.

为明显。以下，主要就季节性、临时性、兼职性和其他间歇性乡村旅游创业构成进行分析。

（1）季节性乡村旅游创业群体构成

林业、渔业、狩猎等旅游资源具有季节性，农民创业集中在特定的季节。季节性创业一般劳动强度大，招工困难、运营成本高。季节性创业与旅游淡旺季同频，容易造成设施的闲置，再次使用的时候还得花相应的成本去维修或维护。由于大多数乡村旅游项目有明显的淡旺季之分，所以其对劳动力的需求有较强的季节性。因此，农民创业需要考虑人工成本问题，正因为如此，大多数的季节性旅游创业为家庭式、家族式的创业，在一定程度上影响了农民创业规模的扩展。

（2）临时性乡村旅游创业群体构成

临时性旅游创业者是根据市场发展需要，以自己的一技之长为满足旅游短暂性需求，提供短时服务的经营者。这种类型主要包括：司机；在早市时段、夜市时段和旅游区内临时性的摆摊者；旅游设施的维修者；自由流动的小商贩；农民导游等。

（3）兼职性乡村旅游创业群体构成

乡村旅游的讲解员、向导，以及小卖部、客栈和瓜果园经营者等多以兼职形式存在。多数农民在乡村旅游开发公司上班，下班之余会利用空档时间兼职做点小买卖和小生意，补贴日常支出。

（4）其他间歇性乡村旅游创业群体构成

除了上述三种旅游创业形式外，还有木工、泥水工，以及季节性农用物资（食材）供应者等。

2. 社会再就业群体

（1）富余人员旅游创业

乡村富余人员，主要指具有正常劳动能力的人员在完成农业生产之外，还有很多空闲时间从事旅游业的人。在这些时间里，他们希望能够有就业机会，增加收入，改变自身的生活生存环境。随着国家加大对左右江革命老区的投资，许多村寨开始走上旅游发展的道路，这就为这些乡村富余人员提供了创业就业机会。

（2）返乡农民工旅游创业

返乡农民工由于具有一定的社会阅历、知识经验，所以成了乡村旅游发展中农民创业较大的群体。同时，各级政府加大了对返乡农民工回乡创业就业的扶持，出台了诸多政策，诸如建立乡村创客基地、评选中国乡村旅游致富带头人等。

（3）失地农民旅游创业

由于各种原因失地的农民也属于再就业群体，这一群体可能有一定的资金积累（土地补偿款），也可能有一定的技术。他们通过发展旅游来创业。

3. 乡村旅游农民创业特殊群体

我国乡村旅游行业的岗位门类较多，对不同层次的劳动力都有需求，能够有效提供多样化的就业机会。

（1）残疾人乡村旅游创业

让具备劳动能力的残疾人参与乡村旅游创业实现就业，是提升残疾人“自尊、自信、自强、自立”精神的需要，体现了尊严式、平等式的旅游发展模式。在乡村旅游开发中，一些如蜡染、纺织品、手工艺品店和小卖部等，均适合残疾人创业。

（2）妇女乡村旅游创业

妇女在乡村旅游创业中具有天然的优势：细致、耐心，且在农业生产等方面积累了丰富经验。实践发现，左右江革命老区乡村旅游中超过60%的旅游开发工作是由妇女完成的，尤其是餐饮业、住宿业、文化表演、农事活动等领域。妇女的乡村旅游创业不仅使其获得了经济上的独立，更能提升其在社会、家庭中的地位，使其拥有更多尊严和平等，更为重要的是，妇女乡村旅游创业要比男性乡村旅游创业更容易成功。在左右江革命老区乡村旅游中，很多村寨获得了巾帼乡村旅游创业基地、三八妇女旅游创业基地等称号，这些基地都是由妇女创业进而吸引来更多的妇女就业，并因发展效果显著而被政府或社会团队授予相应的荣誉。

（3）其他特殊人群旅游就业

在乡村旅游项目中，课题组还发现了由留守老人、大龄单身人员、距离旅游开发相对较远的山区人员等构成的一类人群，他们具有劳动能力，也有一定的技能和土地等资源。对于前两类人员，当地政府可以引导他们开展低技术、低投资、低风险的旅游项目，如种植、养殖、编织、文化表演、手工艺品制作、开传统作坊（酒作坊、榨油等）。而对于与旅游区有一定距离的人员，可通过合理的分工间接带动其创业，例如，将餐馆所需要的食材交给这些人员以订单式种植或养殖，并回购他们所制作的旅游商品等。

三、市场（Market）是创业导向

乡村旅游中农民创业项目的开发需要围绕市场需求来展开，以市场为导向引导农民创业，避免农民因市场信息的不对称而创业失败。旅游市场犹如乡村旅游开发的晴雨表和风向标，是农民创业的行动指南。旅游市场往往具有三个层次。

第一个层次是以市场为导向。市场需要什么，就引导农民开发经营什么，这一层次的优势在于营销成本低，但也容易被模仿，竞争激烈，如各地开发的花海观光项目、农家乐等。

第二个层次是引领市场消费。这一层次通过开发新的旅游产品引领游客消费，其优势在于容易成功、利润高，能在一定时间内占据竞争优势，但也存在营销成本高、前期研发成本高等弱势，如开发乡村休闲养生项目、民宿等。

第三个层次是创造市场。开发极具市场震撼力的旅游项目，创造全新市场领域并占领市场，一旦成功，便可能成为这个行业的引领者与行业规则制定者，利润丰厚，会在很长时间里占据竞争优势，但也存在前期投资大、风险高、营销成本高等弱势，如高端乡村民宿、高端乡村康养等。

（一）旅游市场前景分析

乡村旅游是现代社会发展的产物。现代城市生活紧张、节奏快，竞争激烈，城市居民精神压力大，迫切需要释放和放松的机会和场所。而乡村旅游所体现的平静的田园生活、悠闲的农耕文化对城市居民有着强烈的吸引力，是其释放

压力的好去处。随着城市规模的日渐扩大，我国乡村旅游正迎来良好的发展契机，前景广阔。

（二）专项旅游市场消费行为分析

左右江革命老区核心市场类型是康养、生态、休闲体育运动。

1. 康养旅游市场需求分析

从全球旅游经济发展的趋势及我国相关调查数据来看，康体养生产品大众化成为主流趋势，消费动机从目前单一的保健逐步过渡到多元的康体、养生。“延年益寿”的消费需求在产品多元化、多选择性的情况下得到满足。

左右江革命老区生态环境良好，森林覆盖率达到 60% 以上，是我国乃至世界长寿老人最多的地方，以巴马、东兰、凤山、荔波、从江等为代表的长寿养生旅游目的地深受游客喜爱。

2. 生态旅游市场需求分析

生态旅游是以生态资源为基础，倡导绿色消费，游客崇尚自然、追求返璞归真的一种旅游方式，受到游客的青睐。

左右江革命老区拥有丰富的森林生态资源，动植物资源丰富，空气中负氧离子含量高；其生态农业资源丰富、食材多样，是南菜北运的主要基地；水生态资源丰富，是我国西电东送的基地；民族生态医药如铁皮石斛、土党参、黄精等中药材丰富，孕育了瑶医瑶药、壮医壮药等民族生态养生医药；喀斯特山水田园生态独具特色；原生态民族村寨别具一格。

3. 休闲体育运动市场需求分析

左右江革命老区地形地貌多样，民族体育类型多，适合开展各种休闲体育运动。各民族的体育项目也颇具特色，对游客有着很强的吸引力。

（三）客源市场细分

按照旅游群体不同，旅游市场大致分以下几类。

①企事业单位市场

旅游需求量大、消费总金额高。

旅游时间有一定的规律性，可预见性强。

旅游购买决策过程所需信息多，决策时间长。

停留时间较长，多住中高档宾馆，消费最高。

②教师市场

出游时间集中，出游方式多样。教师一般集中在寒暑假出游，游览时间长，可支配时间较多，出游方式多样。

③各类学生市场

时间充裕，寒暑假、黄金周及周末是其出行高峰期。

景点选择偏向于文化、自然与生态型景区，喜爱游山玩水。

追求时尚新鲜的事物，爱冒险刺激。

以自由组合的自行出游方式为主，与同学一起出行占比较大，还有一部分选择独自出行。

对住宿要求不高，当地居民家中或青年旅舍为首选。

将旅游市场按照旅游目的和活动性质不同，大致分为以下几类。

①观光游览旅游市场

一般而言，观光游客主要是想通过旅游达到获取新的知识、开阔眼界、陶冶情操的目的。他们停留时间不长，回头率低，甚至很多为一日游游客。左右江革命老区的名气、广告宣传等对观光游客的旅游动机影响很大。

②奖励旅游市场

奖励旅游市场对于左右江革命老区来说也是非常重要的客源细分市场，左右江革命老区所在的广西、贵州、云南具有良好的休闲度假资源，对于发展奖励旅游具有重要的吸引力。

③探亲访友旅游市场

从旅游方式和组织程度来看，该市场一般不经由旅行社组织，而是采取家庭式自助出游的方式，外出游憩时多与家人朋友一起，利用节假日和周末等闲暇时间共享天伦之乐或和知心好友相聚。鉴于吸引探亲访友游客前来旅游的因素主要是亲情和友情，所以旅游吸引物对丰富该市场旅游活动、延长停留时间、提高消费水平具有举足轻重的作用。此外，由于探亲访友游客在食宿方面多由其亲友提供，所以消费活动多集中在购物方面。

④研学旅游市场

研学旅游以各类专业课外知识为基础，以面向大众游客、中小学生传播科普知识、文化知识、技能理念，提供情操陶冶、自然教育、劳动体验等机会为主要消费特征。近年来，随着研学旅游成为中小学生的综合必修课，研学旅游市场得到了快速发展。左右江革命老区具有丰厚的特色民族文化、优质的生态资源、多样的地形地貌及丰富的乡村资源，是开展研学旅游和劳动体验课程的资源宝库，研学旅游市场发展前景广阔。

第三节　农民旅游创业脱贫共富的优选方案研究

一、研究方法

（一）熵权法的基本原理

熵权法是一种客观赋权方法，其原理是根据各评价指标数值的变异程度所反映的信息量大小来确定权数。在信息论中，信息熵是系统的无序程度或不确定性的度量，信息是系统有序程度的度量，二者绝对值相等，但符号相反。信息熵的减少意味着信息的增加。也就是说，某项指标的指标值变异程度越大，指标所包含的信息量就越大，信息熵越小，该指标在综合评价中所起的作用越大，权重也越大；反之，某项指标的指标值变异程度越小，指标所包含的信息量就越小，信息熵越大，从而该指标在综合评价中所起的作用越小，权重也越小。所以在具体的评价分析过程中，分析人员可以根据各项指标的指标值变异程度，利用信息熵计算出各指标权重，再对所有指标进行加权，从而得出较为客观的综合评价结果[①]。

对一个评价问题，设有 m 个被评价对象，n 个评价指标，用熵权法确定指标权重的具体步骤如下。

第一步，评价指标的无量纲化处理。设第 i 个被评价对象的第 j 项指标值记为 $X_{ij}(i=1,2,\cdots,m;j=1,2,\cdots,n)$，则原始数据就形成一个 m 行 n 列的矩阵 $A=(X_{ij})\,m\times n$，一般称为决策矩阵。决策矩阵 A 的第 i 行是第 i 项被评价对象的指标值向量，记为：$X_i=(X_{i1},X_{i2},\cdots,X_{in})$，（$i$=1,2,⋯,$m$）。考虑到被评价对象的不同指标往往具有不同的量纲和量纲单位，为了消除由此产生的指标的不可公度性，运用功效系数变换法，对评价指标值进行无量纲化处理。其具体做法如下：

对于正指标（指标值越大越好），令：

$$Y_{ij}=(1-\alpha)+\alpha x(X_{ij}-X_{\min(j)})/(X_{\max(j)}) \tag{5-6}$$

对于逆指标（指标值越小越好），令：

$$Y_{ij}=(1-\alpha)+\alpha x(X_{\max(j)}-X_{ij})/(X_{\max(j)}) \tag{5-7}$$

式中：$X_{\max(j)}=\max\left\{X_{ij}\right\},X_{\min(j)}=\min\left\{X_{ij}\right\}$；$0<\alpha<1$，一般可取 $\alpha=0\cdots9$。经过上述变换后得到Y_{ij}是原始数据X_{ij}的无量纲化，它们被压缩在$[1-\alpha,1]$区间内。而且经过上述处理后评价指标还实现了同向化，即无论X_{ij}是正指标值还是逆指标值，Y_{ij}总是越大越好。所有的Y_{ij}形成一个规范化决策矩阵 $B=(Y_{ij})\,m\times n$，其中第 i 行是第 i 项被评价对象的指标值向量，记为$Y_i=(Y_{i1},Y_{i2},\cdots,Y_{in})$，（$i$=1,2,⋯,$m$）。

第二步，对经过无量纲化处理的各指标数据做比重化变换。

$$P_{ij}=y_{ij}\Big/\sum_{i=1}^{m}y_{ij}\,(i=1,2,\cdots,m;j=1,2,\cdots,n) \tag{5-8}$$

第三步，计算指标的熵值：

① 舒波，郝美梅．基于熵权法 TOPSIS 法的旅游上市公司绩效评价 [J]. 北京第二外国语学院学报，2009（9）：46-50.

$$e_j = -k\sum_{k=1} P_{ij}\ln P_{ij}\text{（其中 }k=1/\ln m\text{；}j=1,2,\cdots,n\text{）} \tag{5-9}$$

第四步，计算指标差异系数：

$$h_j = 1 - e_j\ (j=1,2,\cdots,n) \tag{5-10}$$

对于给定的j，若Y_{ij}的差异性越小，则e_j越大，h_j越小，表明第j个指标在综合评价中所起的作用越小；若Y_{ij}全部相等，则$e_j = e_{max} = 1, h_j = 0$，表明第$j$个指标在综合评价中毫无作用；若$Y_{ij}$的差异性越大，则$e_j$越小，$h_j$越大，表明第$j$个指标在综合评价中所起的作用越大。

第五步，对h_j作归一化处理，作为各指标的权数

$$W_j = h_j \Big/ \sum_{j=1}^{n} h_j (j=1,2,\cdots,n) \tag{5-11}$$

（二）TOPSIS 法的原理

TOPSIS 法，全称为逼近于理想解的排序方法（Technique for Order Preference by Similarity to Ideal Solution），有时也简称为理想解法。运用 TOPSIS 法对被评价对象指标进行综合评价，其原理就是通过测度被评价对象的指标评价值向量与综合评价问题的理想解和负理想解的相对距离来进行排序。所谓理想解是一个理想的最优解，其各个指标值都达到综合评价问题中各指标的最优值，故也称为最优解；而所谓负理想解是另一设想的最劣解，其各个指标值都达到综合评价问题中各指标的最差值，故称为最劣解。虽然被评价对象的指标评价值向量的集合中一般并没有这种最优解和最劣解，但是当把每个被评价对象的指标评价值向量与最优解、最劣解作比较，考察它们与最优解、最劣解的距离，若某被评价对象的指标评价值向量最接近于最优解同时又最远离最劣解，则该被评价对象被评价为最佳；反之，则被评价为最差。用这种方法可以对各被评价对象进行排序。所以，TOPSIS 法也可以称为优劣解距离法。运用 TOPSIS 法综合评价被评价对象各指标的具体步骤如下。

第一步，由规范化决策矩阵$B = (Y_{ij})m \times n$和权重向量 $W = (w_1, w_2, \cdots w_n)$，构成

加权的规范化决策矩阵：

$$R=(r_{ij})m\times n=(w_j y_{ij})m\times n \quad (5-12)$$

第二步，确定最优解和最劣解，分别构成最优解向量 S^+ 和最劣解向量 S^-。

$$S^+=\{r_j^+\}(j=1,2,\cdots,n) \quad (5-13)$$

$$S^-=\{r_j^-\}(j=1,2,\cdots,n) \quad (5-14)$$

其中，$r_j^+=\max(r_{1j},r_{2j},\cdots,r_{mj})(j=1,2,\cdots,n)$；$r_j^-=\min(r_{1j},\ r_{2j},\cdots,r_{mj})(j=1,2,\cdots,n)$。

第三步，采用欧几里得距离公式，分别计算各被评价对象的指标评价值向量到最优解S^+的距离d_i^+和到最劣解S^-的距离d_i^-：

$$d_i^+=\sqrt{\sum_{j=1}^{n}(r_{ij}-r_j^+)(i=1,2,\cdots,m)} \quad (5-15)$$

$$d_i^-=\sqrt{\sum_{j=1}^{n}(r_{ij}-r_j^-)(i=1,2,\cdots,m)} \quad (5-16)$$

第四步，计算各被评价对象指标评价值向量与理想解的距离作为被评价对象的综合评价值：

$$C_i=100\times d_i^-/(d_i^++d_i^-)(i=1,2,\cdots,m) \quad (5-17)$$

第五步，对被评价对象进行综合排序。根据综合评价值C_i的大小对被评价对象进行排序，C_i值越大，表明对被评价对象的综合评价越好。①

二、样本选择与数据来源

（一）样本数据

本研究样本主要是根据 2015 年颁布的《左右江革命老区振兴规划（2015—

① 舒波，郝美梅．基于熵权法 TOPSIS 法的旅游上市公司绩效评价 [J]. 北京第二外国语学院学报，2009，（9）46-50.

2025 年）》中指定对象市县确定的。因此，研究对象主要是左右江革命老区 29 个具有代表性的县。[①]

为了保证研究的科学性和可靠性，本书对有效问卷进行了信度和效度分析。居民满意度的信度系数为 0.922，KMO 值为 0.899，位于 0.8～0.9，说明基于该问卷调查的数据信效度好，具有可靠性和稳定性。因此，问卷设计符合信度和效度要求。

（二）调查时间、地点与方法

课题组成员结合承担的乡村旅游规划课题，2016 至 2018 年，先后在贵州黔南榕江县、从江县、独山县和广西巴马县、靖西市、东兰县对乡村旅游地进行了调查研究。

课题组采取入户面对面发放问卷方式进行调查，共发放问卷 320 份，回收 308 份，有效问卷 298 份，问卷有效率为 96.75%。调查的对象包括社区干部、群众及旅游开发企业员工、负责人等。课题组在发放问卷的同时，随机采访了部分受调查对象。问卷回收当日，在问卷上编写好序号和调查时间、地点和访谈对象等基本身份信息。

最后，采用数理统计学的方法，运用统计软件对问卷进行统计，得出了相关数据。

（三）指标体系的建立

指标体系采用社会学的“满意度”对旅游扶贫绩效进行测评，重点从“民主决策、经济、生态、文化、社会”5 个层次构建子系统，采用 36 项指标体系作为综合评价指标体系，其中，X_1～X_6 作为民主决策扶贫影响指标，X_7～X_{15} 作为经济扶贫测评指标，X_{16}～X_{21} 作为生态环境扶贫影响测评指标，X_{22}～X_{28} 作为文化扶贫效益测评指标，X_{29}～X_{36} 作为社会扶贫效益测评指标，测评统计结果见表 5-5。

---

① 它们分别为：从江县、马山县、隆安县、独山县、罗甸县、榕江县、罗城县、丘北县、黎平县、田阳县、德保县、靖西市、那坡县、凌云县、乐业县、田林县、隆林各族自治县、西林县、环江毛南族自治县、东兰县、巴马瑶族自治县、凤山县、都安瑶族自治县、大化瑶族自治县、荔波县、大新县、天等县、宁明县、龙州县。重要数据来源于这些县的年度政府工作报告和广西、贵州、云南的《统计年鉴》（2013 至 2018 年）。

表 5–5　农民旅游创业脱贫共富“满意度”测评统计结果

子系统	评价指标	很满意 /%	满意 /%	一般 /%	不满意 /%	很不满意 /%	客观权重
民主决策	村民参与旅游开发决策讨论 X_1	7.22	18.85	53.97	13.68	6.28	0.0142
	村民对政府指导旅游开发态度 X_2	5.18	25.88	50.09	13.67	5.18	0.0021
	村民成立旅游合作社或管理机构 X_3	6.28	21.63	54.53	12.20	5.36	0.0322
	旅游开发后干群关系 X_4	5.36	17.38	53.42	16.45	7.39	0.0025
	旅游开发后对干部作为态度 X_5	6.28	12.38	55.64	17.01	8.69	0.0125
	旅游开发后对村干部选举过程与结果看法 X_6	5.36	13.86	57.86	17.01	5.91	0.0210
经济	经济收入 X_7	2.60	19.59	41.77	25.69	10.35	0.1211
	生活物价 X_8	1.49	14.05	47.50	30.31	6.65	0.0032
	自己投资开发 X_9	3.33	10.54	65.62	15.34	5.17	0.0112
	外来投资商开发 X_{10}	4.08	10.35	58.96	19.59	7.02	0.1201
	景区投资商 X_{11}	3.66	10.76	67.65	14.23	3.70	0.0032
	村中经济富裕能人代表 X_{12}	2.59	9.80	68.94	13.31	5.36	0.0179
	土地出租、出售 X_{13}	2.96	11.83	66.36	15.90	2.95	0.0317
	旅游造成的贫富差距 X_{14}	1.29	8.51	68.21	18.11	3.88	0.0308
	开发旅游后出现经济纠纷的处理 X_{15}	2.77	12.01	64.51	15.53	5.18	0.0216
生态	生态环境变化 X_{16}	7.21	53.04	29.21	7.95	2.59	0.0129
	乡村卫生条件 X_{17}	11.46	49.17	27.54	9.06	2.77	0.0113
	生态环境保护 X_{18}	9.61	46.03	33.27	8.50	2.59	0.0216
	排污、垃圾处理 X_{19}	8.13	42.70	32.53	10.91	5.73	0.0114

续表

子系统	评价指标	很满意/%	满意/%	一般/%	不满意/%	很不满意/%	客观权重
生态	生活拥挤程度 X_{20}	5.55	43.25	40.30	8.31	2.59	0.0010
	卫生意识 X_{21}	12.94	34.20	41.59	9.06	2.21	0.0312
文化	传统文化开发 X_{22}	4.81	33.46	52.68	7.02	2.03	0.0089
	传统家庭婚姻 X_{23}	9.43	28.28	57.49	2.77	2.03	0.0412
	陈规陋习改变 X_{24}	11.65	25.32	56.19	3.70	3.14	0.0545
	社会道德改变 X_{25}	12.57	25.69	54.72	4.99	2.03	0.0347
	游客尊重当地民俗风情、习惯 X_{26}	7.76	30.68	53.61	5.18	2.77	0.0543
	文化保护 X_{27}	6.29	29.39	54.71	8.13	1.48	0.0278
	民族文化开发 X_{28}	7.95	27.54	54.90	7.54	2.07	0.0312
社会	游客与居民关系 X_{29}	6.65	39.01	48.98	2.96	2.40	0.0287
	就业创业 X_{30}	4.62	21.26	52.87	14.78	6.47	0.1543
	外来人口与村民关系 X_{31}	6.28	35.31	51.02	5.73	1.66	0.0276
	妇女地位提高 X_{32}	10.72	35.86	49.35	2.96	1.11	0.0876
	旅游开发后邻里关系 X_{33}	9.98	34.75	48.24	3.70	3.33	0.0432
	道路等基础设施改善 X_{34}	16.82	36.60	29.39	9.80	7.39	0.1256
	与外界交往 X_{35}	4.62	21.08	48.24	13.12	12.94	0.1243
	与外来投资商关系 X_{36}	6.10	9.61	52.13	15.90	16.26	0.0582

（四）对评价指标实施无量纲化处理

取$\alpha=0.9$，运用公式（5-6）（5-7）对各评价指标实施无量纲化转换，之后，将各评价指标的实际值X_{ij}转换为指标评价值Y_{ij}。

（五）对评价指标赋予权数

分别运用公式（5-8）（5-9）（5-10）计算各指标评价值的熵值和差异系数，

再由公式（5−11）确定各指标的权数W_j，其中m=16，n=10。

（六）综合评价5大指标体系效益

由公式（5−12）构成加权规范化决策矩阵，再由公式（5−13）和（5−14）分别确定最优解和最劣解。

S^+=（0.103453，0.077594，0.189939，0.124463，0.680551，0.020644，0.105186，0.098159，0.072903，0.068989）

S^-=（0.050134，0.009775，0.0193，0.016442，0.008556，0.006420，0.018151，0.00169，0.009072，0.009698）

根据公式（5−10）（5−11）和（5−12）计算各指标绩效的综合评价值c_i，据此判定各样本（评价方案）的旅游开发效益等级，再根据c_i值大小，对各样本的旅游开发效益水平进行排序，结果如表5−6所示。

表5−6　农民旅游创业TOPSIS评价结果及等级排序

序号	C_i	排序	序号	C_i	排序
X_1	0.5978	14	X_{19}	0.7120	10
X_2	0.1598	33	X_{20}	0.5745	15
X_3	0.2189	29	X_{21}	0.8531	2
X_4	0.2009	30	X_{22}	0.4012	18
X_5	0.2318	28	X_{23}	0.75412	9
X_6	0.2512	27	X_{24}	0.8500	4
X_7	0.1208	36	X_{25}	0.8645	3
X_8	0.1356	35	X_{26}	0.6543	12
X_9	0.2708	24	X_{27}	0.3781	19
X_{10}	0.2567	26	X_{28}	0.6982	11
X_{11}	0.2900	22	X_{29}	0.5120	16
X_{12}	0.3001	20	X_{30}	0.1876	31
X_{13}	0.2823	23	X_{31}	0.4312	17
X_{14}	0.2967	21	X_{32}	0.8128	6

续表

序号	C_i	排序	序号	C_i	排序
X_{15}	0.2678	25	X_{33}	0.8108	7
X_{16}	0.6041	13	X_{34}	0.8765	1
X_{17}	0.8441	5	X_{35}	0.1432	34
X_{18}	0.7620	8	X_{36}	0.1672	32

按照最优解值和最劣解值之间的距离（0～1）进行等级划分，一般可分为5个等级，0～0.16表示很不满意，0.17～0.25表示不满意，0.26～0.29表示一般，0.3～0.69表示满意，0.7～1表示很满意，对旅游开发效益等级判别如表5-7所示。

表5-7　农民旅游创业TOPSIS评价等级判别

序号	等级	排序	序号	等级	排序
X_{34}	很满意	1	X_{27}	满意	19
X_{21}	很满意	2	X_{12}	满意	20
X_{25}	很满意	3	X_{14}	一般	21
X_{24}	很满意	4	X_{11}	一般	22
X_{17}	很满意	5	X_{13}	一般	23
X_{32}	很满意	6	X_{9}	一般	24
X_{33}	很满意	7	X_{15}	一般	25
X_{18}	很满意	8	X_{10}	不满意	26
X_{23}	很满意	9	X_{6}	不满意	27
X_{19}	很满意	10	X_{5}	不满意	28
X_{28}	满意	11	X_{3}	不满意	29
X_{26}	满意	12	X_{4}	不满意	30
X_{16}	满意	13	X_{30}	不满意	31
X_{1}	满意	14	X_{36}	很不满意	32
X_{20}	满意	15	X_{2}	很不满意	33
X_{29}	满意	16	X_{35}	很不满意	34

续表

序号	等级	排序	序号	等级	排序
X_{31}	满意	17	X_8	很不满意	35
X_{22}	满意	18	X_7	很不满意	36

从表 5–5 分析得知，在 5 个测评指标中，农民对“生态环境”和“文化”这两个指标所包含的内容满意度高，对“民主决策”和“社会”这两个指标所包含的内容满意度低，对“经济”这个指标所包含的内容认可度一般。由此反映出，在左右江革命老区实施的乡村旅游项目中，绩效最高的是生态环境及文化效益。这两个指标表明，左右江革命老区乡村旅游开发中十分重视对环境的保护及对陈规陋习的改革，尤其是通过实施社会主义新农村建设与乡村旅游相结合的乡村旅游脱贫模式，使得左右江革命老区少数民族村寨面貌有了很大的改善，但乡村旅游对左右江革命老区的社会效益和经济效益贡献却不够高。这与课题组在广西大新县、靖西市、罗城县、龙州县、田东县、田阳区等区域，以及贵州省从江县等地区对乡村旅游项目实地调查得到的结论基本一致。

从表 5–5 分析得知，乡村旅游开发效益测评中，农民最满意的前五项指标内容分别是：道路等基础设施改善、卫生意识、社会道德改变、陈规陋习改变、乡村卫生条件。最不满意的五项指标内容是与外来投资商关系、村民对政府指导旅游开发、与外界交往、生活物价和经济收入。这反映了乡村旅游开发中道路、给排水、电力等基础设施建设得到了很大的改善，乡风文明建设和环境卫生建设也取得了很大的成效，但乡村旅游开发在经济领域的贡献不是很突出。

乡村旅游会给农民带来直接的、积极的影响，他们最直观最亲身体会到的就是基础设施、环境卫生及传统生活方式的改变。因此，他们对这三方面的满意度是最高的。

在政府主导的旅游项目中，第一项工作就是改善道路交通设施，“要致富，先修路”已成为乡村旅游开发的共识。因此，几乎所有的乡村旅游项目建设的第一项工作就是由政府主导投资建设公路、停车场，并以此为纽带将乡村旅游扶持对象与外界联系，使得原来闭塞的乡村与外面世界实现有效沟通，这不仅为游客提供了可进入性，而且大大方便了农民的出行，使得“养在深闺人未识”的优质旅游资源从此掀开神秘的面纱，许多乡村旅游点由此名扬天下，成为著名的旅游景区、景点，如从江县的岜沙村、靖西市旧州村、巴马县的坡纳长寿村、丘北县的普者黑村等。

以前，许多农村和社区长期存在环境卫生不尽如人意的情况。因此，在政府主导的乡村旅游脱贫中，着重改善村容村貌以及卫生条件也就成了当务之急，几乎所有的乡村旅游脱贫项目都开展了“改厨、改厕、改圈、建排水沟、建自来水”的“三改两建”卫生运动，有些乡村旅游项目还规划了专门的垃圾处理场和禽畜集中圈养场，实行人畜分离，极大地改善了乡村的环境卫生条件。在广西，还实施了“城乡清洁工程”“清洁乡村工程”“人居环境整治工程”“生态乡村工程”等环境卫生改善行动。实施旅游环境卫生革命，不仅提高了农民的环境卫生意识，使乡村环境卫生大为改善，还促进了社会主义新农村改造。例如，从江县的小黄村，由于实施生态旅游扶贫，不仅村中环境卫生状况发生了根本性改变，而且村民的环境卫生意识也得到了极大地提高。

开发乡村旅游也使得社会道德风尚和陈规陋习发生了很大的改变，通过参与乡村旅游项目，农民与外界有了更多的信息交流，现代商业道德风尚和社会风尚也深刻地影响着乡村居民的生活风貌。

旅游开发在带来积极影响的同时，也带来了一些负面影响，如生态系统的破坏、交通拥堵、当地居民与投资商的关系紧张、生活物价上涨等。

三、TOPSIS 模型评估结论

（一）以农民创业为主导的乡村旅游开发模式是最优的模式

在乡村旅游开发中，民主决策、经济、生态、文化、社会这 5 个指标都与农民创业密切相关，对其有较大的影响，通过运用 TOPSIS 评估模型对前述 5 个指标的测评，课题组发现以农民创业为主体的乡村旅游开发效益是非常明显的，这得益于旅游提高了农民参与度及自我发展的能力，但这种模式在开发的前期需要以政府为主导，政府在实现社会、生态、文化等效益基础上，再由农民全部或部分接管和开发本村的旅游项目。因此，通过 TOPSIS 评估模型测评，课题组发现在已有的旅游开发方案中，以农民为主导的旅游开发模式是最优的，最不理想的方式是完全由外来企业或投资商主导的旅游开发模式。因此，大力鼓励和扶持农民创业脱贫致富，既是农民的期盼，也是让农民实现有尊严的脱贫的重要途径。

（二）在乡村旅游开发中，政府完善了基础设施，社会效益明显，而经济效益较弱，有赖于激励农民创业提高经济水平

在调查的案例当中，大部分的乡村旅游脱贫项目都是在政府主导下完成的，当然也有少数乡村旅游项目如广西巴马县甲篆镇坡纳村、丘北县普者黑村等是由企业对口帮扶、社区经济精英自筹资金带领村民开发的，往往后两者都能够持续发展。究其深层次原因在于，企业项目都是以市场为导向开发的，注重满足市场需求和经济激励，所以经济效益比较明显。由政府主导的乡村旅游项目，更多考虑的是社会效益和生态效益。因此，在旅游开发过程中，政府往往重视对旅游基础设施、生态保护进行投资开发，最明显的莫过于投资交通道路、广场，建设完善给排水、电力电信及旅游区卫生间、游道等设施。基础设施建设完成后，政府往往开发的是观光旅游产品，而对有无游客，游客从什么地方来，如何吸引游客，开发的旅游产品游客是不是喜欢等市场问题研究得比较少，相关产品开发的也比较少。在国家大力推进生态文明建设的背景下，生态建设也是政府在旅游开发中比较重视的项目。从经济效益角度来说，政府主导下的乡村旅游项目成效较弱，尤其是政府完成基础设施投资和初期的宣传营销工作后，许多项目出现“昙花一现”现象。其根源在于项目前期规划与开发阶段未充分考虑旅游市场需求。因此，政府完成基础设施、生态环境的投资后，激励和扶持农民创业，增强其脱贫的造血功能，是实现持续经济发展的重要举措。

（三）提升农民开拓市场能力是农民创业脱贫急需解决的重大问题

旅游市场是决定农民创业成功与否的决定性因素。受自主发展能力较弱、文化程度低等因素的影响，农民旅游市场开发能力普遍较弱，甚至处于被动依赖状态，仅停留在“等游客”阶段。现代旅游业发展需要研究市场、开发市场，在

政府主导阶段，政府依托强大的宣传能力，能够在短期内将乡村旅游项目推向市场。但当政府退出后，较多的乡村旅游项目主体对旅游市场不熟悉，无法进行持续的宣传营销，这就导致很多乡村旅游项目出现“昙花一现”的现象。因此，扶持和帮助农民提高市场开拓能力、抗市场风险能力是解决其对创业风险担忧的重要切入点。

第六章　共富实践：农民旅游创业脱贫市县实践

第一节　河池农民旅游创业脱贫调查研究

河池市乡村旅游农民创业的基本经验：解决思想观念是基础。以脱贫户现有资源为基础，依据市场发展特色产业。重视地权物权等产权在市场流通中的作用，以企业为主体促进创业就业实施精准脱贫。因地制宜、因时制宜、因物制宜、因人制宜设计适合脱贫户致富的模式。

河池市乡村旅游农民创业调查研究表明：乡村旅游是一种有尊严的、提升自信的、富有活力的致富模式，是造血式脱贫的模式、路径。“授人以渔而非授人以鱼”，积极引导脱贫户创业就业，是实现真脱贫的关键。通过引导、扶持和激励脱贫户自我发展实现脱贫，最大限度激活脱贫户自力更生的能力。

河池市乡村旅游农民创业实践模式调查显示：传统农业产业市场适应性不强，农业生产成本高，受市场价格波动大。乡村旅游是绿色富民的新路径、绿色崛起的新窗口。乡村旅游促进了社会资源和文明成果在城乡之间共享及财富重新分配，激发了农民创业活力，促进了一二三产业融合，不仅使传统的农业价值得到最大化体现，也激发和增强了农民创业脱贫致富的信心和勇气。

河池市乡村旅游农民创业实践：构建以脱贫户为主体，以资源为基础，以市场为导向的富民模型，建立在农民已有技术积累、先前知识经验、社会网络前提之上的乡村旅游富民路径，会产生富民效应的最大公约数和最大辐射力。

一、研究背景与方法

广西河池市是左右江革命老区的核心区域，也是集“老、少、边、山”于一体的少数民族地区，一直是广西乃至全国脱贫攻坚的主战场。由于自然、历史、地理、经济、社会等原因，河池市经济发展与全国全区拉开了较大差距。2016年，河池行政区域面积和人口分别占全国的0.36%和0.31%，经济总量和财政收入占全国的0.094%和0.039%，人均生产总值、人均财政收入分别只有全国平均水平的36.9%、12.8%，城乡居民收入比广西平均水平低1593元（2018年数据）。截至2016年，河池有7个国家扶贫开发工作重点县，2个自治区扶贫开发工作重点县，贫困人口达100.248万人①。

河池市创新实施乡村旅游开发工程，加大对乡村旅游业的培育和扶持力度，着力破除体制机制障碍，推动乡村旅游业转型升级、提质增效，形成了“巴马现象”“南丹模式”“东兰特色”“宜州典范”等乡村旅游基本经验。

课题组以左右江革命老区乡村旅游精准脱贫取得成功的河池市作为典型个案，对河池市乡村旅游案例进行了较为全面系统的调查研究，总结河池市乡村旅游富民的基本经验、存在问题，并提出对策建议。

课题组于2015年12月5日至22日在河池市金城江区东江镇木友村，宜州市祥贝乡古文村、白伟村，河池市罗城县小长安镇罗东村、怀群镇伦洞村，河池市环江县洛阳镇文雅村、洛阳镇永权村，河池市南丹县里湖瑶族乡怀里村、城关镇莲花村、歌娅思谷景区、下水洞湖乡村旅游区，天峨县六排镇令当村，河池市天峨县岜暮乡公昌村等13个乡村进行实地调研。2016年3月8日至21日在东兰县巴畴乡巴英村、长乐镇永模村和板凳村、三石镇板文村，巴马县甲篆镇仁乡村和那社村、甲篆镇坡月村和坡纳村、那桃乡平林村和达西村、燕洞乡交乐村，凤山县乔音乡合运村、乔音乡久隆村、三门海镇坡心村，都安县百旺镇仁合村、大兴镇池花村，大化县大化镇上旗村、大化镇龙马村等18个乡村进行实地考察，并通过与162位代表就发展乡村旅游意愿进行了访谈，同时与14位乡镇干部和31位村干部座谈，了解了当地的旅游资源及旅游发展情况。

数据主要是通过收集河池市旅游发展委员会、河池市各县旅游局、河池市

① 数据来源：课题组根据河池市2016年政府工作报告、2016年7月河池市扶贫简报、《河池市旅游开发扶贫发展规划（2015—2020）》整理而得。

各县扶贫办相关文件，实地走访各村村委会，以及查阅相关文献和数据获得的。本调查数据是在综合统计数据和访谈录音的基础上整理而成的。

二、河池乡村旅游发展的基本经验调查分析

河池市是广西乡村旅游资源富集区，乡村旅游资源丰富、分布广、特色鲜明、品位高、资源组合性好。同时也是广西脱贫攻坚主战场。2009 年河池市委、市政府立足市情，提出了把乡村旅游纳入产业开发工作计划的思路，大力发展乡村旅游，积极探索乡村旅游与旅游富民有机融合的方针，旅游扶贫取得明显成效。据统计，河池市实施乡村旅游直接带动了 7.55 万农民脱贫①。

（一）以“人的素质性脱贫”作为乡村旅游富民的思想理念，从根源上解决脱贫难题

要消除贫困根源就要解决“人的素质性脱贫”问题。大多数脱贫户文化程度不高，78.2% 的人为小学毕业。让他们接受新产业、新业态、新理念，以及动员其自我努力实现脱贫等思想工作难以开展，主要根源在于脱贫户还抱有很强的“等、靠、要”思想，害怕经营失败。针对这一思想现状，2016 年河池市旅游发展委员会组织技能培训活动 20 多次，共 1257 人次参与；组织脱贫户外出观摩 307 人次②。培训和观摩可以解放思想，开阔视野，增长知识技能，提振信心，真正解决富民的思想理念问题。

（二）乡村旅游富民示范工程是实现精准脱贫的重要路径

脱贫户受自身发展能力、资源开发能力、小农思想及前期经验不足等影响，一般对新事物不敢尝试，害怕失败，对于脱贫户来说，一旦创业失败，可能会更加贫困。因此，对于发展乡村旅游富民而言，通过实施示范工程为脱贫户提供可供借鉴的成功经验，是消除脱贫户不敢尝试新事物的心理障碍、帮助其树立信

① 数据来源：课题组根据河池市旅游发展委员会提供的 2009 年至 2016 年年度工作总结整理而得。

② 数据来源：课题组根据河池市 2016 年乡村旅游发展工作总结整理而得。

心，强化引导示范的重要路径。2012 年 7 月，河池市印发《河池市打造乡村旅游“十百千”示范工程促进开发扶贫工作的实施意见》（河办发〔2012〕131 号），启动实施乡村旅游“十百千”工程，通过实施乡村旅游基础设施建设、产业建设、标准化示范建设、商品研发、市场拓展宣传促销、人才培养等 6 项富民示范工程，创新了乡村旅游脱贫方式。

1. 实施乡村旅游基础设施建设工程

乡村旅游基础设施是乡村旅游发展的根基，也是乡村旅游富民的重点公益项目。河池市探索出了“大会战”“小单干”等建设方式，不断完善了乡村旅游项目的内外基础设施，完善了公共服务设施，提升了乡村旅游村寨的人居环境和生活空间，进一步夯实了乡村旅游的发展基础。据统计，2015—2018 年河池市先后共筹资 165 亿元，建设和带动开发了 271 个乡村旅游项目①，为农民带来了 1.13 万个乡村旅游创业机会。

2. 实施乡村旅游产业建设工程

河池市结合生态乡村建设、宜居乡村建设实际，通过“+ 旅游”等路径，依托自身拥有丰厚的乡村旅游资源实施乡村旅游产业建设工程，通过推进旅游业与其他关联产业的深度融合发展，极大丰富了乡村旅游产品，成功开发了巴马长寿养生旅游、环江乡村文化遗产旅游、罗城山水生态观光旅游、南丹民族风情旅游等乡村旅游产业项目，扩大了旅游业态在农村经济发展中的比重，有效增加了农民收入，促进了乡村旅游的持续健康发展。

3. 实施乡村旅游标准化示范建设工程

乡村旅游标准化是确保农民经营管理乡村旅游质量的重要手段，也是促进和考核农民开发乡村旅游质量的依据所在。

4. 实施乡村旅游商品研发工程

为更好引导企业和能工巧匠、民间艺人参与乡村旅游商品的开发，河池市加大了乡村旅游商品研发力度，建立了以丹泉酒、铜鼓等为代表的乡村旅游商品研发基地和乡村旅游创客基地，编制了旅游商品开发规划，通过不断开发养生

① 数据来源：课题组根据《河池市旅游发展“十二五”规划实施总结》和《2016 年旅游工作年度总结》整理而得。

旅游商品、特色农副产品等手段延长了乡村旅游产业链，有效扩大了村民就业，增加了从业人员收入。

5. 实施乡村旅游市场拓展宣传促销工程

酒香也要吆喝，乡村旅游开发成功的三大关键要素是：市场营销、旅游管理和产品研发。其中，市场营销是核心，结合旅游富民示范点的创建工作，河池电视台策划了《寻游河池》栏目。河池市文化广电体育和旅游局统筹制作《假日休闲哪里去？河池醉美乡村欢迎您》宣传画册等系列宣传品，并依据乡村旅游发展的情况进行内容更新，不断拓展乡村旅游宣传促销覆盖面，提高了乡村旅游的知名度和美誉度。

6. 实施乡村旅游人才培养工程

为提升乡村旅游从业人员的综合素质和服务水平，河池市各级各部门将乡村旅游从业人员培训纳入年度培训计划，重点开展对乡村旅游发展带头人、农家乐经营户、民族旅游商品能工巧匠和传承人、乡村旅游服务人员的技能培训。

（三）培育乡村旅游发展新模式，是保障群众共享发展成果的基础

实施政府主导、市场运作、农民为主、社会参与的旅游发展投入模式，鼓励社会资金以租赁、承包、联营、股份合作等多种形式投资开发乡村旅游项目，鼓励农民集资入股或以村组集体经济组织采取“村支两委＋村民”“企业＋农户”“景区＋企业＋农户”“党建＋公司”“政府引导＋智库支持＋合作社运作”“公司＋农民旅游协会”，以及自我发展等经营模式和方式参与发展乡村旅游项目。

（四）实施“五个一批”乡村精准扶贫工程是旅游致富的关键

河池市在专家的帮助下，启动实施了“五个一批”乡村旅游工程，将乡村旅游任务分解到县（市、区）、乡镇、村及旅游企业，将任务完成途径细化到单位、业态和岗位，通过乡村旅游发展带动 13 万以上农民走向致富之路。

1. 利用已有旅游企业资源，提供就业岗位

河池市通过安排人员到已有旅游企业就业，有 100 家旅游企业或乡村旅游区（点）提供服务员、保安、保洁、搬运工、船工等 2300 多个岗位，带动 1900 户、5400 多群众脱贫，实现“一人就业全家脱贫”。2016 年 4 月，河池市举办旅游就业专题招聘会 5 场，95 家涉旅企业参加招聘，提供就业岗位 2050 个，3900 名群众参加应聘，达成就业意向 765 人[①]。

2. 重点扶持旅游产业

河池市通过扶持 81 个重点乡村旅游企业。发展农家乐、旅游种养、旅游商品加工销售、文艺商演等旅游相关产业[②]。

3. 开展旅游技能培训与就业指导

河池市通过旅游技能培训与创业就业指导工作。各县（市、区）均制订了长期的旅游技能培训与就业指导计划，结合农村党员大培训活动，联合人社、扶贫、畜牧、水产等相关部门，充分发挥河池学院、广西现代职业技术学院、巴马长寿养生国际旅游学校等本土大中专院校的旅游专业优势，开展农家乐经营管理、讲解员、船工、餐饮、旅游种植养殖等职业技能培训，使群众掌握职业技能后直接就业[③]。

4. 实施重大旅游项目开发

河池市通过旅游重大项目的开发建设，建立市县两级领导联系推进重大旅游项目、河池市旅游工作局际联席会议、项目进展情况动态跟踪管理等旅游项目统筹推进制度，通过做好项目的跟踪、协调和服务，推动项目加快建设，以引导重大旅游项目业主主动参与到旅游工作中。

5. 扶持乡村旅游自我创业和自主就业

河池市鼓励旅游企业结对帮扶，帮助农户通过开办农家乐、开展农副产品生产和加工、开发经营手工艺品等方式进行自我创业和自主就业。

三、“河池经验”个案调查分析

在实施乡村旅游发展过程中，河池市各县根据自身的资源特色、市场培育、农户经营能力等综合因素，因地制宜发展乡村旅游项目，通过构建多种模式，河

① 数据来源：摘自《2016 年河池市乡村旅游扶贫总结与下一步工作计划》。

② 数据来源：根据《2018 年河池市乡村旅游扶贫总结与下一步工作计划》，采访河池市旅游发展委员会李雅琴副主任后整理而得到。

③ 数据来源：摘自《2018 年河池市乡村旅游扶贫总结与下一步工作计划》。

池乡村旅游形成了自己的发展特色。

（一）个案一："企业＋农户"模式案例——广西东谋旅游开发有限责任公司乡村旅游发展经验

广西东谋旅游开发有限责任公司开发歌娅思谷·中国白裤瑶生态民俗风情园（简称歌娅思谷），整个景区占地面积约9.6平方千米，项目总投资5亿元人民币，为国家AAAA级旅游景区。

景区主要经营旅游景区开发、民族工艺品研发、民族体育竞技、民族文化传承、药用植物种植及销售、畜牧（非野生动物类）养殖、销售、住宿、餐饮服务等项目，是集文化休闲、运动养生、度假观光、民族文化、民族工艺传承于一体的民俗文化旅游景区。景区已荣获"广西五星级乡村旅游区""中国十大民俗特色酒店""中国少数民族特色村寨""广西民族风情旅游示范点""广西农业旅游示范点""河池市千企助百村帮扶示范点""河池市非公强优企业"等称号。

广西东谋旅游开发有限责任公司采取"五个一批"帮扶模式。

1. 农业种养，扶持一批

2016年，广西东谋旅游开发有限责任公司实行"公司＋基地＋农户"的做法，按照公司出项目、出技术、出资金，农户出土地、出人力的方式，以每亩600元租金实现土地流转823亩；连片打造生态休闲农业园和恋恋谷花海，并安排当地群众39人季节性从事花卉和果蔬的种植、护理及景区管理工作，年人均劳务收入14400元。例如，白裤瑶村民谢某向公司流转土地3亩，年收入租金1800元，他在景区从事管理工作，年总收入23400元。

2. 旅游带动，扶持一批

王尚屯是中国少数民族特色村寨，为白裤瑶民族聚居地，也是南丹县白裤瑶民俗文化的重要展示窗口和歌娅思谷景区的重要组成部分。王尚屯成立了"王尚屯白裤瑶生态旅游农民专业合作社"，又吸引公司入驻王尚屯少数民族特色村寨，采取"公司＋合作社＋基地（民族特色村寨）＋农户"的模式持续对其进行打造，投入608万元建设该景点的基础设施，提升民俗风情表演队专业水准，兴建特色农家乐，定期举办白裤瑶瑶年节等系列活动，吸引各地游客前来参观和游玩，乡村旅游的知名度和影响力不断提升。农户收入大幅增加，合作社每年获取景区4%的门票分成，农户经营农家乐、在景区务工每年收入稳定增长，年人均收入5000元。

3. 手工工艺，扶持一批

为了弘扬和传承优良的白裤瑶民族生态文化，公司在里湖瑶族乡王尚屯建立了民族工艺传承基地。基地占地600平方米，包括一个民族工艺商品展示中心和一个民族工艺管理中心。基地既作为白裤瑶文化展示、体验的窗口，又作为民族工艺商品研发、销售、培训、宣传的多功能平台，成为歌娅思谷景区富有吸引力的旅游景点。

该基地采取“公司＋基地＋农户”的运营模式，由歌娅思谷景区管理，引入一家集结民族工艺大师和民族艺人的文化传媒公司入驻，主导研发，搭建宣传、销售平台，培训工艺商品人才，并以王尚屯作为民族工艺主要生产基地。公司将设计研发生产出来的初始产品，再由当地白裤瑶妇女制作绣片、服装配饰等民族工艺品，由景区回收到展示中心统一销售，实现研发、生产、销售、宣传推介一体化[①]。

4. 安排就业，扶持一批

广西东谋旅游开发有限责任公司积极拓展乡村旅游业务，在壮大公司实力的同时，也大量招聘当地的农户到非技术性岗位就业。景区和南丹县政府通过就业提供、产业引导带动群众致富。

5. 商铺经营，扶持一批

公司加大投入打造王尚屯为民族商业村，建成商业集镇，把王尚屯与景区连片，让游客“穿越地下大峡谷——观恋恋谷花海——坐观光车到王尚屯赶集”。公司优先为农户提供平台，指导经商，并于南丹县里湖瑶族乡瑶里村甘河屯的歌娅思谷景区园区、民族工艺传承基地、王尚屯等地增加建设商铺100间，采取低价，甚至免费提供商铺的形式，指导农户通过经营来增加收入。

① 孟萍．广西歌娅思谷：多管齐下促脱贫 [N]. 中国旅游报，2017-03-20.

（二）个案二："景区＋企业＋农户"模式案例——巴马寿乡国际旅游集团发展经验

巴马寿乡国际旅游集团依托巴马独特的区位优势、资源优势、品牌优势及后发优势，充分发挥旅游产业带动能力强的特点，大力推进乡村旅游发展事业，直接和间接带动2100多人就业，荣获"创建广西优秀旅游县先进单位""中国王牌旅游景区""河池市十佳旅游景区""河池市十佳旅游酒店""十佳旅游饭店""创建全国旅游标准化省级示范县试点单位"等称号。

1. 统筹规划，合理引导

该公司坚持把旅游开发工作融合谋划，坚持以旅游开发带动农户致富的理念。在那社、甲篆、西山等人口集聚区规划建设民族风情游览区、红色旅游景区、生态观光景区。在盘阳河流域村屯规划发展农家旅馆、休闲养生、农家乐等养生健康产业，做到了以下"三个带动"。

（1）发展特色产业，带动农民致富。该公司把握旅游开发的重要机遇，更新理念观念、创新体制机制，开发水晶宫景区、百鸟岩景区、大型山水实景剧《梦·巴马》和吉膳人家系列健康生态食品等，通过建铺面给农户售卖旅游商品，通过景区辐射引导农民经营农家旅馆、饭店，以及与农户采取订单式发展特色农业，实现带动农民创业致富。

（2）整合优惠政策，带动农企"双赢"。企业参与旅游项目开发，一手牵着市场，一手牵着农户，构建农户走向市场的"桥"和"船"。一是紧紧抓住建设巴马长寿养生国际旅游区良机，将企业打造成为自治区、市级龙头企业，辐射带动景区周边村屯发展，逐步实现农民变股民、农民变工人。二是积极与上级有关部门搞好对接，为企业发展争取政策、资金、人才、技术等方面的支持，企业动员和引导农民以转包、出租、互换、转让、股份合作等形式流转土地承包经营权，鼓励农民发展土地股份合作制，允许农民以土地承包经营权入股，实现民企增效和农民增收的"双赢"。

（3）挖掘民俗旅游，带动农民增收。积极推动旅游沿线村民俗旅游业的发展，比如大力推广与支持民族手工艺产品的发展。并通过发展"协会＋农户"

模式，建立自制民族手工艺产品的销售渠道。以旅游商贸市场为平台，加大对民族饰品、乡土特色商品、刺绣等特色旅游纪念品的开发推介力度，鼓励村民通过开展制作民族手工艺品等各种方式参与旅游经营。旅游产业真正成为让老百姓致富增收的有力抓手。开办“赐福湖码头农家乐”和“长寿岛农家乐”，引导农民积极投身各项旅游服务行业。当地农民通过房屋出租、盘活农家乐，或销售旅游商品等途径实现了增收。

2. 创新培训，提升服务

农家乐服务质量差、接待能力不强是制约乡村旅游发展的重要因素。该公司从技能培训、宣传营销、建立制度入手，聘请专家和企业管理者、技术人员先后共培训景区周边群众 2200 余人次，提升了农民的思想理念和经营管理水平，拓展了他们的技能和对自我价值的认同。此外，还实施走出去战略，把有创业意愿的农民送到阳朔等乡村旅游发达的地区进行考察学习。

3. 项目扶持，夯实基础

为促进乡村旅游的发展，公司赞助 1500 万元建设甲篆至那社水晶宫景区公路、赞助 100 万元建设赐福桥头至坡贵码头公路等，实现交通要道充分融合旅游公路、通村公路、生产生活要道功能①。另外，公司还投资 2.8 亿元打造巴马命河—水晶宫国家 AAAA 级旅游景区；先后投入 10 亿元建设休闲文化园、水环境等旅游接待设施的寿乡绿色养生园，既提升生态水平，又丰富旅游产业内涵。

（三）个案三：自我发展模式案例——巴马瑶族自治县那桃乡平林村达西屯

达西屯位于巴马瑶族自治县那桃乡平林村的西北部。全屯区域面积 2250 亩，耕地面积 150 亩，人均耕地不足 1 亩。为改变不发达的状况，达西屯依托其优美的自然生态环境和源远流长的长寿文化，大力发展乡村旅游，得益于乡村旅游发展，达西屯村民人均年纯收入大幅提升。

1. 转变观念，因地制宜

达西屯通过村“两委”挨家挨户做思想工作和旅游政策宣贯，村民逐渐意

① 邝伟楠，孟萍．民营企业积极加入扶贫攻坚 [N]. 中国旅游报，2016-7-14.

识到发展旅游的可行性和必要性，及时转变思想观念，决定大力发展乡村旅游。发展思路转变后，达西屯迅速与巴马儒礼桃花源养生旅游开发有限公司合作，建设儒礼桃花源乡村旅游区，开辟出了一条符合屯情的乡村旅游发展道路。

2. 多方投入，共同推动

达西屯村民积极出让土地，返乡村民积极筹措资金，共同开发建设儒礼桃花源乡村旅游区，推动达西屯旅游业起步发展。巴马县政府高度重视，组织县财政、发改、移民、旅游、交通、扶贫、电业等部门积极向上争取资金，同时得到河池市政府对口帮扶资金。在各方支持下，达西屯基本完成了村容村貌改造，供水供电、排洪排污、道路硬化等基础设施建设，建成一批乡村旅游项目。

3. 通过旅游开发吸纳大量村民就业

巴马儒礼桃花源养生旅游开发有限公司通过开发养生旅游项目和农耕旅游项目，建成养生休闲酒店、养生田园观光区、桃花源怡心餐厅、多功能体育馆、户外养生体验区、会议中心、休闲娱乐会所和一批清新雅致的农家小院。随着公司不断发展，招聘的员工越来越多，其中 70% 以上是达西屯村民，包括返乡就业人员。

（四）个案四：“党建 + 公司”模式案例——环江毛南族自治县下南乡中南村旅游发展案例

环江县下南乡中南村是“十三五”期间国家乡村旅游发展重点村。2014 年，中南村南昌屯被国家民委列为首批“中国少数民族特色村寨”。

1. 坚持改革创新，构建旅游发展新机制

乡级旅游公司引导村委会注册成立环江三南乡村文化旅游开发有限公司，建立“政府引导、集体经营、农户参与”的旅游新机制。通过公司化运作，农民分散的乡村旅游资源得以集中开发，为农民提供了创业平台。

2. 精准施策，形成旅游发展的三种模式

一是鼓励自力更生，结合实际，鼓励有能力的农户开办农家乐，对达标的农家乐实行以奖代补。二是能人带动，致富能人开办农家乐，向农户下订单购买食材原材料，间接带动农户致富。三是抱团发展，不同的乡村旅游项目创业者，按照协作分工的不同，抱团形成营销组织和经营联盟体，集中开发在集体协助情况下才能完成的乡村旅游项目。

3. 以加强基层党建为保障，充分发挥村民的主体作用

突出抓班子建设，注重发挥村支两委的示范带头作用。旅游开发过程中村支两委带领党员组长带头解放思想，带头转变工作作风，带头破解难题，构筑了强有力的核心堡垒。创新工作实行重大决策、重大事项三级联动模式，通过依次召开村支两委、党员组长会、全体村民会等三级会议，统一思想，凝聚力量，充分尊重村民意愿，发挥村民在发展乡村旅游中的主体作用。

一是强化规划引领。结合毛南族村寨特色资源深入探讨，层层召开三级会议统一思想，制定《中南村旅游发展规划》，加强基础设施建设，调整农业产业结构；推进农业转型升级；规划开发毛南族村寨“民俗体验”、民族工艺制作（花竹帽编织、傩面雕刻等）等旅游产品，推介特色农产品。

二是强调自治管理。为加强村民自治，营造整洁、文明、有序的发展环境，促进全村旅游经济持续健康发展，经全体村民表决通过，制定并执行《村规民约》。制止违反村规民约的行为。对保护景区、促进发展的村民予以表彰奖励。积极开展“文明户”评比活动，对积极参与保护和发展景区的村民予以表彰奖励，促使乡村形成“毛南是我家，景区发展靠大家”的良好局面。

（五）个案五：“政府引导 + 智库支持 + 合作社运作”模式案例——宜州市古文村罗村屯乡村旅游发展基本经验

古文村罗村屯位于宜州市北部，距离市区约 30 分钟路程，与古龙河漂流终点的六妹村连接。罗村屯处于龙江河与山峰相夹地域，村背青山靠倚，村前古龙河蜿蜒清澈。村庄背后半山腰处有一石头神似神像站立眺望，似要欢迎远方客人来访。而在村前，与古龙河相隔的青龙山顶有一神奇气洞，气洞气流冲天而起。河岛对面鸳鸯洞内水波清盈，钟乳石千姿百态。

宜州市委、市人民政府以发展休闲农业和乡村旅游为重点，结合宜州市乡村实际，提出“示范、带动、发展”三步走的工作方式，确立了罗村屯作为宜州市旅游富民示范村，将旅游工作有机结合起来，取得了一定成效：积极成立旅游项目开发合作社，成立罗村屯休闲农业观光旅游合作社和旺村生态农业观光旅游专业合作社；引导村民参与入股，农户以资本入股扶持龙头企业；开发花田艺术观光，成功打造罗村屯花海观光项目；巧用中国远见旅游发展集团有限公司智力平台全面指导旅游项目开发工作。

1. 强化组织领导，高标准编制规划

宜州市委、市政府非常重视旅游开发工作，紧紧围绕自治区旅游三年工作计划，把旅游作为工作的重心来抓紧抓好，科学引导乡村旅游发展。公共绿地由果树、花池、草地、景亭和步行道构成，加上配套设置的休憩小站，是村民平时休闲及游客活动的重要空间。通过公共绿地和宅间绿地的建设，以及山边果树的种植营造出环境优美的社会主义新农村。

2. 创新思路，完善发展机制

善借外脑，善用外力，聘请中国远见旅游发展集团有限公司作为宜州市旅游发展顾问，签订《战略发展顾问协议》，充分发挥远见旅游集团在下枧河乡村旅游整体推进过程中的"规划落地、施工指导、运营辅导"方面的作用；成立了古文休闲农业观光旅游合作社和旺村生态农业观光旅游专业合作社，通过土地流转、农民土地入股、农户资本入股合作社的形式，实施"合作社 + 基地 + 农户"的旅游模式，并成立古文生态养殖农民专业合作社。

3. 坚持政府主导，强化企业扶贫

坚持发挥政府的主导作用，出台优惠政策，积极引导龙头企业参与旅游项目开发，通过争取宜州桑杆食用菌项目落地该村，由政府为全村 49 户每户提供 3000 元发展资金，入股参与宜州市宜源桑杆菌业有限公司产业开发，实现每年每户分红收益 900 元以上，连续分红长达 5 年。

4. 加大资金投入，优化乡村基础设施

古文村的建设分两步走。第一步是建一个以花海田园为核心的生态农庄，为宜州及周边县市的游客提供融游玩、娱乐、健身、休闲于一体的乡村生态旅游区，与宜州市其他旅游景区互为补充，使之成为宜州市旅游大市场的一个特色组成部分。第二步是把古文生态农庄打造成一个集农业生态种植养殖示范基地与旅游观光、休闲娱乐于一体的广西四星级乡村旅游区。

宜州市重点配套完善古文乡村旅游区的交通道路、旅游停车场等基础设施建设。2015 年从旅游发展资金中划出 200 万元用于古文村旅游基础设施提升改造建设，其中改造旅游停车场一个、新建游客接待中心一个、新建旅游厕所一座。

5. 加大培训力度，提升群众技能素质

宜州市按照“培训一人，就业一人，脱贫一家”的思路，结合古文村的产业实际和需求，以促进帮扶对象稳定就业为重心，以提高农民职业技能素质为目标，多次开展乡村旅游服务知识与技能培训，积极推动经培训后就业农民向城镇转移。2017 年，古文村共举办种桑养蚕、养殖、厨艺等农村实用技术培训班 5 期。参与培训的农户与培训前相比，人均增收 400 元以上。

四、河池乡村旅游开发存在的主要问题分析

河池市乡村旅游开发虽然取得了较好的成绩，但通过调查，课题组发现河池市乡村旅游开发仍存在一些共性的问题。

（一）社区能人、当地社会精英和乡贤在开展旅游项目中所发挥的作用有限

通过调查，课题组发现，河池市通过各种模式帮扶让农户实现了脱贫。大多数农户都希望当地社区沟通能力强的人士、社会精英和乡贤在乡村旅游开发中发挥他们的社会资源、网络关系、市场推广、技能传授甚至经济帮扶上的优势，带领大家致富。而当地社区的种植大户、旅游经营成功户、个体户、外出务工成功老板和当地有威望的乡贤等在乡村旅游开发中的巨大能量尚未得到释放，需激励和引导这些能人、精英和乡贤在旅游开发中发挥应有作用。

（二）农户融资难、资源难以激活

土地权属、林权、宅基地产权等农村产权难以转化为资产收益，是大多数农户难以融资和流转土地获取收益的主要阻碍因素。加快农村资产收益扶持制度改革，建立起与现代市场对应的产权交易平台，是激活乡村资源、资产，增加农户资产收益的重要举措。

（三）市场化旅游开发引领作用未得到有效实施

旅游是市场化程度比较高的产业。由于农户文化水平较低，大多未掌握现代网络技术，也不知道如何做现代电商；有些乡村旅游项目在开发过程中不做市场调查，没有按照市场发展规律进行开发，所以开发后游客量少、经营成本高，影响了农户乡村旅游开发的积极性和自信心。

（四）"等、靠、要"思想还比较严重

抽样调查发现，35.72% 的农户是因病、因学致贫，也有高达 42% 农户因缺乏技术；在经精准识别出来拟实施乡村旅游项目开发重点村里，大部分群众思想保守，观念相对守旧，"等、靠、要"思想比较严重，所以得做思想工作来扭转他们的观念。

（五）旅游项目开发专项资金匮乏

河池市大部分村地处偏远山区，交通基础设施薄弱，可进入性差，难以适应旅游业发展的需求，需要投入大量资金进行升级改造。然而，地方政府财力有限，乡村旅游项目开发专项资金匮乏，各条线的资金整合不足，没有更多引导资金撬动社会资本投入推动旅游项目建设。

（六）乡村旅游项目开发进展慢、效益低

大部分乡村旅游地旅游规划相对滞后、基础设施不完善，公共服务设备缺失。因资金不足、用地难、政策保障不到位等方面问题，旅游项目建设推进慢。已建成运营项目因同质化严重、特色不足、档次低、品质差等原因，无法吸引大批游客前来消费，所以经济综合效益低。

五、河池乡村旅游发展的优化对策建议

（一）加大能人、精英力量的引领、帮扶和带动作用，激励更多农户自主创业、就业脱贫

社区能人、精英和乡贤在当地群众中具有较高的威望，在发展理念、思路、

对市场和技术的掌握能力、社会网络资源及社会阅历上均积累了较为深厚的经验知识与技能，政府在总结已有的“个体工商户 + 农户”“个体工商户 + 基地 + 农户”成功模式的基础上，可加大力度实施能人带动、带头示范、合作和帮扶等模式，激励这些能人、精英和乡贤在旅游发展中发挥引领、带头、帮扶和带动作用，探索更多的更加适合农户的乡村旅游开发模式，以期通过示范带动作用增强农户的自我发展信心和能力。

（二）增加农户资产收益，进一步完善乡村产权制度改革

探索实行资产收益扶持制度，开展探索以“资产收益扶持制度”的模式。在乡村旅游发展方面，研究以旅游资源、投资资金、土地使用权等入股的方式，让当地农户参与乡村旅游开发，农户持有一定比例的股份，可以增加其财产性收入，也能将农户的利益与乡村旅游项目的收益捆绑在一起。乡村旅游发展好，农民的收益就多，形成乡村旅游发展与农民收益增长的良性循环。开展土地承包经营权确权颁证工作，引导农户自愿有偿流转土地经营权，推动多种形式的适度规模经营；积极盘活农村集体资产、资金和资源，增加农户资产性收入。

（三）发挥市场化在乡村旅游开发中的引领作用

借助“旅游 + 电商”模式，搭建农副产品营销平台，加大对乡村农副产品、乡土特色商品的开发推介力度。积极与阿里巴巴、淘宝网、广西电视台美丽天下购等网络销售媒体合作，开展电商招募活动，在星级旅游购物店、景区游客服务中心、星级乡村旅游区设立农副产品、土特商品销售专区，积极开展农村电商网络建设，建立电商点。实施“宽带村通”工程，提升宽带覆盖工程；加强与邮政部门的合作，建立农村物流配送体系，推进实施邮政服务均等化提升工程、快递下乡工程。

（四）多渠道资金投入，创新旅游开发投融资方式

旅游资金是确保旅游项目成功的重要保障，积极利用国家和广西的相关旅游政策，鼓励乡村旅游经营户以互助联保方式进行小额融资，对符合条件的低收入农户的生产性贷款给予免担保、免抵押、基准利率的小额贷款，财政扶持资金全额贴息。探索利用 PPP 投融资模式开发乡村旅游项目。

（五）培育个体创业技能、拓展农民就业增收渠道

对乡村旅游帮扶重点村进行全覆盖培训，把乡村旅游从业人员培训纳入农民工培训规划，提高乡村旅游从业人员素质和就业能力；鼓励高等院校在不同类型的乡村旅游目的地建立辅导站（实习基地），开发旅游智力帮扶平台；积极开展“大众创业 万众创新”活动，鼓励农村大学毕业生、返乡农民工回乡创办旅游经营实体，拓展农民就业增收渠道。

（六）整合资源，形成合力，推动乡村旅游发展

乡村旅游是促进群众致富的重要途径。乡村旅游作为突破口，其发展离不开相关产业的融合推动。

1. 整合资源，形成合力

与农业、住建、林业、水利等部门加强合作，建立乡村旅游合作发展工作机制，明确合作重点任务，从大环境上为乡村旅游发展创造条件，开展乡村旅游，促进农民创业。

2. 广泛动员社会力量

积极探索建立健全乡村旅游相关政策，动员社会力量参与乡村旅游开发工作，积极引导国有企业、民营企业中的旅游企业参与旅游项目开发，积极开展“村企共建”活动，挖掘乡村旅游资源，策划和打造乡村旅游产品，指导乡村旅游项目建设，激发乡村产业发展的内生动力，动员农户参与乡村旅游发展，对接市场需求，实现可持续发展。

（七）探索建立乡村旅游项目开发机制

出台旅游扶持政策，强化政策引导。特别是针对乡村旅游发展的财税、用地等方面的激励政策，指导乡村旅游发展地区加强招商引资工作，鼓励采取 PPP 等模式投资建设和运营旅游项目，吸引社会资金投入基础设施建设，完善旅游配套功能，提升旅游发展和消费环境。在旅游联席会议制度的基础上，探索实践乡村旅游发展联席会议制度，因地制宜推进产业深度融合发展，确保乡村旅游发展项目精准安排。把实施乡村旅游情况纳入各级政府，尤其是旅游部门的综合目

标绩效考评内容。加强乡村旅游发展目标执行情况的监督检查，实现乡村旅游高效发展。

第二节　巴马农民旅游创业脱贫的 RPM 理论模型实证研究

河池市巴马瑶族自治县旅游资源富饶，但经济欠发达。2018 年，巴马全县“5+2”特色优势产业（即必选项目 5 个：油茶、核桃、优质稻、香猪、小谷鸡。自选产业 2 个，即：杂豆杂粮、乡村旅游与休闲农业）共覆盖全县 14610 户，覆盖率为 90.21%，有效地促进了农户创业增收。巴马因地制宜，克难攻坚，紧紧围绕易地搬迁、产业扶持、教育扶持、就业扶持、旅游扶持、政策兜底等政策扎实推进脱贫工作。2019 年巴马瑶族自治县实现了整县脱贫摘帽，完成了 5158 户 2.23 万人全部脱贫，脱贫攻坚取得了全面胜利。①

巴马拥有世界级旅游资源，其核心价值是长寿健康。巴马长寿独一无二、与众不同，具有稀缺性和独特性；巴马拥有绝佳的气候生态环境，包含绝佳的阳光、富含负氧离子的空气、小分子弱碱矿泉水、地磁及微量元素和矿物质土壤等，极具地域特征的综合生态条件正是巴马长寿健康的根本原因。巴马全年人体感觉舒适的时间长达 200 多天，旅游季节性特点不明显，适合全年旅游。这些旅游资源是巴马人走上共同富裕道路的重要基础。

一、人口分析

（一）人口结构

2015 年，巴马县共有 14595 户脱贫户，人口 65159 人。劳动人口 50694 人，其中女性劳动力 16876 人，见表（6−1）。

① 资料及数据来源：课题组实地调查和巴马瑶族自治县旅游局、巴马瑶族自治县扶贫办，根据相关数据整理而得。

表 6-1　2015 年巴马贫困人口结构统计表

序号	基本情况	单位	规模	比例 /%
1	总户数	户	14595	100.00
1.1	特困户数	户	3984	27.30
1.2	低保户数	户	1708	11.70
1.3	五保户数	户	58	0.40
1.4	其他脱贫户	户	8845	60.60
2	总人口数	人	65159	100.00
2.1	贫困人口数	人	14661	22.50
2.2	低保人口数	人	11207	17.20
2.3	五保人口数	人	65	0.10
2.4	残疾人口数	人	2085	3.20
2.5	妇女人口数	人	35773	54.90
2.6	留守儿童数	人	586	0.90
2.7	空巢老人数	人	782	1.20
3	劳动力人数	人	50694	100.00
3.1	女性劳动力人数	人	16876	33.29
3.2	男性劳动力人数	人	33818	66.71
4	外出务工人数	人	11989	100.00

（二）农户户主及家庭情况

1. 户主情况

（1）年龄结构分析

巴马农户户主以 46～65 岁（不含 65 岁）为主，占比达 51%，35～45 岁（不含 35 岁）的青壮年户主占比达 32%，这表明巴马农户以中青年为主，体能状况处于人生中的黄金时期，劳动力较强。65 岁以上仅占 17%（图 6-1）。

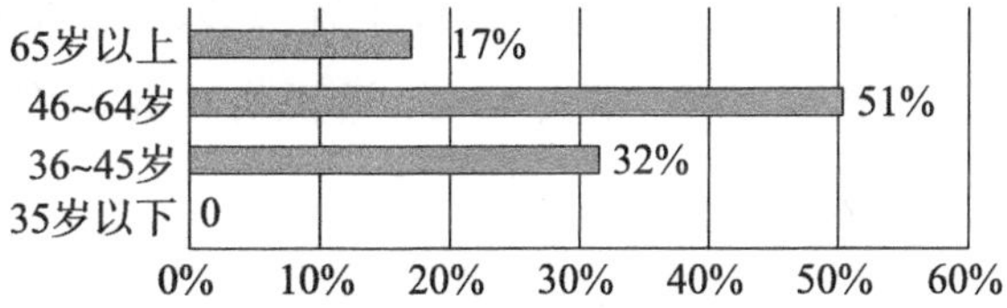

图 6-1　农户户主年龄结构图

（2）文化水平分析

巴马农户户主初中以下学历比例高达 86%，这说明巴马农户户主文化水平普遍较低。调查数据显示，小学占比 53%，初中占比 33%，高中占比 1%，高中以上（基本上是中专或职校毕业）占 13%（图 6–2）。

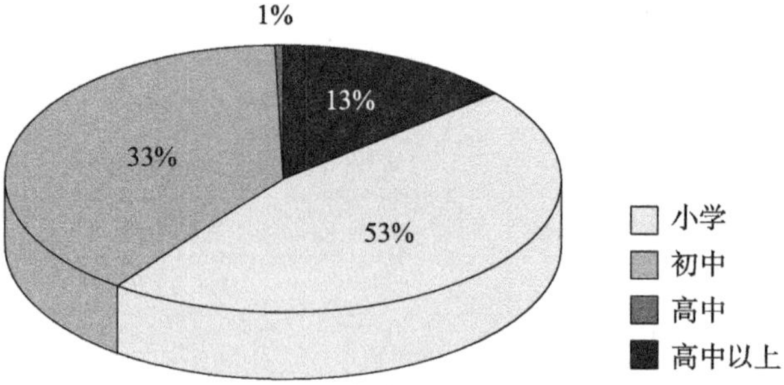

图 6–2　农户户主学历结构图

（3）健康状况分析

由图 6–3 可知，76% 的巴马农户户主身体健康，24% 的户主患有不同程度的疾病，这表明巴马农户户主大多数身体状况良好。

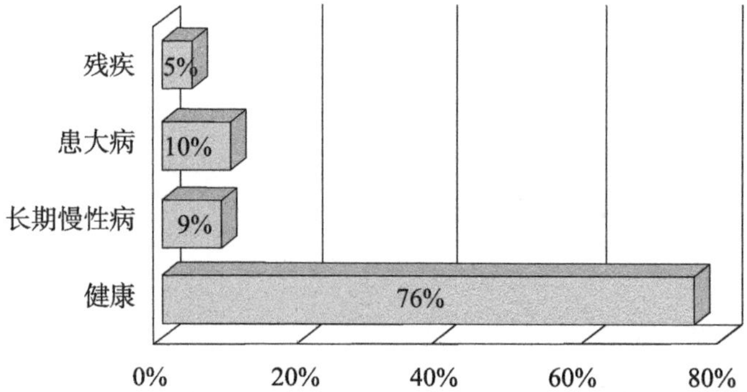

图 6–3　巴马农户户主健康状况结构图

（4）劳动能力分析

图 6–4 显示，农户户主无劳动能力的占 27%，丧失劳动能力的占 6%，技能劳动能力的占 2%，普通劳动能力的占 65%。这说明 67% 的农户户主具有劳动能力，即巴马农户户主劳动能力状况尚佳。

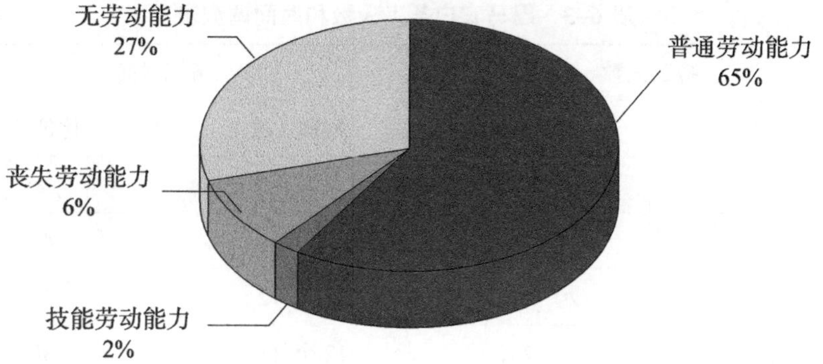

图 6–4　巴马农户户主劳动能力结构图

2. 农户家庭情况

（1）耕地、林地面积分析

根据巴马农户建档立卡资料分析，巴马农户人均耕地面积为 1.01 亩，低于全国平均水平 0.39 亩，人均林地面积为 3.39 亩，高于全国平均水平 1.59 亩，农户家庭耕地、林地面积分布情况详见表 6–2。

表 6–2　巴马农户耕地、林地面积分布情况

耕地		林地	
家庭耕地面积	比例 /%	家庭林地面积	比例 /%
小于 1 亩	68	小于 2 亩	44
大于等于 1 亩小于 2 亩	27	大于等于 2 亩小于 4 亩	21
大于等于 2 亩小于 3 亩	5	4 亩及以上	35
3 亩及以上	0	—	—

如表 6–2 所示，巴马 68% 的农户家庭耕地面积不足 1 亩，家庭耕地面积没有超过 3 亩的，这说明农户拥有的耕地少；在林地方面，65% 的农户家庭林地面积小于 4 亩，拥有 4 亩以上林地的农户占比 35%。

（2）务工情况分析

据表 6–3 可知，巴马有 22% 的农户没有人外出务工，78% 的农户有家庭成员选择外出务工，外出务工时间在半年以内的高达 45%，6 到 12 个月的有 23%，表明大多数家庭成员选择外出务工，而外出务工时间以短期为主，一年以上的达到了 30%。

表 6-3 巴马农户务工人数和时间调查表

务工人数		务工时间	
人数	比例 /%	时间（月）	比例 /%
0	22	0	2
1	48	1–6	45
2	28	6–12	23
3	2	12 个月以上	30

（3）家庭年均收入分析

家庭年均收入 5001 元以上占比 5%，4001～5000 元占比 12%，3001～4000 元占比 22%，2001～3000 元占比 48%，2000 元以下占比 13%。

巴马农户半数以上家庭年均收入低于 3000 元，只有 5% 的农户家庭年均收入在 5000 元以上，这表明巴马农户整体收入水平偏低。

通过调查分析得出，巴马农户户主偏向高龄化，文化水平普遍较低，但整体健康状况良好，劳动能力尚佳；农户人均耕地面积较少，人均林地面积较多；大多数农户都有家庭成员选择外出务工，但务工时间以短期为主；多数农户家庭人均纯收入水平较低。

二、原因分析

分析巴马农户建档立卡资料，可以得出农户不富裕原因包括缺资金、生病、上学、缺劳动力、自身发展动力不足、缺技术、身体残障人士，其中主要原因是缺资金、生病、上学，分别占到总体致贫原因的 45.3%、25% 和 21.1%。从调查结果可知，缺乏资金制约农民的农业扩大再生产，疾病和教育开支又加重了农户的负担。

1. 客观原因分析

山多地少，人均耕地面积少。巴马境内以石山为主，河流和水域也占了较大的面积，土壤肥力低，耕种收成低，客观上制约了巴马农业产业的发展。

产业基础薄弱，产出效益低。巴马农村经济以外出务工、传统种养收入为主，由于现代化农业水平低，农业产业规模不明显，优势产业不突出，青年农民外出务工多，这就导致农村劳动力缺少。

2. 主观原因分析

小农意识根植，自身发展动力不足。巴马长期以传统农业的发展方式开展农业生产，自给自足的小农经济意识长期存在，多数村民容易满足于温饱状态，扩大再生产、致富的动力不足。

人力资源匮乏，市场经济发育不全。由于巴马农业发展劳动力投入大，产出小，投资回报率低，所以青壮年大多选择外出务工。村域人才流失严重，村民文化素质整体偏低。自给自足的农耕经济还存在，商品化程度较低，现代特色农业发展不充分，且农户土地大多为散户经营，难以形成规模集聚和农业产业化运作。

三、制约因素分析

1. 主观因素

人穷志短的依赖思想、无所作为的“懒汉”思想等对经济社会发展有着深刻的影响，导致新发展理念难以在农户中较快贯彻实施，进而影响了巴马农户的脱贫致富。

2. 客观因素

巴马农户建档立卡资料显示，资金短缺是巴马农户不富裕的最主要原因，占比高达 45.3%。各方面的投资不足，也影响和制约着巴马农户的发展。

3. 核心因素

巴马农户建档立卡资料显示，农户户主的文化水平大多数处于初中以下，文化素质低，思想观念有待提高，习惯于自给自足，不愿扩大再生产。同时，在家务农收入不如外出打工，致使多数年富力强的劳动力外溢，因此农业产业化发展缺乏有力支撑。

4. 交通、通信因素

虽然巴马对外交通运输和电信设施有所改善，但其仍然是制约巴马的“瓶颈”。巴马地处山区，远离城市和物资中心，运输距离和交易半径长，道路曲折蜿蜒，可进入性易受天气影响，人流、物流的运输成本高。邮电通信设施不完善，导致信息闭塞，交流不畅，从而影响了商品经济的发展。

四、农民创业的资源依托分析

1. 具有世界级长寿旅游资源

2017 年全县共有 86 名百岁以上老人，百岁率达到 10 万分之 30.35，因此巴马也被称为“世界长寿之乡”（表 6–4）。

表 6–4　巴马长寿养生国际旅游区长寿老人对比表（2017 年数据）

指标	巴马	东兰	凤山	天峨	都安	大化
县人口总数 / 万人	27.95	29.55	21.50	17.23	69.11	41.78
百岁以上人口 / 人	86	81	50	24	205	56
每 10 万人拥有百岁以上人口 / 人	30.35	27.11	23.94	14.29	28.81	12.12
80～99 岁人口 / 人	4619	4402	3989	2438	16600	5293
每 10 万人拥有 80～99 岁人口 / 人	1629.85	1473.22	1909.52	1451.19	2333.42	1145.17

巴马拥有世界长寿之乡资源：长寿村（巴盘屯、西山屯、法福屯、巴布屯、百魔村）；历代长寿碑、匾、族谱，现代长寿文献等。富硒食品资源：火麻、墨米、彩色糯米、珍珠糯、玉米、南瓜、红薯、野菜等。此外，巴马还有清朝光绪皇帝给巴马寿民邓诚才赐的匾“惟仁者寿”的牌匾文化、补粮文化、送寿礼仪、传统耕作养生等旅游资源（表 6–5）。

表 6–5　巴马旅游资源概览表

长寿文化	民俗文化	饮食资源	建筑资源
牌匾文化 补粮文化	瑶族祝著节 壮族三月三节 相思烟 半画眉 蓝靛瑶抛绣球 土瑶射弩 打陀螺	五谷杂粮 火麻 香猪 粥食文化 群食文化 素食文化 节食文化	围篱式茅草（或杉皮）房 干栏式吊脚楼 泥瓦式建筑 砖瓦式建筑

2. 人文资源丰富多彩

历史文化丰厚。例如，巴马镇巴发的定金山遗址、百林乡六拉屯新石器时代遗址；云盘山营盘遗址（明代土司军事营盘）、云巴上营寨、镇冈炮楼遗址；巴马山营寨遗址、坡那营盘遗址；文昌阁碑、地界石刻、铜鼓。

民俗文化丰富。例如，抛毽子、斗画眉，壮族歌圩、歌会，瑶族盘王节、瑶族祝著节；山歌、彩调、渔鼓、花竹帽舞、师公舞、板鞋舞、铜鼓舞、芦笙舞、竹铃舞、诗歌（筷条结良缘）。

土特产众多，如巴马香猪、黑山羊、黄狗、油鱼、瑶山鸡、蛇、蛤蚧、板栗、蝴蝶果、蝴蝶果油、芭蕉芋、魔芋、火麻、茶油、麒麟菇、甜茶、玉米酒、灵芝益寿酒、甜糯米酒、蛇酒、蛤蚧酒等，牛筋椅、少数民族头巾、服饰、绣球等工艺品。

摩崖石刻有宋福基“大华山川”、黄光国泼墨诗，黄旭初“俯首清高”。

3. 资源评价

（1）巴马拥有稀缺性的世界级旅游资源，核心价值是长寿健康

稀缺性、独特性——巴马长寿独一无二、与众不同。巴马旅游资源的核心价值是长寿健康。巴马被评为“世界长寿之乡”，全世界目前只有 7 个地方获此殊荣。国际自然学会会长森下敬一先生评价巴马为“上天遗落人间的一片净土”。巴马百岁寿星、长寿老人分布在巴马的各个乡村，尤其是巴马的母亲河——盘阳河两岸村屯的百岁老人最多，两岸长寿村屯有坡月、松屯、吉屯、甲篆、百马、坡腾、盘阳等。将巴马的长寿资源放在世界范围来看，其呈现出一定的稀缺性和独特性。巴马的气候属于中亚热带季风气候，全年舒适期 200 多天，适合各年龄层旅游者的各种旅游活动。

传承性、稳定性——巴马长寿有史可考，有据可查。巴马的长寿现象并非短期形成，而是经过长期沉淀的文化与生态遗产。光绪二十四年（1898）十一月，光绪皇帝钦命广西提督给巴马县境那桃乡平林村寿民邓诚才赠匾“惟仁者寿”。现存的“惟仁者寿”匾、“誉重一乡”匾已成为巴马人长寿的历史见证。

（2）巴马拥有绝佳的气候生态环境，这是兼具稀缺性与地域性的独特资源

巴马地处云贵高原向桂中平原过渡的斜坡地带，地势西高东低，海拔大多在

500～800米，属中亚热带季风气候区，年均日照总时数1531.3小时，雨量充沛，干湿季明显，全年无霜期达338天，年均降水量约1600毫米，相对湿度79%，空气中负氧离子含量丰富。巴马冬短夏长，春秋凉爽宜人，年平均气温20.4℃，全年人体感觉舒适的时间长达213天。可以说，巴马四季宜人，旅游的淡旺季季节性特点不明显，适合全年旅游。

巴马县绝佳的阳光、富含负氧离子的空气、小分子弱碱矿泉水、微量元素及矿物质土壤等这些极具地域特征的综合生态条件，都是巴马长寿健康的重要因素。

五、基于RPM模型的巴马农民创业模型分析

巴马依据其独特的乡村养生旅游资源和比较成熟的养生旅游市场，探索出了适合农民创业的模式。

1. 旅游景区带动富民创业模式

依托景观辐射带动功能和强大的市场吸附功能，通过规划农民参与旅游发展平台和机制，把景区周边的土地、民房、农业、养殖等资源进行整合开发，由景区负责基础设施建设和市场营销，合理规划铺面、旅馆、餐馆等，在产权归属于景区投资公司的基础上，将这些铺面、旅馆、餐馆等以免租金的方式给农民经营，景区只收取比较低的物业管理费。同时，对于无法直接在景区周边从事旅游经营的农民，则优先安排农户创业（主要是为餐馆、商店提供瓜果蔬菜、手工艺品等，由公司以订单农业模式指导种植和回购）。巴马的水晶宫景区、命河景区、赐福湖景区及百鸟岩、百魔洞等景区均采用的是这种模式。比如，百魔洞景区附近的坡月景区，依托百魔洞每年带来的近200万人次游客及大量的“候鸟人”优势，让农民自己与其他开发商投资开发农家旅馆出租给“候鸟人”，每年仅租金就能让农民致富。位于命河景区的那社村，当地政府与景区开发企业共同设计了民居客栈、小卖部、摄影点、背行李、大排档等旅游创业模式，并引导部分农户根据四季种植不同的具有养生功能的龙骨花、火麻、珍珠黄玉米、富硒糙米等，通过帮助农民注册和营销“命河稻”“命河水果”“命河水”“命河

生菜”等命河牌养生农作物，最终在2017年全部脱贫致富，256个农民都有了比较稳定的旅游收入，不仅物质富裕了，内生能力上也得到了非常大的提升，现在成为亦农亦旅的新生代产业农民。

2. 旅游商品创业模式

旅游商品具有很强的拉动、辐射作用，可以带动非旅游景区或旅游线路上的农民通过分享旅游带来的机遇实现创业致富。巴马拥有大量的养生旅游商品，因此开发旅游商品让农民创业成为巴马致富的重要路径，也是增强其造血功能的重要内生力量。全县立足“公司（专业合作社）+基地+集体经济+农户”的发展模式，通过创建香猪、火麻、桑杆食用菌生产等各类农产品生产示范基地，成立36家长寿食品生产经营旅游企业，引导农民开发桑园面积达到1.1万余亩、龙骨花3万亩、火麻5万亩、杂粮（珍珠黄玉米为主）1.5万亩，建成有机生态农业示范基地3000亩。依托这些长寿养生食品企业和生态有机农业示范园，全县大力发展休闲农业与乡村旅游业。“自从旅游开发以来，村里实行了‘公司+农户+协会’的管理模式，游客住宿由屯里统筹安排，经营收入全屯有份，农户按股分红，现在形成了人人有工作、个个有事干、家家当老板的氛围”，时任甲篆镇坡纳村支书说。

达西屯旅游富民案例

达西屯位于巴马瑶族自治县那桃乡平林村的西北部，全屯面积2250亩，耕地面积150亩，全屯145人，人均耕地仅有1亩多。由于生产生活条件较差，2010年以前，全屯人均年纯收入不足2000元，屯子是巴马特困村之一。为改变不发达的状况，达西屯依托其优美的自然生态环境和源远流长的长寿文化，大力开展乡村旅游，于2009年年底动工建设儒礼桃花源乡村旅游区，该旅游区于2013年被评为广西四星级乡村旅游区。得益于乡村旅游发展，达西屯村民人均年纯收入大幅提升，2015年超过10000元，远远高出全县平均水平。

达西屯区位交通便利，乡村生态景观优美，长寿文化底蕴深厚，是巴马县城近郊理想的乡村田园度假养生胜地，平林村坚持“因地制宜、政府主导、市场运作、全民参与”的原则，结合社会主义新农村建设，积极发展现代农业、乡村旅游业等。而风景秀美，文化底蕴深厚，集餐饮、娱乐、购物于一体的广西四星级乡村旅游区仁寿文化源景区、儒礼桃花源景区即坐落于那桃乡平林村。

一、案例的成功经验

1. 转变思想观念，因地制宜发展乡村旅游

达西屯长寿文化底蕴深厚，乡村生态景观优美，区位条件良好。村“两委”审时度势，及时转变思想观念，调整发展思路，决定大力发展乡村旅游，把本村的资源优势转变为经济优势，带领群众脱贫致富。发展思路转变后，达西屯迅速组织成立巴马儒礼桃花源养生旅游开发有限公司，投资建设休闲养生的儒礼桃花源乡村旅游区，开辟出了一条符合屯情的乡村旅游发展道路。

2. 多方筹措资金，完善旅游设施建设

达西屯的旅游设施较为薄弱，财力不足，发展乡村旅游需多方筹措资金，为此，巴马县政府高度重视，一是积极争取桂林市政府对口帮扶，二是组织县财政、发改、移民、旅游、交通、电业等部门积极向上争取资金。各方共投入资金2500万元建设一期工程，基本完成了村容村貌改造、供水供电、排洪排污、道路硬化等基础设施建设，建成养生休闲酒店、养生田园观光区、桃花源怡心餐厅、多功能体育馆、户外养生体验区等5个项目。

3. 发挥主导作用，第一书记显身手

在发展乡村旅游的过程中，平林村加强发展党组织建设，充分发挥党组织的主导作用，着力打造巴马县乡村旅游示范点。河池市旅游局副调研员杜某同志到平林村挂职第一书记，积极发挥其组织、宣传、指导、协调的作用，表现了上级旅游部门对该县乡村旅游的大力支持和热切关注。一是积极召开动员大会，鼓励群众积极发展农家乐。针对群众担心的投资风险，发展农家乐积极性不高的问题，带领村干部走屯串户做群众思想工作，用丰富的工作经历和扎实的专业知识耐心向群众解释，让群众了解发展农家乐的益处，增强群众投资信心，激发大家踊跃参与旅游发展的热情。二是开辟旅游发展新路子。针对村里闲置的荒地、坡地，提出整合闲置土地，发展农业观光旅游的观点。鼓励群众积极种植蔬菜、瓜果等，使村里的土地得到充分利用。三是积极组织召开群众代表大会，成

立农家旅馆协会，使该协会成为农家旅馆的资金筹措和工程建设等事项的协调机构。四是带领平林村农家乐示范户代表到坡纳乡村旅游示范点参观学习，并定期对农家乐经营者进行业务培训。

4. 加强基础设施建设，激发群众参与积极性

平林村基础设施较为薄弱，为了加快乡村旅游的发展，平林村采取以村民集资、招商引资及投工投劳等方式建设乡村旅游，基本完成了村容村貌改造、供水供电、排洪排污等基础设施建设，并做到农村用电地埋式。县直相关部门也投入资金完善平林村的基础设施和配套设施。例如，县政府投入资金修建了敢烟屯至达西屯的屯内道路；县旅游局争取到了上级旅游发展资金，投入景区的旅游厕所、路灯等配套设施建设。村容村貌的改变，给群众的生产生活带来了极大的便利，也激发了村民投身乡村旅游事业发展的积极性，平林村乡村旅游得到蓬勃发展。

二、总体评价

一是通过旅游开发吸纳大量村民创业就业。巴马儒礼桃花源养生旅游开发有限公司有88名员工，其中70%以上是达西屯村民，包括15名返乡就业人员。

二是通过土地出让获取保障资金。巴马儒礼桃花源养生旅游开发有限公司与村民签订《儒礼桃花源新村村规民约》，规定每年从公司经营收入中拿出15万至20万元资金，用于解决屯内适龄儿童学费补助、养老补助、用水用电补助、老人最低生活保障等问题。

三是通过土地流转获得征地补偿款。达西屯引进广西旅游发展集团有限公司的投资，建设了巴马赐福湖国际长寿养生度假小镇一期项目，该项目是自治区级重大项目。通过土地流转，达西屯全屯获征地补偿款共计3955万元，人均获补偿款约26万元。

六、巴马农民创业的RPM模式实践绩效评价

巴马通过推进乡村旅游建设，农民实现家门口创业就业，全县50个村全部有集体经济发展项目，至2017年3月已经有32个村有集体经济收入。2017年

巴马全县已完成 1939 户 8844 人脱贫，并通过了河池市和自治区核验组的核验。

巴马通过“企业＋村集体＋农户”“配套产业＋乡村旅游＋农户”“基地＋文旅产品＋农户＋旅游购物＋技能培训”等旅游发展模式多点发力，实现旅游景区、旅游线路、旅游商品、旅游就业多元化。

乡村旅游助推乡村繁荣发展。该县乡村旅游年接待人数超过 140 万人次，景区和旅游企业带动作用明显，农户通过发展旅游产业实现脱贫。坡纳屯、敢烟屯、儒礼桃花源等一批乡村生态旅游点悄然形成，景区周边 70% 以上的群众开办有农家旅馆，大小旅馆达400多家，床位数达6000多张。群众通过提供餐饮、住宿等旅游接待服务，获得租赁、劳务、分红等多重收入。巴马把绿水青山变成了群众致富的金山银山。

第七章 共富实践：农民旅游创业个案实践

第一节 东兰县板凳村农民旅游创业个案实践

旅游作为脱贫的重要路径，具有见效快、成本低、可持续性强、资源消耗低等优势，被国家列为产业富民的重要抓手，为此全国掀起了乡村旅游致富大热潮。

一、村情分析

（一）行政隶属关系

板凳村隶属于东兰县长乐镇，位于东兰县南部，下辖 1 个自然屯，4 个村民小组。

（二）交通条件

交通比较便捷，距东兰县城区 12 千米，距河池市区 130 多千米，距镇政府所在地 5 千米，四面均有水泥路通达。村内已有乡村水泥路相通，路宽 6 米左右。

（三）自然条件

气候：板凳村地处北回归线以南，属南亚热带季风气候，干湿季明显，夏长冬短。多年平均气温在 21℃左右，极端最高温为 39.7℃，4～9 月受高空槽、切变线、锋面、低涡、热带气旋等天气系统的影响，为降水的高峰期，降水量占全年的 80% 左右。平均年降水量在 1600 毫米左右，降雨在年内分布不均匀。根据相关统计数据，板凳村的气候灾害是春秋季干旱和汛期局部洪涝，有时会影响农作物的生长。

水文：村内的长乐湖有375亩，湖平均水深3.6米、最深处6.37米，湖上游有地下水和河流水流入，常年流水不断，且村内有多处地下泉水及水塘，水源充足。

土地资源：村内地貌主要是喀斯特山体和农田及部分荒滩、林地，土地资源较多，适合发展休闲农业，耕地2175亩，其中水田600亩，旱地1575亩。

（四）社会经济状况

板凳村253户1000多人，村民主要经济来源为养蚕、种植沃柑、玉米、花生、水稻、辣木籽，以及外出务工等，其中养蚕已有多年的历史，养蚕户年人均收入4000多元。

在党员干部先锋带头作用下，村里成立了“东兰长乐宫旅游开发有限公司”，全村有桑园300多亩，辣木籽林400多亩，沃柑林500多亩，出租长乐湖给养殖户养鱼等，为板凳村的致富打下了坚实的基础。

村内有板凳村小学、医务室、村委会办公楼、农家书屋、村委会公共服务中心、灯光篮球场等设施，特别是每年都举办的篮球赛，成为板凳村开展民间体育活动的标志性赛事，移动通信设施覆盖全村。

二、旅游资源分析评价

（一）旅游资源调查

1. 旅游资源赋存

板凳村旅游资源比较丰富，村内洞穴有5个，其中有个甘用洞，洞内涌出的巨大泉水形成板凳河（也叫福寿河），自南向北奔腾而过，长约2千米，灌溉沿河两岸的千亩良田，小河流到板凳村头木棉斜树（该树据说有五百年历史，因地球自转而歪斜）的天坑后就进入地下，不见踪迹。全村的地下全是洞穴，靠三根巨大石柱顶着村屯，这是石灰岩地区地下水沿裂隙溶蚀而成的地下水汇集和排泄的通道。它不仅仅是一条普通的地下河，里面别有洞天，形态万千，栩栩如生的钟乳石星罗棋布，洞内最宽处可容纳近百人。地下河沿线除了入口处的拉雅天坑，还有坡七、同拉、坡庙等3处小天坑。小天坑又连接坡猫、益结、雄本、纳危、弄雷下等几个大溶洞。坡猫溶洞由 4 洞连成一片，宽敞的洞可容纳上千人。地下溶洞全长约 3 千米，洞内冬暖夏凉，温度常年 18℃左右。地下溶洞中段有一股喷涌而出的山泉，冬暖夏凉，一年四季水流不断，两股水汇到一起形成平缓弯曲的地下河，流进洞中潭、井，地下河水清澈见底，野鱼成群，虾蟹游弋，碧潭深不可测，激流鱼翔浅底，峡谷奇石、裂岩纵横，神秘莫测。村民常常进洞垂钓，犹如步入水下龙宫，这里可以体验地下长廊的地心漫步之旅，也可以沐浴温泉。地下河连着天坑、溶洞，过了村的地界流到长乐湖，最终汇入红水河。

村内最大的溶洞是长乐宫，长 1200 多米，洞内最高处有 25 米，最宽处有 40 多米，最窄处仅可容一人通过。长乐宫是一座保存较好的地下“宫殿”。洞内有石钟乳、石笋、石鼓、石柱、石幔等，形态变化无穷，组成一幅绚烂多彩的画卷。洞内的景点有白云洞、天堂蝙蝠洞等。长乐宫以其雄伟、宽广、曲折、深邃、奇特绚丽著称，可与桂林的七星岩相媲美。

2. 旅游资源评价

（1）定性评价

一是象形地质景观较多、较独特。景区内有仙女峰、巨人山、金牙山、大象山等象形地质景观，这些景观栩栩如生，与田园、村落、湖泊一起，构成了一幅山水田园画卷。

二是壮族文化资源有特色。板凳村是壮族聚居村寨，村内还保留着一些古民居，传统的节庆、民俗及耕种方式，特别是村内保留着浓郁的蚂拐文化，其中蚂拐节作为重要的民俗活动，每年举办时会吸引来大量游客。此外，铜鼓文化也保留得较好。

三是独立资源单体不具有优势，但整体组合却具有较大特色。村内独立的九凤山、巨人山、大象山、金牙山、踏歌山等作为一个个单体景观冲击力不具有优势，但与长乐湖、田园、村寨、农业景观、古榕树、相思树、古民居等作为一个整体，则构成了一个闭环的喀斯特山水景观序列，具有很高的观赏、游览特色价值。

（2）定量评价

根据对旅游资源单体的定量评价，结合《旅游资源调查、分类与评价》（GB/T 18972—2017）的资源共有因子综合评价系统的评价标准，课题组对旅游资源进行综合评价，得分为 84 分，整体资源达到四级资源水平（表 7–1）。

表 7–1　旅游资源综合评价表

评价项目	评价因子	景区得分
资源要素价值（85 分）	观赏游憩使用价值（30 分）	24
	历史文化科学艺术价值（25 分）	19
	珍稀奇特程度（15 分）	12
	规模、丰度与概率（10 分）	9
	完整性（5 分）	5
资源影响力（15 分）	知名度和影响力（10 分）	7
	适游期或使用范围（5 分）	5
附加值	环境保护与环境安全	3
综合评价得出		84

三、旅游市场调查分析

（一）市场背景分析

乡村是城市居民重要休闲目的地。板凳村背靠河池、南宁、荔波、柳州、百色等高达1800万人的客源市场，只要营销做得好，客源将会得到充分的保障。

同时，板凳村打造以“长乐慢行、长乐宫、鱼乐世界”为核心的旅游产品，对游客和市民均具有极强的吸引力，尤其是长乐宫在旅游市场具有较强的竞争力，发展潜力是巨大的。

（二）市场结构分析

乡村旅游市场具有以下消费结构特点。

一是乡村旅游以家庭自驾游为主。游客首先对四季田园景观、乡土文化、乡土景观、乡土特产、乡村美食非常感兴趣，在这方面的消费占到了出游消费比重的80%，其次是在乡村进行消遣、开展乡村运动、进行养生、进行短期休闲度假和满足猎奇心理。

二是消费结构中以人均每天消费60～150元、家庭每天总支出600～800元为主；对门票价格非常敏感，约40%的游客对门票超过20元/人的旅游点选择不进入；对参与性的旅游项目（尤其是亲子类）、土特产、乡村美食等的消费价格则不敏感。

三是乡村亲子教育和户外运动（徒步、骑行、摄影、漂流）、农耕体验等流行，市场潜力较大，但这类产品在板凳村比较少或不够专业。

四是游客出游半径为2.5小时车程范围内，多数愿意住一晚或两晚，消费以大众化消费为主。

（三）市场定位

市场定位很重要，定位是否正确，将直接影响到乡村旅游项目投资结果的成败。旅游市场定位的一般规律是从本地市场起步，逐步扩展到周边市场，在自身品牌和产品具有较高的地域知名度后，可考虑开拓距离较远的市场，也有例外，如果自身的资源具有很强的稀缺性、排他性和唯一性，那么也是可以直接面向全国乃至入境市场进行开拓的。比如，巴马依托自身的长寿养生资源，直接面向全国市场开放。板凳村的旅游资源不具有稀缺性，从影响力方面进行评估，近期只能先定位为周边市场和周末市场。因此，综合考虑市场背景和市场消费结构特征，板凳村乡村旅游核心游客是河池、南宁、荔波、柳州、百色的市民及巴马县、东兰县的本地游客。消费产品则以亲子研学、户外运动、农业观光及农家乐为主。

（四）市场规模预测

参考周边的江平乡村旅游景区、东里乡村旅游景区、坡豪乡村旅游景点等乡村旅游景区景点年均接待量，以此作为板凳村旅游市场规模预测参考值进行预测，这三个点年均接待游客在 12 万人次左右。考虑到板凳村有长乐宫这一具有区域性竞争力的旅游产品，且板凳村重点开发的是亲子研学、娱乐、参与性旅游项目。因此，板凳村市场规模将大于前述的 3 个景区景点的年均接待量。最后以核心市场河池、南宁、荔波、柳州、百色（五市 2018 年公布人口约 1800 万）作为主要预测基数，采取一元线性回归方程进行测算，则可得出板凳村年均接待游客量为 24.83 万人（注意，单位是人而不是人次），日均接待量为 776 人（以 320 天计算），瞬间最大接待量为 5870 人。

四、农民创业分析

（一）现状及成因

1. 总体落后状态

板凳村委会管辖 1 个自然屯，253 户，1000 多人；设有 1 个党支部；2015 年建档立卡 36 户，156 人，贫困发生率为 15.60%，处于全国贫困发生率水平线上（2015 年全国贫困发生率为 5.7%）。

2. 致贫原因分析

板凳村是东兰县“十三五”期间五类贫困村，被列入河池市旅游脱贫村，主要因病致贫、因学致贫、因残致贫和其他原因致贫等。其中，因病致贫 9 人，因残致贫 2 人，因学致贫 32 人，其他原因 57 人（表 7–2）。

（1）主观原因

表 7–2　板凳村贫困原因和帮扶需求情况表

贫困原因	数量 / 户	涉及人口数量 / 人	帮扶需求	数量 / 户	涉及人口数量 / 人
因病	2	9	医疗救助	3	11
因学	10	32	低保政策	1	3
因残	1	2	扶持生产	9	39
其他原因	9	57	教育资助	1	3

教育经费支出大。这是板凳村贫困的主要原因，孩子的教育经费支出占家庭总支出比例太大，因此家庭缺乏扩大再生产的资金。

板凳村村民学历较低，缺乏技术，自身发展动力不足。板凳村多数村民只掌握传统的小农生产技术，对现代先进的农业技术掌握不够。

思想守旧。村民祖祖辈辈以农业生产为主，自给自足的小农经济意识影响比较大，小富即安的观念使他们不愿追求更高的财富目标，当然，市场有风险，若没有成功示范案例，村民一般会担心市场风险而不敢贸然进入自己无法掌控的现代农业或现代服务业（如旅游业）。

（2）客观原因

自然条件限制农业的发展。①气候因素。板凳村属于旱区，主要的气候灾害是春秋季干旱和汛期局部洪涝，影响农作物的生长及收成。②山多地少，可耕地面积少。板凳村全村耕地面积 2175 亩，其中水田 600 亩，旱地 1575 亩，人均耕地面积 0.6 亩，不足 1 亩，制约了其农业生产发展。

劳动力外流，建设家乡的后备力量不足。单一的收入来源及较低的农业收入无法满足人们生活所需，村内大多青壮年选择外出打工，留下的只有空巢老人、留守儿童和妇女。

产业结构比较单一，商品化程度还不高。板凳村产业结构单一，以农业生产为主，除此之外，政府也在逐步建设种桑养蚕基地，推广“小蚕共育技术”。尽管如此，种桑养蚕仍以散户经营为主，村民的养蚕技术也参差不齐，商品化程度还比较低，未形成规模集群的产业链。

资金短缺，难以进行扩大再生产。板凳村是东兰县“十三五”三类贫困村，政府应由“输血”功能向“造血”功能转化，吸引外来资金的注入，从而实现扩大再生产。

人才资源短缺，缺乏经济发展的引导者。人才是制约发展的重要因素。板凳村村民文化水平偏低，而文化程度比较高的都选择外出工作，因此家乡的规划建设、如何脱贫致富等问题缺乏有能力的引导者。

（二）发展现状

在上级党委、政府的坚强领导下，在板凳村“两委”干部的积极进取和努力下，板凳村大力发展养殖业和特色农业，成立了农业产业公司。村民从20世纪90年代开始养蚕，慢慢形成规模，但蚕虫的成活率较低、批次少，蚕茧产量也低，农民收入并没有达到预期目标。从2010年起，东兰县农业局推广“小蚕共育技术”，每张蚕种的产量由以前的30公斤提高到40公斤。政府也在加快板凳村种桑养蚕基地的建设，该村村级组织凝聚力、战斗力强，群众积极性高，集体向心力强，农民有浓厚的种桑养蚕兴趣，逐渐掌握养蚕技术，年产蚕茧10万斤，每年人均养蚕收入近4000元，桑蚕养殖业得到迅猛发展。

同时，积极争取政策性支持，解决村内绿化、道路等基础设施建设问题。2015年，通过村级一事一议制度解决了通往九龙屯水泥路建设问题，2016年争取到中央财政专项资金开展了村内部分绿化工程等，为板凳村的脱贫致富打下了很好的基础。

全村已实现了通电、通固话、通网络、通广播、通水，并有一个简易的公共卫生间，建有垃圾收集点，但由于村内禽畜主要是自然放养，多数农户都养牛，牛棚建在自家的屋前屋后，因此，生活垃圾和禽畜粪较多，极大地影响了村里的环境卫生。

（三）旅游富民潜力分析

1. 乡村旅游富民优势所在

乡村旅游富民的优势在于它是一种造血式的、尊严式的脱贫，是物质和精神双层次脱贫，是以市场为导向的“授人以渔”的脱贫，在本质上能够提升群众生产能力和自我发展能力，增强其脱贫致富信心，具有投资少、见效快、成本低、易于掌握技术和返贫率低等特点和功能。

2. 板凳村农民发展乡村旅游意愿调查

根据实地走访中的随机抽样调查可知，板凳村95%的村民表示“非常支持”开发乡村旅游，81%的村民表示愿意合作，92%的农户表示愿意接受通过开发乡村旅游实现致富的方式。这说明板凳村绝大部分人是支持通过乡村旅游致富的，也愿意帮助农户共同发家致富。

3. 发展乡村旅游富民路径

板凳村通过土地流转等方式建立合作社，将 36 户农户土地折成股份，以土地入股的方式加入合作社，开发乡村旅游，采取“旅游 + 种养业 + 物业 + 分红”路径进行旅游发展，即通过开发“长乐慢行、长乐宫、鱼乐世界”吸引游客，然后以种植养殖业为主体开发“瓜果采摘、出售土鸡土鸭、经营农家乐和四季农业观光”旅游项目等，农户通过从事洗碗、洗菜、看管物业、清洁厕所、打扫卫生、养护园林、表演民俗等工作来获得薪酬，通过土地入股年终获得分红等路径实现致富。

4. 发展乡村旅游富民潜力预测

根据前面的市场预测可知，板凳村年均接待游客量为 24.83 万人，日均接待游客量为 776 人，这意味着至少可以开办 3 家农家乐，每家农家乐需要洗碗洗菜人员、服务员共 6 人，则农家乐可以就地吸纳农户 18 人；厕所清洁员、卫生清洁员和村内卫生清洁员需要 6 人；合作社发展养殖业安置 20 人；鱼乐世界可以安置 18 人；旅游运输工作需 4 人；保安工作需 12 人；剩下的残疾、丧失劳动力的人员可以通过旅游扶贫基金、土地流转分红及低保等方式脱贫。

按照日均接待 776 人测算，通过开发乡村旅游可以转移农村劳动力 84 人。

（四）农民创业路径设计

为逐步实现板凳村脱贫致富目标，政府需引导村民按照广西《城乡建设用地增减挂钩节余指标有偿使用暂行办法》（桂国土资规〔2015〕10 号）等现行土地流转政策，将承包的土地、林地、宅基地或村集体土地等土地资源，试行“保利而无投票权”入股模式参与旅游开发。同时，对 14 户农户通过三个路径（模式）促其直接脱贫。

模式一：贷款入股（企助帮扶模式）。农户以享受国家 3 万～5 万元，3 年贴息贷款入股。本金由村里的旅游开发有限公司偿还，连续三年给予农户每年 4000 元～5000 元分红。该模式适合无劳动力、无土地的农户，使他们能获得固定分红。

模式二：土地入股（政府引导模式）。农户以土地入股，每亩土地年均收益500元～1575元，一般每户平均有3～5亩土地（表7–3）。该模式的优势在于比一般单纯土地流转收益每年高300元～500元。乡村旅游开发需要政府引导，特别是驻村干部、村委会干部和第一书记要依托自身优势，凭借对市场的敏感性来引领和引导板凳村积极发展乡村旅游，增强农业附加值，实现农旅相融、脱贫致富。

表7–3　土地入股收益预测表

项目	亩产值	公司保底分红金额
辣木籽等农业土地，以一亩计算	5吨 ×700元 ×15%	552元
	8吨 ×700元 ×15%	840元
	10吨 ×700元 ×15%	1050元
	15吨 ×700元 ×15%	1575元

模式三：劳动力输出（亦农亦旅模式）。即农户输出劳务，以工代赈，采用积分制模式参与村集体企业、合作社等创业就业；农户参与辣木籽种植、农业项目种养、乡村旅游项目低技术要求的就业岗位就业等；以“工资 + 奖励 + 补贴”的形式领取报酬。本模式的优势在于无需承担风险就可实现就地就业。

模式一适合无劳动力、无土地的农户（特别是五保户、残障户），每年纯收益4000元～5000元。

模式一 + 模式二适合无劳动力有土地农户，每年纯收益5500～6500元（以农户只以1亩土地入股计算）。

模式一 + 模式二 + 模式三适合有土地、有劳力无技术无资金的农户，每年纯收益12500元～20050元（以一户农户只以一亩土地入股管理10亩土地计算）。

（五）农户创业脱贫的模式设计

1. 成立以农户为主的养殖合作社，让农户参与创业

建立以农户为主的养鸡合作社。温室鸡养殖项目具有短、平、快的特点，

每年可以出栏 5 批鸡，符合农户产业需求的特点，有助于农户实现致富。

根据扶贫政策，每户农户有 0.2 万元的扶助资金，如果这 0.2 万元单独给农户用于投资，大多数情况只能用于购买种苗、肥料、农药等，这样的投资方式无法获得长远的收益。但如果将这部分资金集中投入温室养鸡这个项目里，则农户既可以从中获得分红，也可以通过劳动输出的方式获得收入。具体做法如下。

项目名称：板凳村委会农户养殖合作社。

参与人员（社员）：板凳村委会党员、养殖大户、农户。

场地：鸡舍（长 80 米、宽 16 米）用的场地由村委会免费提供。

投资及来源：总投资 25 万元（主要用于鸡舍的建设、喂养设备的购买和鸡苗押金等）。资金构成为板凳村委会党员和养殖大户自筹 8 万元，农户资金 5 万元，政府等相关部门支持 12 万元。

投资方式：党员、养殖大户及农户通过资金入股的方式参股。具体做法是将投资总额拆分为等额的股份，各合作社的社员通过投资额的多少来认股，政府等相关部门的资金全部算为农户的投资。

收益及分红：各社员（党员、养殖大户及农户）除通过股份的分红来获得收益外，有劳动能力的农户还可以通过参与合作社的管理来获得收入。

监督机构：当地政府及村委会对该合作社的成立及运行进行监督。

2. 扶持开发农家乐

要开发农家乐，必须有吸引游客的旅游吸引物和比较完善的乡村旅游基础设施。为此，政府需要通过各种途径加快板凳村旅游基础设施建设，指导村民开发鱼乐世界、乡村美食、休闲农业观光园（包含瓜果采摘、观花海等项目），具体做法如下。

项目名称：板凳村委会支持农户就业分红农家乐项目。

参与人员（社员）：具有较好经济基础且愿意接纳农户为其做工的企业或个人。

场地：长乐湖旁。

投资及来源：农家乐经营主体投资农家乐厨房、休闲娱乐、购物（游客中心）

项目，政府投资公共服务和基础设施项目。

投资方式：农户通过土地流转或贴息贷款等方式入股参与开发。

收益及分红：农户可以从用工处获得劳动报酬，农户以土地流转或通过贴息贷款的资金投入农家乐公司，公司利用这些资源开发瓜果蔬菜、餐饮、鱼乐世界等旅游项目，农户从中获得地租或分红收益等。

监督机构：长乐镇人民政府及村委会对该农家乐经营项目运行进行监督。

3. 以农业企业为龙头，以种植养殖业为基础，大力发展绿色健康产业

结合本村情况，持续发展养殖业、规模化粮食种植、辣木籽种植等产业，在此基础上大力发展乡村旅游业和农村电子商务。板凳村在养殖增收稳定的基础上，发展中长期增收的乡村旅游业特色产业，确保板凳村实现既要金山银山又要绿水青山的可持续绿色和谐发展。

做好规模化粮食种植。一是成立农村合作社，帮助村民做好土地流转。由公司承包土地，农户继续种富硒水稻和有机农产品来致富。二是鼓励和引导村民发展规模养殖、连片种植，利用养殖有机肥灌溉果树，为农户提供土地流转或就业机会。

优化产业结构，大力转型发展绿色生态产业。

积极开发环村和环湖（即长乐湖）骑行漫道旅游路线，着力打造游客自行采摘、湖边漫步及垂钓、乡村美食、乡村运动等乡村旅游项目，为农户提供就业机会。

第二节　东兰县永模村农民旅游创业脱贫个案实践

2015年国家发展改革委批复实施《左右江革命老区振兴规划》（2015—2025年）。左右江革命老区地处滇桂黔三省区交界处，是中国共产党在土地革命战争时期创建的革命根据地之一，区位优越，资源丰富，区域覆盖3个省（自治区）所辖8个市（州）59个县（市、区），其中75%的县是国家帮扶工作重点县，少数民族人口占73%，列入国家乡村旅游帮扶重点村的村寨有353个（表7-4）。

另外，据不完全统计，列入各省（自治区）及各市的乡村旅游脱贫重点村大约890个[①]。

表 7-4　左右江革命老区国家级乡村旅游帮扶重点村统计表　　单位：个

地市名	南宁市	百色市	河池市	崇左市	黔西南州	黔东南州	黔南州	文山州	合计
县（市、区）数	2	10	7	4	7	3	7	8	48
重点帮扶村	18	54	63	20	47	26	60	65	353

数据来源：是根据国家发展和改革委员会等七部门联合下发的《关于实施乡村旅游富民工程推进旅游扶贫工作的通知》（发改社会〔2014〕2344 号）整理统计的。

乡村旅游能为农民增加财产性收入，它是脱贫富民的重要路径，也是有效减少返贫现象的重要路径，具有很强的产业嵌入、产业渗透与产业融合能力。研究通过将产业嵌入乡村旅游帮扶重点村来开展产业帮扶，来引导农户创业脱贫致富，对于探讨"富有尊严的、平等的"精准帮扶，解决"三农""三留"（留守妇女、留守儿童、留守老人）问题均具有重要的现实意义。

一、文献分析

乡村旅游发展为众多创业者提供了创业平台，但学界重点研究的是旅游小企业，辅以创业者和创业行为。实践调查与研究均表明，乡村旅游小企业的创业者多为国内移民（外来经营者），只有少部分是本地人。KING 观察到苏格兰山谷的乡村旅游创业者主要是返回家的移民[②]，而 Getz 和 Carlsen 的研究结论表明，西澳大利亚州的乡村旅游企业主大部分是国内移民，只有少部分是本地

① 数据来源：根据《广西壮族自治区乡村旅游重点扶贫村发展规划（2016—2020）》《贵州省重点旅游村寨乡村旅游发展规划（2016—2020）》《云南省乡村旅游发展总体规划（2015—2020）》整理和统计而得。

② KING. Responses of family Businesses to Extreme Seasonality in Demand the Case of Bomhom Denmark[J]. Tourism Management，2004（25）：17-30.

人[①]。李星群对乡村旅游经营实体创业影响的研究也表明：78.2% 的创业者为外地人[②]。农民作为乡村旅游开发的主人，受小农意识、资金、技能、文化知识、创业环境、资源等多重因素影响，难以在乡村旅游开发中占主导地位，无论是 Cioccio 和 Tassiopoulos[③]，还是徐红罡、马少吟[④]，邱继勤[⑤]、文军[⑥]等专家的研究都印证了先前知识经验、社会网络和掌握技能对农民创业具有突出的影响。正因如此，本书引入嵌入性理论探讨乡村旅游开发中的农民创业行为，力图从先前知识经验、社会网络等方面为农民创业致富提供理论指导。

嵌入性理论于 1944 年由人类学家波兰尼（Polanyi）首次提出，作为考察经济与社会相关关系出发点的新经济社会学概念，这种理论对于理解经济行为的社会条件及经济活动中社会因素的影响和作用具有开创性意义[⑦]，迅速得到了学术界的热切回应。农民创业不仅仅是一种经济行为，更是一种社会行为。农民创业实质是经济社会行为，涉及面广、影响因素多、关系网络复杂，引起了学术界的广泛关注，各学科研究者都依托自身学科优势对其展开了研究。文化在很大程度上影响着农民的创业思维，而社会网络关系也会深刻影响农民的创业活动，金迪、蒋剑勇从文化嵌入、网络嵌入和认知嵌入三个社会维度分析了农民创业的理论框架[⑧]，认为文化、网络嵌入能有效突破农民创业障碍。社

---

① Getz D, Carlsen J. Characteristics and Goals of Family and Owner—Operated Businesses in the Rural Tourism and Hospitality Sectors [J]. Tourism Management, 2000（21）: 547–560.

② 李星群 . 乡村旅游经营实体创业影响因素研究 [J]. 旅游学刊, 2008（1）: 19–25.

③ Cioccio L, Tassiopoulos. Hazard or Disaster Tourism Management for the Inevitable in Northeast Victoria[J]. Tourism Management, 2002（28）: 1–11.

④ 徐红罡，马少吟 . 旅游小企业的创业识别机会研究：桂林阳朔西街案例 [J]. 旅游学刊, 2012（8）: 18–26.

⑤ 邱继勤 . 旅游小企业与就业研究：桂林阳朔西街案例 [J]. 旅游科学, 2006（4）: 33–37.

⑥ 文军，李星群 . 广西乡村旅游经济实体现状调查研究 [J]. 经济与社会发展, 2007（2）: 59–62.

⑦ 刘巍 ."嵌入性" 理论及其在中国研究中的发展 [J]. 淮阴师范学院学报（哲学社会科学版）, 2010（4）: 507–511.

⑧ 金迪，蒋剑勇 . 基于社会嵌入理论的农民创业机理研究 [J]. 管理世界, 2014（12）: 180–181.

会关系在农民创业活动中发挥着重要的作用，是影响农民创业绩效的关键因素之一[①②]，它直接影响着农民创业，创业成功与否与社会网络嵌入程度、文化价值、制度组织等嵌入深浅有很大的关系，前期研究表明，社会嵌入与农民创业意愿、决策、资源获取也有直接关系，甚至有时起到决定性作用[③④]；饶勇、徐圆、骆泽铭直接以广东新丰为例，通过引入知识转移视角和关系性嵌入理论模型，分析不同类型旅游开发模式、关系性嵌入水平与知识转移效率三者之间的相关性，结论表明三者之间具有密切的关联性[⑤]；郭凌、王志章研究表明，制度嵌入性对社区居民汲取传统社会资源，设计适合现代社会发展的制度，以促进社区旅游发展和农民创业具有重要价值[⑥]。此外，技术嵌入旅游能够提升旅游产业发展水平，促进旅游地建设，从而为旅游发展提供更多的创业就业机会[⑦⑧]。

上述研究成果为构建产业嵌入促进农民创业平台提供了重要理论支撑，然而，已有成果主要是从社会资本、制度、网络、文化、关系等层面研究嵌入与农民创业关系，较少从产业嵌入研究农民创业问题。农民创业不仅仅是一种经济行为，更是一种社会、文化行为，创业脱贫不仅仅是经济脱贫，更重要的是观

① 郭红东，陈亦悠．社会关系、资源获取与农民创业绩效 [J]. 贵州大学学报（社会科学版），2015（3）：79–88.

② 丁高洁，郭红东．社会资本对农民创业绩效的影响研究 [J]. 华南农业大学学报（社会科学版），2013（2）：50–57.

③ Gibson D E. Role Models in Career Development：New Directions for Theory and Research[J]. Journal of Vocational Behavior，2004，65（1）：134–156.

④ 饶勇，徐圆，骆泽铭．旅游扶贫开发模式、关系性嵌入与知识转移关系 [J]. 广西民族大学学报（哲学社会科学版），2015（6）：128–133.

⑤ 郭凌，王志章．制度嵌入性与民族旅游社区参与 [J]. 旅游科学，2014（2）：12–22.

⑥ 邹永广，谢朝武．基于技术嵌入的乡村旅游服务体系研究 [J]. 企业活力，2011（4）：27–32.

⑦ 曹世武，邹永广，郑向敏．技术嵌入视野下的低碳旅游景区建设研究 [J]. 科技管理研究，2012（6）：10–15.

⑧ Shane S. A General Theory of Entrepreneurship[M]. Edward Elgar：Northampton，2003.

念脱贫和自我内生能力提升①，这与经济社会学意义上的产业概念所涉及的社会、经济、文化、制度、网络等领域具有高度的一致性、共生性，因而，嵌入性理论为农民创业提供了新的理论视角。

二、永模村产业嵌入背景分析

永模村位于国家重点帮扶开发县——东兰县长乐镇，是典型的资源富集型帮扶村。课题组结合编制该村旅游规划的机会，于2015年4月12—16日、2015年6月8—10日、2015年10月1—5日、2015年12月4—5日先后四次前往研究地进行实地调查，并采取访谈和召开座谈会的方式，访谈了东兰县委书记黄XCH、主管旅游副县长罗YH、县人大主席、旅游局局长、扶贫办主任、合作社负责人、长乐镇各级干部、村干部、当地精英及农户代表共181人次。实地调查和访谈内容涉及扶贫政策、农民创业意愿、创业模式、资源禀赋、政府态度、村民生存发展现状、土地性质、社会经济状态、社区组织、村民文化及教育背景、农户利益诉求等指标。

（一）产业嵌入条件分析

1. 产业发展条件良好

永模村共有土地1179.99公顷，其中林业用地512.72公顷、农业用地67.14公顷、耕地76.77公顷、水域面积260.4公顷，人均拥有土地8.63亩，土地及水域能够满足各类产业发展需要。

2. 旅游产业资源优质

村域内旅游资源丰富，有生态环境优美的巴社山（永模村村民奉其为神山，每年祭祀）、铜鼓文化和蚂拐节文化、红水河喀斯特景观、喀斯特湿地公园——坡豪湖国家湿地公园、山水画卷红水河及壮族悬棺、苏仙岩，等等。这些旅游资源等级高、品位高、生态质量好、文化底蕴丰厚，特色明显，是乡村旅游农民

① Auken V H, Fry F L, Ste ens P. The Influence of Role Models on Entrepreneurial Intentions[J]. Journal of Developmental Entrepreneurship, 2006, 11（2）: 157-167.

创业的基础。

3. 产业发展政策坚实

产业发展政策导向是产业发展的基础，也是加快产业发展的前提与保障。永模村被列为广西壮族自治区旅游帮扶重点村，在旅游产业开发中能够享受到诸多政策支持。2014 年被列入了国家发展和改革委员会等七部门联合下发的《关于实施乡村旅游富民工程推进旅游扶贫工作的通知》（发改社会〔2014〕2344 号）中的第一批帮扶实施对象；在《东兰县土地利用总体规划（2006—2020 年）》《东兰县长乐镇土地利用总体规划（2010—2020 年）》《东兰县红水河国际养生度假基地总体规划（2012—2025 年）》《东兰县长乐镇总体规划（2014—2030 年）》《广西东兰县坡豪湖国家湿地公园总体规划（2015—2019 年）》《广西壮族自治区乡村旅游“十三五”发展规划（2016—2020 年）》《广西壮族自治区乡村旅游扶贫重点村总体规划（2016—2020 年）》等规划中被列为重点帮扶对象，并给予了资金、土地、税收、培训等多方面的政策扶持，为乡村旅游产业发展奠定了政策基础。

（二）产业嵌入为农民创业奠定了一定的基础①

2015 年，永模村产业嵌入促进农民创业的主要路径是发展种养业、运输、农家乐和初步开发生态旅游。

从 2010 年以来，村里实施了种桑养蚕、水产养殖、特种动物（竹鼠）养殖三大产业，其中，桑园 600 多亩，拦网养鱼 3800 多亩，板栗 1000 多亩，竹鼠养殖 17 户，另外还有养猪、运输、农家乐、小卖部、垂钓等创业路径。

在创业模式方面，探索了“永模村、更乐村，村村联建产业基地”“党建带团建产业示范基地”“产业典型示范工程”三大模式，扩大了社会网络嵌入范围。

在制度嵌入方面，2012 年 4 月成立了永模村坡豪湖自然综合养殖合作社，采用“基地 + 农户”“专业合作社 + 移民户 + 基地”的模式，每人限购一股，创建了坡豪特种动物（竹鼠）养殖基地、坡豪湖大拦网无公害水产养殖基地。

---

① 本文数据及案例除特别注明外，全部来源于课题组成员于 2015 年 4 月至 12 月对东兰县永模村的实地调查、访谈结果。

旅游产业晚于其他产业嵌入，村里2014年修建了坡豪湖垂钓长廊，之后东兰县摄影家协会进入采风摄影，本县和周边市县少量散客进入村内旅游，村内开始陆续开发农家乐旅游项目，服务内容主要是观光和餐饮，农民创业类型主要是农庄和鱼庄。

（三）产业嵌入的障碍

1992年永模村下游岩滩水电站蓄水发电后，原有的耕地面积被压缩，人均耕地仅有1.05亩；村辖17个村民小组中有12个村民小组为库区移民，1500多人生计受到影响，靠国家发给的库区补助粮生活。从1993年开始，政府积极引导村民发展优质特色产业，通过产业嵌入使脱贫工作取得了较好成效，但产业嵌入难度较大，原因主要有以下几个方面。

1. 产业嵌入市场适应性较低

产业嵌入能否成功取决于三个核心要素：市场适应性，资源与市场匹配性，以及农民对资源开发的能力，三者只有在目标上和行动上取得一致性，产业嵌入才能够取得成功。永模村农户依托自身的资源优势和先前的农耕知识经验、技术发展了鱼、蚕、竹鼠、乌鸡养殖及板栗种植等，这些产业是适合农民创业的，但留在村里从事这些产业开发的基本都是老人、小孩、身体残障人士，他们除了采用传统的农耕技术外，对于现代农业技术的掌握能力较弱，导致农副产品产量低、品质差、无包装，难以适应现代消费者的消费需要。同时，所开发的产业项目比较单一、附加值低、价格便宜、种养成本高、市场适应性弱，人均从产业帮扶中所获得回报在300～500元，扣除各种成本，利润所剩无几。

2. 新产业引入导致竞争排斥

同质化的产业开发势必会引起同质化竞争，从而增加农民创业的难度和机会成本，增大风险。从2014年开始，永模村开发了坡豪湖垂钓项目，一些返乡农民工创建了福禄寿养老基地、壮维农庄、老根鱼庄，从旅游新产业创业中取得了较高的经济实绩，直接和间接带动了村民就业，也为其他农户模仿开发乡村旅游起到了示范作用，更多的农民尤其是家庭条件差的农民开始开办类似的乡村旅游产业项目，从而导致经营竞争逐渐激烈。调查发现，乡村旅游产业开发能够带来新的创业机会，但受区位、同质产品竞争、缺乏旅游合作等因素影响，村民的旅游创业项目往往存在竞争排斥，导致能够从旅游中获益脱贫致富者甚少。例如，“开农家乐、卖土特产，大家稍微有点本钱都可以做，如果大家都做，我们就没有生意做了。”① “我们想弄点工艺品卖，但没有地方给我们摆摊，到人家屋边卖，人家会骂我们，不会让我们去抢生意的”。② 村民的访谈结果也同样显示了新产业引入会导致竞争排斥，甚至会影响原来和谐的邻里关系。

3. 资源产权不清晰，农村物权的产权交易运作难，导致产业项目落地难

物权、产权是反映农民创业中支配资源多寡的重要指标，也是农户创业致富的重要资源。吴忠军和潘福之（2014）在研究中指出，“产权是所有制的核心和主要内容，决定着财产所有者的收益情况，而旅游资源受乡村旅游开发模式的影响，产权所有者与经营者往往发生分离，并由此引发旅游利益分配的一系列问题”③。其他学者的前期研究也表明，资源产权、物权不清晰不仅会在很大程度上影响农民创业，还会严重影响农民创业的规模、效益。永模村与邻近的更乐村、纳雄村有较多的土地权属纠纷，虽然村民获得了林权、房屋产权，但这些物权由于人多地少的现状，以及担心土地流转整合后失地无生计的影响，大多数农民都不愿意将土地入股或联合开发，导致政府引进的乡村旅游产业项目因无地无资源开发而夭折。缺乏适应市场发展需求的大项目引导和辐射带动，产权交易难也是永模村难以实现产业脱贫的重要原因。

4. 缺乏市场意识和掌握新业态的带头人

实践与研究均表明，乡村旅游项目中的乡贤、乡绅及具有一定市场开拓能力的经济能人、社区精英是农民创业致富的重要力量。永模村具有一技之长或初中以上文化的中青年、青少年大多外出务工，留守村里的多为老人、小孩、特殊群体（智障、残障人士、病弱、体弱人群等），老人虽然掌握传统文化技能，

---

① 访谈对象：韦 LZH，38 岁，访谈时间，2015 年 4 月 13 日。

② 访谈对象：黄 YF，41 岁，访谈时间，2015 年 10 月 3 日。

③ 吴忠军，潘福之．基于产权理论的乡村旅游与农民增收研究——以贵州天龙屯堡为例 [J]. 广西师范大学学报（哲学社会科学版），2014，50（1）：63-67.

如蚂拐文化表演、铜鼓表演及传统农耕技能，但缺乏市场意识和对新业态开发的技能，所以难以担当起带领农民创业的重任，而小孩和特殊群体更是无法参与新业态开发。

三、产业嵌入农民创业的实现路径研究

（一）产业嵌入农民创业的基本路径框架

产业嵌入的实质是以产业为纽带，将产业要素嵌入农民创业要素之中，避免农民创业过程中的盲目性和短视性。永模村前期的实践表明，资源富集型脱贫村中农民掌握着创业的各类优质资源，农民可以单独利用这些资源创业，也可以共同开发“公共资源”（如村内的巴社山、坡豪湖、铜鼓文化、蚂拐文化）实现创业目标；创业需要以市场为导向，通过市场反馈的信息引导农民开发所占有资源，也可以依托自身（如竹鼠养殖户）或联合（坡豪湖自然综合养殖合作社）的创业优势来开拓新市场（如合作社开拓的生态鱼市场）。可见，农民创业成功与资源和市场有着直接的关联，农民创业所需要的资源、市场及成功因素，均离不开产业嵌入，这些产业嵌入农民创业的路径包括产业组织嵌入、社会资本嵌入、制度嵌入和技术嵌入等，每一种路径的嵌入都体现了嵌入的精准性（图7-1）。

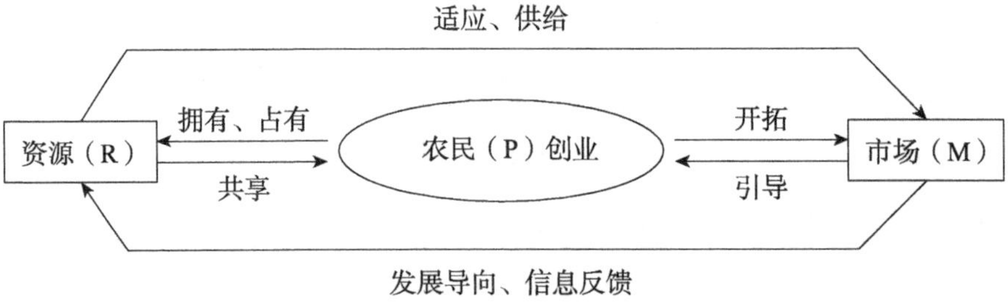

图 7-1　农民创业理论模型示意图

（二）产业嵌入路径

产业嵌入农民创业的路径很多，但在嵌入过程中需要充分评估农民的接受能力，并结合先前知识经验、社会网络、技能和意愿等要素，在组织、制度和技

术等层面上进行重点研究。

1. 产业组织嵌入

产业组织嵌入是指产业组织在农民创业过程中呈现的市场关系、交易关系、行为关系、资源占用关系和利益关系。永模村农户在交易中往往缺乏市场意识和敏感性，绝大多数被访问者均认为，“我们做的种植养殖都是政府让我们做的，我们也不知人家喜欢什么”[①]，缺乏市场意识是农民创业最大的障碍。永模村农户在东兰县地方政府的号召和组织下，依托自身的土地资源，开发了种桑养蚕、板栗、养鱼、养竹鼠等产业，并陆续开发了农家乐、家庭农场、农家客栈、竹排观光等农民能够创业的项目。2015 年东兰县政府引入香港进源集团投资开发永模村，规划重点是开发适合市场需求的养生、休闲、乡村度假、运动等旅游项目。在规划设计中，香港进源集团与农户签订了扶贫协议，明确让农户利用自身土地资源和拥有的文化资源开发表演、特色种植养殖、壮医药养生、旅游运输、养老护理等项目，由公司负责市场营销和指导经营管理。通过这一产业组织的嵌入，截至 2017 年 3 月 12 日，全村由香港进源集团开发的各类乡村旅游项目达 24 个，2016 年农户户均纯收入 3189 元，产业组织嵌入为农民创业带来了初步显著的效益[②]。

2. 产业制度嵌入

产业制度嵌入更多地体现在村民的创业行为上。建章立制，一方面可以规范、协调村民的创业行为，为创业营造良好的社区环境、创业环境；另一方面，有利于引导村民创业方向，约束村民创业不良行为，激励其创业热情。永模村从 2011 年开始探索创新党建工作，在地域相邻、产业相同、文化相融等综合条件具备的情况下，联合更乐村、纳雄村等成立了“村村联建”党建工作机制，该机制以“物质与智力共享、党组织共建、党组织活动共办、经济利益共享、发展

① 2015 年 4 月 15 日，访谈对象黄 ZHH，39 岁，岑 Y，46 岁；2015 年 6 月 10 日，访谈对象覃 FM，45 岁，陈 R，29 岁，陈 YL，37 岁；2015 年 10 月 1 日，访谈对象覃 Y，51 岁，岑 GW，58 岁。其他访谈对象也有类似观点。

② 2017 年 3 月 14 日，电话和邮件采访东兰县旅游局韦 ZHY 局长、驻村扶贫干部黄 W、永模村党支部书记陈 YL 和贫困户乡村旅游项目经营者陈 DY、覃 JY 所得数据。

环境共创”为原则，以党员服务、生产服务、卫生服务、文化服务、政务服务、法律服务为主要内容，开展“结对共创、结对互帮、结对争优”农户创业就业活动。这些以共创、共建、共帮、共享为主要内容的产业制度在很大程度上树立了农户的创业脱贫信心，也提升了农户的自我发展能力。

除了党建领域的村村联建外，永模村还根据社会和市场发展的需求，于2015年在镇政府和课题组专家帮助下修改了《村规民约》，在《村规民约》中引入产业制度契约精神，重点体现“推进乡村旅游开发、整治环境卫生、协调处理社员各类矛盾、解决村民各项利益诉求、做强做大特色产业”等各类责任与义务及相应的约束、激励、惩罚机制。这样做可以从源头上规划好、设计好顶层架构，避免产业做起来后出现更多难以解决的矛盾，影响产业可持续发展，进而影响农民创业致富。

在产业制度嵌入中引入激励机制对于激发农民创业热情也至关重要，农民创业往往受教育程度、社会阅历、个人观念、创业环境、自信心等多重因素影响，同时害怕失败。此外，示范效应对农民具有重要的引导性，通过示范效应，农民很容易接受新事物，也容易调动起创业的热情与激情。为此，永模村从2012年开始实施“百名能人带富工程”，并在2015年制定脱贫致富激励机制和技术培训机制。通过各类培训，依托社会网络关系，永模村筛选出100名具有发展潜力、掌握一定技术且学习能力较强的农户，以外出参观学习、到其他村从事学徒学习、接受技术培训等方式对其进行培训，并依托这些农户积累下来的前期经验和人脉、政府关系，形成帮扶、结帮、联帮的形式，实施创业致富。2016年7月，永模村创建了返乡农民工创业示范点2个，培养起桑蚕等产业党员示范户11户、特种动物养殖示范户6户、大型生猪养殖户1户、产业致富能手68人（表7-5）。2015年，村里组织创业示范户到巴马、桂林龙胜等地参观、交流学习乡村旅游技术，并派遣部分代表与龙胜龙脊梯田景区旅游示范户同吃同住同学习，实行学徒制，学习乡村旅游发展方法，取得了很好的效果。

表 7–5　农民创业示范户典型案例

创业者	创业者基本信息	创业类型	创业事迹	创业经验
覃 YR	68 岁，原村党支部书记，1995 年 12 月入党	产业创业	2008 年退休后开始小蚕共育工作，为 272 个农户提供小蚕共育技术指导，并联系销售渠道；自己养殖大蚕，年均收入 6 万元左右	1. 掌握先进的小蚕培育技术与经验 2. 依托自身担任村干部优势，拓展社会网络资源，增强协调组织能力
陈 S	32 岁，现任村团支部书记，2012 年加入中国共产党	返乡创业	2011 年务工返乡后学习养殖技术，2012 年 5 月利用自身打工积攒下来的 1 万多元，和库区移民后期扶持存折抵押贷款的优惠政策，在废弃的板么小学 300 多平方米的校舍发展规模养殖业，现有 6 头母猪，年均出栏 80 多头生猪，年均利润 3 万多元	1. 外出务工后拥有较大的社交网络关系，并对市场有较好的认知 2. 年轻，对新知识、新理念掌握能力较强 3. 运用新技术创业致富
岑 NJ	42 岁，是村里的种植致富能手	种植养殖能手	每年种植 3.5 亩桑田，饲养大蚕，2015 年投资 5000 多元养殖 25 对竹鼠，还租赁村里的土地种植 4 亩冬菜，年均收入 4 万多元	1. 拥有土地等资源产权 2. 有先前积累的技术经验，并对市场有较高的敏锐性

3. 产业技术嵌入

产业技术是农民创业成功的重要保障，产业技术嵌入主要通过三个路径实现：资源开发技术、市场开拓技术和服务管理技术。

（1）资源开发技术

资源富集型贫困村农民往往掌握着一定的资源，并拥有开发这些资源的传统技术，如农业开发、民族文化传承利用、民族手工艺制作、民居建筑建设、农耕文化开发等技术，这些技术是其创业的资本，也是其易于掌握和易于进行乡村旅游开发的基础。产业技术嵌入可以将资源优势转化为经济优势、市场优势，从而实现脱贫。农民凭借先前的技术和经过培训后掌握的新技术，不仅可以在自身拥有的各类创业资源上开发传统农业，也可以开发乡村旅游。比如，可以借助农民掌握的传统农耕技术开发绿色、有机农业，为旅游活动提供商品、餐饮等，也可以借助容易学习掌握的农业园林技术、农副产品加工技术、烹饪技术等将传统农耕资源开发为农业观光、采摘体验、旅游土特产、美食等。

（2）市场开拓技术

新常态下需要从市场导向出发，根据市场法则和发展规律开发相应的产业，只有这样才能实现农民创业。市场开拓技术对于老人和特殊群体来说有难度，但对于返乡农民工、失业青年、“4050”等人群来说，市场开拓技术相对容易接受。市场开拓技术在乡村旅游开发中主要包括民居客栈开设、农副产品销售、旅游商品销售、票务预订、市场信息查询、游客反馈收集等所需要的技术，这些技术简单、易懂，适合农民创业开拓市场，在政府、社会、企业帮扶下，永模村已有返乡农民工、知识青年开始采用物联网、互联网技术，开展餐饮服务和客房票务预订、农副产品网上销售业务，并逐步掌握了网上开拓市场的方法与技术，从而吸引了更多的游客前来旅游。

（3）服务管理技术

农民创业需要掌握一定的现代服务管理技术，尤其是从事乡村旅游业的农民创业者，他们更需要掌握相应的技术。这些服务管理技术主要包括安全卫生保障、培训学习、电商、简单通信、运输、种植养殖、简易物流配送、服务员管理、导游等技术，这些技术是提升产业水平，增强创业能力的基础。

东兰县农业部门、畜牧业部门在永模村进行种植养殖技术培训，包括板栗低产改造、养鱼、桑蚕等农业种植养殖技术，为农民创业（如旅游农副产品开发）奠定了一定基础。从 2000 年开始，村里建设了远程教育农家课堂，2000—2015 年共举办各类技术培训班 52 个，举办电教化教育班 6 个，现在的村民已经不局限于“农家课堂”学习新技术，还经常到县人才交流中心举办的各种技术培训班学习。2015 年，阿里巴巴农村电商在村里落户，设有快递和物流快递业务，村里返乡青年农民工共购买电脑 12 台，开始进军电商，依托现代互联网技术进行营销、了解外部世界等。2016 年课题组会同东兰县旅游局开始分批对农民进行乡村旅游技术开发培训，培训内容主要包括农家烹饪、民居客栈、农业观光、垂钓、农家乐、家庭农场、民俗表演、网上预订等方面，指导农民如何将传统的农耕劳作、农业生产、民俗文化等转化为旅游产业，以扩大农民创业范围，发展现代服务业，使农民真正脱贫致富（表 7–6）。

表 7–6　永模村产业技术嵌入农民创业项目一览表

序号	项目	适合农户	产业技术嵌入路径	创业模式	乡村旅游形式
1	农副产品	"4050"人群、老人、特殊群体	农副产品加工	自主创业、开公司、建家庭作坊	旅游商品
2	文化演艺	老人、失地农民	保留、传承传统民俗艺术，组建演出队伍	创建合作社	旅游演艺
3	种植养殖业	老人、年轻人	学习简单园艺、农耕文化景观制作、传统捕捞、垂钓、狩猎、农业科普	自主创业、开公司、创建合作社	观光、体验、研学、休闲旅游
4	民族手工艺	老人、特殊人群、失地农民	保留、传承非遗工艺和传统手工艺加工技术	自主创业、建家庭作坊	旅游商品
5	住宿	所有农户	客栈改造、服务管理、网上预订等	自主创业	民宿旅游、特色客栈等
6	餐饮	返乡农民工、失业社会青年	烹饪技术、卫生安全技术	自主创业或合伙制	农家乐、特色旅游餐饮
7	运输	返乡农民工、社会青年、老人、失地农民	竹排驾驶技术、小游船驾驶技术、电瓶车驾驶技术等	自主创业	特色旅游
8	垂钓等休闲项目	返乡农民工、特殊群体	传统捕捞技术	自主创业	休闲旅游
9	导游	妇女、失业青年、失地农民	导游讲解技术	自主创业	旅游讲解
10	居家养老	返乡农民工、青年妇女	简单护理技术	自主创业、开公司	银发旅游
11	民族传统养生	老人	壮族传统医术	自主创业	壮医壮药养生旅游
12	便利店	老人、特殊人群	销售技术	自主创业	旅游公共服务

四、研究结论与展望

（一）结论

（1）东兰县永模村是典型的资源富集型脱贫村，其资源富集和经济欠发达现象共存引起了学界关注。从产业视角分析，重要原因是传统农业产业市场适应性不强，农业生产成本高，受市场价格波动影响大。

（2）乡村旅游是绿色富民的新路径、绿色崛起的新窗口，乡村旅游促进了社会资源和文明成果在城乡之间共享及财富重新分配，激发了农民创业活力，促进了一二三产业融合。永模村实施乡村旅游发展的初步实践显示，农户通过产业嵌入，不仅最大化体现了传统的农业价值，也激活了乡村资源潜在价值，激发和增强了他们创业致富的信心与勇气。

（3）资源富集型乡村旅游农民创业路径是多元的。构建以农户为主体，以资源为基础，以市场为导向的创业模型，是实现产业致富的重要路径。

（4）产业嵌入面临的不仅仅是经济问题，更多的是社会问题、文化问题。产业嵌入需要建立在农民已有技术积累、先前农耕技术、传统经验知识、所掌握的社会网络基础上，不能脱离农民自身能力接受范围，否则，其效率将大大减弱甚至创业可能失败。适合农民创业的产业嵌入核心路径有产业组织、产业制度和产业技术嵌入。

（二）展望

“大众创业 万众创新”成为新时代发展致富的重要路径，由于存在区域差异、民族差异、资源差异、市场差异、先前技术差异、社会网络差异及历史差异等，如何实现农民创业致富，需要依托各学科优势结合不同区域与研究对象、个案展开更有针对性的研究。

本书重点探讨了资源富集型农民初始创业阶段问题，旨在探寻产业对农民创业的影响，进而揭示我国民族地区农民创业的内在机理与外部影响机制。初步研究表明，产业嵌入尤其是旅游产业嵌入到资源富集型农民创业，能够激发农民初始创业激情与热情，能够为农民创业带来新的理念，从而增强其创业的信心与勇气。但同时我们也看到，农民创业致富是一项庞大而复杂的工程，牵涉面广，除了必须考虑农民主体自身的能力——先前掌握的经验、技术和技能之外，还需要更全面了解影响农民创业的因素、风险、资源、市场，与农民创业关系、农民创业意愿与动机、农民创业脱贫致富路径与模式、资源产业与农民创业、顶层制度设计、利益保障体系等问题。因此，乡村旅游农民创业问题是一个需要不断深入研究、不断探索、不断创新的课题。

第八章　农民旅游创业脱贫共富对策研究

第一节　农民旅游创业脱贫共富的路径研究

一、社会网络嵌入产业创业

社会网络资源对农民创业有着直接或间接且非常重要的影响，尤其是在农民创业初期，农民通过社会网络获取创业资本，发挥示范导向作用，对降低农民创业风险、增强其创业的信心与勇气均有重要价值。社会网络的概念在 20 世纪 60 年代由 R 布朗首先提出。他从社会关系的角度出发，指出社会网络是某一群体中特定的个体（包括个人、组织等）间的一组独特而相对稳定的关系或系统[①]。而从资源角度来看，Aldrich（1986）认为社会网络是由提供信息等各种资源的联系所组成的，是主体获取资源（如分享和交换各种信息及资源）和社会支持等以便识别与利用机会的社会结构[②]。因此，它不仅是一种关系网络，还是企业获取资源的重要途径[③④]。社会网络在创业中的应用通常是把创业者的社会网络看作一种资源，即通常所说的社会资本，并把社会网络作为影响创业的一个

① 彭澎．基于社会网络视角的高技术企业集群成长机制研究 [D]. 长春：吉林大学，2007.

② Howard A，Zimmer C，Jones T. Small Business Still Speaks With the SameVoice：A R eplication of Survival[J]. Sociological Review. 1986（34）：335–356.

③ 黄海云，陈莉平．嵌入社会网络的企业集群结构及其优势 [J]. 现代管理科学，2005（5）：70–71.

④ 李开，江天鹏，刘凯丽．社会网络嵌入与集群企业合作营销实证研究——基于我国传统产业集群的调查 [J]. 科学决策，2014（6）：1–13.

因素。这种观点源于组织生态学，通过对创业者的网络进行研究，关注社会关系及其结构如何影响创业所需资源的分配，以揭示社会关系对企业创业成功率的影响。正如 Mitton 在 1989 年指出的：成功的创业不仅依赖于“你是谁”（who are you），更依赖于“你认识谁”（who do you know）[①]。

农民创业获取外部社会资本的过程，实质上就是将外部社会网络资源转化为自我创业资本的过程，农民对乡村旅游创业的最终选择是其所拥有的内外部社会网络资源共同作用的结果，这种结果贯穿于农民创业的整个演化过程：创业前社会网络、创业过程社会网络和创业后社会网络。

创业前的社会网络更多涉及的是社会帮扶、政府引导、农民自身的从业经验或社会阅历，通过自身的社会网络资源获取政府政策的支持、扶持及社会帮扶的资源，是其创业动机产生的重要源泉，也是农民创业时选择行业的重要因素。

创业过程中社会网络的力量主要起支持、帮扶和榜样示范作用，尤其是社会的支持和成功的榜样示范作用，是提升农民创业的自我生存和发展能力，降低创业风险，解决创业过程中遇到的各种困难与挑战的重要力量。

创业后，随着农民企业的发展，社会网络的力量体现在农民获取的社会资本越来越多，逐渐积累了超越血缘的业缘资本（以职业或行业为纽带而结成的人际关系网络）、超越地缘的市场资本（为了生产交换而结成的人际关系网络）及超越熟人的契约信任（基于契约在生产交换中所结成的人际关系网络）[②]，其内生发展能力、抗风险能力和处理各种问题的能力也会得到增强，从而能带动或辐射更多的农民创业，起到先富带动后富的作用。

因此，社会网络嵌入到乡村旅游产业中，能够引导和帮扶农民创业，也是农民创业成功的路径之一。

---

① 赵都敏．社会网络视角在创业研究中的进展 [J]. 科学学与科学技术管理，2007（8）：71.

② 丁高洁，郭红东．社会资本对农民创业绩效的影响研究 [J]. 华南农业大学学报（社会科学版），2013（2）：50.

案例：大新县乡村旅游农民创业模式

大新县地处广西西南，与越南高平省山水相连，边境线长43千米，全县行政区域面积2742平方千米，森林覆盖率达64.6%，境内居住着壮、苗、瑶等少数民族，总人口37.8万人，其中壮族人口占98%。全县旅游资源非常丰富，有德天跨国瀑布景区、明仕田园景区等40多处高品位的景区（点），先后获得“全国生态文明县”“广西森林县城”“广西优秀旅游县”“广西十佳旅游休闲目的地”“中国长寿之乡”“最值得向世界推荐的旅游县”等荣誉称号。

大新县坚持“政府主导、村企自愿、因地制宜、合作共赢”的原则，主动适应新常态，不断提高旅游产业包容性、多样性、可持续性，厚植发展优势，切实贯彻创新、协调、绿色、开放、共享的新发展理念，充分发挥旅游业在地区产业开发中的特殊优势，探索出了旅游发展、公司获益、农民致富的良好路子。在浓沙屯、明仕村、德天屯等村（屯）涌现了一批农民从事民宿创业致富的先进典型案例。

一、工业反哺，助推建设特色旅游新村

大新县桃城镇万礼村浓沙屯是盛都工贸有限公司帮扶培育的旅游兴村先进典型。全屯共有88户，350人，是一个集奇山、奇岛、河流、瀑布、幽泉、奇石于一体的秀美屯。

自2014年6月份以来，浓沙屯在盛都工贸有限公司帮扶下，以村民出资金、土地入股为主要方式，抱团发展乡村旅游产业，带领村民共同走上致富道路。一是提供就业机会，积累旅游发展资金。大新县盛都工贸有限公司安排村民到该企业就业，人数占全屯农户的90%，人均月工资在3000元以上。其中，在公司资金帮助和技术指导下，有3人独立创业成功，年收入在30万以上，还间接提供了50多个就业岗位。村民通过自主创业和充分就业，不断增加收入，为村民合股开发旅游资源积累了丰厚资本。二是科学规划，积极开发利用旅游资源。在盛都工贸有限公司的牵头下，浓沙屯充分利用浓沙屯山水生态优势和紧邻县城区位优势，注册成立崇左市首家乡村旅游发展公司，采取“农户入股＋公司运

作”的模式，按规划设计开发利用旅游资源。群众既是股东，又是农家乐等项目经营者，避免无序开发和恶性竞争。自 2015 年年初开业至 2016 年 9 月，全屯共接待游客 11 万人次，旅游综合收入 1100 万元，直接为 35 户、78 名村民提供了就业和经营收入，农民人均纯收入高于周边村屯。三是打造环境，共建宜游宜居美丽家园。盛都工贸有限公司出资 200 多万元，扶持浓沙屯建设文化舞台、篮球场、停车场、公厕、吊桥、沿河观光道、环山道、生态草莓园、大型游泳池等基础设施和景观，帮助村民全力建设宜居、宜业、宜游的美丽家园。

二、成立协会，引导农家乐产业式发展

大新县堪圩乡明仕村位于风景秀丽的明仕田园风光景区，农民的主要经济来源是珍珠鸭养殖、高产优质水稻种植、特色旅游产品销售、农家乐旅游服务，明仕田园风景区获“广西五星级乡村旅游区”称号。

明仕村以大新明仕旅游发展有限公司为领头羊，采取“公司＋农户”方式成立“明仕农宿协会”，集零为整，对全村 50 多家农家乐进行统一管理、统一培训，进一步提高接待能力和服务水平。一是加大投入，完善设施。统一规划，设立专款扶持农户修建特色住宅，扩建明仕村“农家乐”一条街，配备路灯、公共娱乐设施、文化室等。明仕田园核心景区周边的 15 个村屯均完成了环屯道路硬化、河道整治、水渠修建，建成了以明仕壮族文化长廊、壮族民居博物园、明仕竹排游、明仕田园景区为主，集休闲体育、度假、娱乐、探险、健康养生于一体的乡村旅游度假区。二是转变思路，特色种养。随着游客住农家、吃农家饭菜、体验乡村生活需求的发展，村屯引导群众积极调整农业产业结构，大力发展珍珠鸭养殖、超级稻种植，仅明仕村弄朋屯就种植优质水稻达 270 亩、养殖珍珠鸭 6000 多羽和乳猪 3 万多头。同时，转变思路，组织群众利用冬季闲田种植油菜花，让“闲田”变成“休闲”胜地，吸引了大量游客前来赏花游玩，改变了田园秋收后游客量减少的局面。三是加大宣传，创新营销。将明仕田园景区与农家乐体验捆绑营销，迅速提升“明仕农宿协会”的知名度，拓宽市场，推动农民增收。2015 年，全村接待国内外游客已达 60 万人次以上，明仕村“农家乐”为当地农民提供了近 250 个就业岗位，当地农民收入从 2013 年人均 6196 元增至 2014 年人均 8500 元。

三、景区辐射，带动周边村民多种经营

德天跨国瀑布景区位于中越边境广西崇左市大新县硕龙镇，景区包含自然景观、军事文化、边关特色多种旅游资源，是一个集自然观光、人文景观及民俗体验于一体的综合性景区。核心景点德天瀑布位于中越边境的归春界河上，是世界第四大、亚洲第一大跨国瀑布，有着很高的知名度、美誉度、主题强化度。景区于1993年开发，国家AAAAA级旅游景区，先后荣获“全球最美的瀑布景点”“中国最美的地方·中国最美的六大瀑布”“广西十佳旅游景区”等称号，是海内外知名的影视题材外景拍摄基地。随着德天跨国瀑布景区的开发力度不断加大，其旅游市场日益繁荣，地处德天跨国瀑布景区内的德天屯群众紧紧抓住机遇，经过不断探索，找到了符合自身经济发展的好路子。一是创建股份合作项目。以股份的形式筹集资金，鼓励和引导村民筹资，购买竹排、电动观光车等旅游设施，整合后成立旅游公司，共同参与旅游项目的合作开发，为游客有偿提供旅游观光服务，从而获得收益分红。二是发展个体边境贸易。利用中越边境的独特地理优势，引导边民成立互市贸易合作社，鼓励开展边境小额贸易，通过经营具有本地和越南特色的老虎膏、拖鞋等旅游商品增加收入，销售的旅游产品种类非常齐全，受到了国内外游客的喜爱。三是经营农家旅社和饭庄。德天屯群众依托景区优势，建设经营富有壮族特色或越南异域风情的农家旅社、饭庄，大大提高村民收入。目前，德天屯村民人均年收入已达2万元以上，成了全镇最富裕的村屯，排名全县前列。

四、农旅结合，打造现代农业休闲旅游

2014年以来，按照创建广西现代特色农业（核心）示范区的要求，凭借区位及自然资源优势，恩城乡恩城社区凤凰岭创建了融农业观光和水果采摘为一体的德天休闲农业核心示范区，成功引进大新县凤凰岭农业科技有限公司等3家企业，规划打造成为广西现代农业核心示范区和广西五星级乡村旅游区。以完善基础设施建设为抓手，以群众为主体，以科技为支撑，以凤凰岭为核心，以农民增收为目标，辐射带动周边群众发展休闲度假旅游。

二、自主创业

自主创业是农民依托自身的社会资本、先前经验、知识积累和技能资源，通过自己所获得的资源出资，以个体户形式，组织、生产、销售与自身能力相关联的业态，或以提供劳务服务为主的一种创业模式。自主创业模式是一种最简单的农民创业形式，在乡村旅游开发大背景下，农民会获得各种创业机会，但能否创业，则取决于农民素质（身体健康程度、受教育水平、积累的经验技术、心智发育水平、接受知识能力等）、掌控的资源（物质资源、文化资源和外部社会资源）和社会网络强弱程度（血缘关系、地缘关系、业缘关系及政缘关系等），同时这些素质、资源和网络也会影响他们的创业形式（图 8–1）。

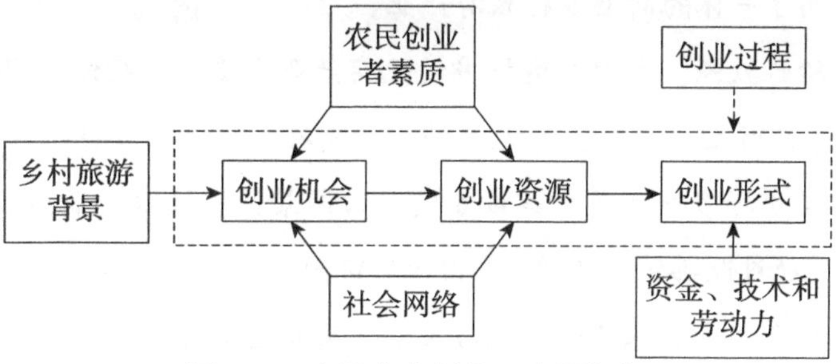

图 8–1　农民自主创业示意图框架

自主创业形式灵活、投资少、见效快、对社会网络资源要求不高，利益分享机制相对简单，是左右江革命老区乡村旅游农民创业采用最多的一种方式。这种创业方式往往需要以整体的乡村旅游开发环境为依托，主要是分流乡村旅游所带来的客源进行创业，因而容易受到旅游整体环境影响。农民自主创业多数集中在对自己有优势的产业上，或者自己掌握某种技能的行业中，诸如家庭农场、家庭牧场、小卖部、小餐馆、摄影服务、民宿等业态，都是自主创业的成果呈现。

案例：大新县堪圩乡农家旅馆一条街

大新县堪圩乡民宿产业依托明仕田园景区的开发，形成了主要以“农家旅馆”一条街为龙头的农宿产业集群。“农家旅馆”一条街位于明仕田园景区的核心地区，紧靠壮族民居博物馆，以崇敬二级路为轴线，覆盖名仕村弄斗、茶一、茶二、弄朋、那乙、那都、地板等7个屯，形成一条街。现有50家“农家乐”旅馆，客房561间，从业人员263人。“农家旅馆”一条街由政府引导、群众自主开办，通过不断挖掘边关特色，打造民俗风情体验节，开发壮族风情、珍珠鸭、明仕河鱼、明仕豆腐、明仕烤猪等特色佳肴，让游客体验到了壮家边关风情。政府出台金融支持政策先后为38户农家乐办理贴息贷款300多万元，解决了农家旅馆业主创业资金缺乏的问题，带动260多人走上创业致富之路，实现了当地居民的经济增收。

堪圩乡农家旅馆一条街各具特色的民宿建筑物集聚在一起，形成了以“吃农家饭、住农家屋、游农家景、享农家乐”为主要内容，集享受田园风光风貌、体验农耕文明于一体的新型乡村旅游产业。

一是体验性较强。大新县堪圩乡的民宿产业主要依托明仕田园景区田园风光进行开发，并衍生出骑行、篝火表演、竹筏游、游泳等多样化的游客体验性产品。大新县堪圩乡民宿集中建设于明仕田园景区的核心地带，依托优质的田园景色资源，通过改善装修风格，推出针对田园风景观光休闲类的产品，如园景房、特色山水套间等。依托骑行线路及景区里大型室内游泳馆的建设，将骑行、游泳、篝火表演等体验类活动纳入自己的产品中，以提高产品的质量。

二是特色鲜明。大新县堪圩乡的民宿产业在发展中充分发掘边关特色，着力打造有民俗风情的民宿产业项目。明仕村的壮族土司生态文化保存得比较完整，是广西具有独特的黑衣壮文化和土司历史文化的名村之一。因此，堪圩乡民宿产业在开发中加入了大量壮族文化元素。其开发的珍珠鸭、明仕河鱼、明仕豆腐、明仕烤猪等风味美食，丰富了“三月三”新米节、牛魂节、侬侗节等民俗活动的内容，让游客能深入体验民俗活动文化内涵。

三是政策支持。大新县堪圩乡的民宿产业在发展中得到了企业与政府的大力支持，不断为农民提供就职岗位，基本实现了乡村旅游发展的目标。当地政府与企业支持农民创业，先后为38家民宿贴息贷款300多万元以支持民宿产业的发展，同时与民宿经营者沟通让其为当地农户提供清洁工、服务员等就业岗位，引导农户种植无公害蔬菜，养殖珍珠鸭、河鱼等农副产品，直接或间接创造就业岗位250个。

四是旅游类型多样。大新县堪圩乡的民宿产业在发展中注重与乡村旅游景区相结合，开发了多种类型的民宿旅游，突出田园文化，发掘稻作文化。全村积极响应退高秆作物还稻工作，并与民宿产业开发相结合向市场推广田园观光旅游、家庭田园生活体验旅游、生态旅游。同时充分利用“中国土司文化之乡”“中国侬垌文化之乡”“中国长寿之乡”这些称号的影响力，深入发掘侬垌节、寿乡等品牌效应，积极开展民族文化旅游、养生旅游等，让游客充分体验农村文化与现代文化交融的魅力。

三、合伙创业

合伙创业不同于股份制、入股等形式的创业，是指由具有资源、利益关系的两个或两个以上农民，通过共同出资（资源、资金、资本等）、共建共创、共享收益、共担风险、共同创业的一种方式。合伙创业者大多数是亲戚、朋友、兄弟等，关系较为密切。合伙创业的几方需要具有共同的价值观、共同的理想信念和共同的处事方式，才能更好地完成合伙创业。

对于拥有村集体经济或公共资源的农民而言，无论是村集体资源，还是自身掌握的与其他村屯互补的资源，都可以作为合伙创业的基础。这种创业方式具有抗风险能力强、效益好、特色鲜明等特点，但如果合伙人之间经济利益处理不好，就很容易导致创业失败。合作社、农家乐、文化表演、非遗展示、农业园等都是合伙创业的重要形式。

案例：南丹模式

广西河池市南丹县积极引导农户发展乡村旅游，创新旅游发展模式，促进旅游发展显成效，形成了“公司+基地+农户”“公司+旅游合作社+基地+农户”“能人+合作社+农户”“合作社+基地+农户”等多种乡村旅游经营模式。

歌娅思谷核心景区采取“公司+核心景区+农户”模式，以旅游综合体建设为载体开展乡村旅游工作。公司以每年每亩600元的租金流转周边农户土地823亩，并优先安排租地农户和周边农民在景区就业。2016年，在景区签订就业合同的农户有153人，他们被安排从事管理、导游、保安、餐馆服务、环卫、田园管理等工作，月均工资2000元，其中有54名白裤瑶农户兼职参加原生态民俗风情篝火晚会演出，每人月均收入400元。另外，公司还为有经营意识的农户提供低价租赁商铺经营旅游商品、乡土美食、农特产品，月均收入2000多元[①]。

王尚屯民族特色村寨采取“公司+合作社+农户”模式开展乡村旅游，白裤瑶景区开发公司负责市场营销和规划实施，乡村旅游专业合作社负责组织和吸纳86户农户表演和间接参与旅游创业就业，并负责协调公司和农民关系，农民以占有股份的方式间接参与旅游创业、参与景区的表演和旅游活动，在利益补充方面，合作社以景区年度门票收入的4%作为补偿金给入股农民分红。公司还通过引导农户在景区周边发展特色种植养殖、开办农家乐、在景区务工和生产白裤瑶民族工艺品等增收致富[②]。

九洞天景区采取“公司+基地+农户”模式，整合43户农户，326亩土地，连片打造生态休闲农业园和恋恋谷花海，并安排当地39名农民季节性地在景区参与旅游服务，如花卉种植、护理等工作，年人均劳务收入1.44万元。

白裤瑶民族旅游工艺品开发公司则采取“公司+基地+农户”模式，成立了乡村旅游创客基地，通过产业分工合作的模式将民族旅游工艺品如手工服饰、陀螺、竹筒鼓、鸟笼等向农户进行订单式收购，使白裤瑶民族工艺品从散户经营走向规模化、产业化经营，产品远销东南亚等地。2016年，有312户白裤瑶群众参与民族工艺商品生产，户均年收入5000元以上[③]。

巴平乡村旅游区积极发动群众参与乡村旅游，成立“巴平米”专业合作社、瑶家生态农业专业合作社、南丹泉水生态农业合作社、巴平乡村旅游合作社等4家合作社，共吸纳社员198户。合作社采用“合作社+基地（有机农业）+农户”

① 邝伟楠，孟萍．民营企业积极加入扶贫攻坚[N]. 中国旅游报，2016-07-14.

② 同①.

③ 同①.

的模式，农户通过流转土地获取租金、经营农家乐及农家旅馆、开展有机农业生产、销售花海门票、租赁自行车、休闲垂钓收费等渠道增加收入。该乡村旅游区“巴平米”种植面积达 940 亩；打造丘陵花海 200 亩；柑橘、桃等特色水果种植 20 亩；河道养鱼 20000 尾，建有农家乐 8 家、农家旅馆 8 家、精心推出黄酸扣肉、酿豆腐、农家土灶腊肉、糯米糍粑等农家特色菜肴，并通过举办乡土美食节、油菜花节、山地自行车赛等活动吸引了大量游客。2018 年，该乡村旅游区共接待游客 45 万人次，同比增长 27%，合作社门票收入 258 万多元，农民人均从中受益 10000 多元。农民的积极参与，大大提升了乡村旅游的发展动力。

第二节　农民旅游创业脱贫共富的模式研究

农民创业模式是多样性、多元化的，根据对左右江革命老区乡村旅游的调查，依据农民创业理论与实践的相关知识，课题组总结了左右江革命老区的 7 种农民创业模式：产业主导型创业模式、资源主导型创业模式、机遇主导型创业模式、技能主导型创业模式、金融扶持主导型创业模式、社会帮扶型创业模式、社区精英榜样示范带动型创业模式，这些创业模式并没有明显的分界，有的农民采用的是多种模式相结合的混合模式，具体内容及相关典型案例分析如下。

一、产业主导型创业模式

产业主导型创业是指以乡村旅游特色产业为主导，围绕乡村旅游市场目标，整合乡村旅游资源和农民创业的各种要素，通过乡村旅游创客基地、乡村旅游产业园、乡村旅游区或农家乐集群等路径，把左右江革命老区乡村旅游产业的产前、产中、产后各环节结合成统一的产业链体系，通过产业链建设来推动农民创业致富的方式①。从实践而言，产业主导型农民创业模式是指在乡村旅游富

① 徐翔，刘尔思．产业扶贫融资模式创新研究 [J]. 经济纵横，2011（7）：85-88.

民思想政策的指导下，围绕富民这一生产目标，专门帮助贫困人口脱贫致富而发展的单一产业或多产业组合。能够以产业发展的方式帮助农民脱贫致富。通过具体的实践观察可发现，产业主导型农民创业模式特点主要有：一是针对性，主要面向农户，目标明确，结合区域优势资源开发特色产业，针对性强；二是政府引导性，该模式需要“借助外力”来发展产业，而在引入“外力”方面主要是政府主导并使其发挥作用；三是托底性，该模式能够达到产业发展的目的，同时也可以做到一定程度上的社会兜底，帮助农民致富。

案例：巴马模式

乡村旅游产业发展是可持续的，是“造血式”的，它需要建立在乡村旅游产业资源的基础上，以乡村旅游市场为导向或为引领，开发符合市场消费需求的乡村旅游产业实体，农民通过这些实体实现创业。巴马县非常重视产业富民发展，通过出台一系列的优惠政策和激励政策，积极发展乡村旅游产业，形成了“公司+基地+合作社+农户”“公司+基地+农户”“旅游合作社+农户”“能人+基地+农户”等多种产业发展模式。自2016年以来，巴马县通过优惠政策、产业发展奖励政策等，引入了广西巴马八百里农业有限公司、深圳深鹏旅游发展有限公司、广西巴马百宝乡农业有限公司、广西巴马那澜湾休闲观光农业发展有限公司、天津宝迪农业科技股份有限公司等十多家企业入驻巴马，通过企业带动农民创业，积极推动旅游农副产品、旅游养生产品和旅游民族工艺品等的开发与生产，构建了企业和各类专业合作社与农户的利益联结机制，使得乡村旅游产业获得了健康发展。截至2018年，巴马引导和培育乡村旅游合作社126家，发展乡村旅游项目213个，基本上实现了每个贫困村都有一个乡村旅游项目，培育了乡村旅游致富带头人84人，直接和间接带动871个农户创业脱贫，产业主导型农民创业模式取得了良好的成效。

巴马县平安村、坡纳度假村、坡月村、长寿村等是“候鸟人”聚集地，大量“候鸟人”的到来催生了巴马的长寿养生产业。面对该产业带来的机遇和产业优势，这些村的村民将自家房屋改造成民宿，房价300～1000元/月，开办农家旅馆，而占据优势地理位置如临街等处的家庭则开办餐馆、土特产店等或将临街商铺出租以收取资金。

又如，乡村致富带头人巴马县所略乡的乡村返乡青年赵恩伟发现，家乡因青壮年纷纷外出打工出现了旱田、旱地、荒山、荒坡、丢荒等现象，为此他深感可惜，便把群众不愿耕种的旱田、旱地承包下来，以农户和"留守老人"的土地入股，创建巴马新禾农业科技有限公司种植基地。2018 年该基地初期种植 120 亩原生态旱粳米和红米，生产稻谷 22000 斤，加工成品大米 16000 多斤，所生产的生态富硒旱粳米、红米价格比传统农产品价格高很多，取得了很高的经济效益。这便是产业主导型农民创业模式。

二、资源主导型创业模式

资源主导型创业模式指农民依托所拥有，或以租赁方式获得的土地、房屋等可利用的自然资源进行创业。采用这种模式的前提往往是农民所在的文化空间、旅游场域的各类资源丰富且具有特色，这些资源既有自然生态资源为主导的，也有文化资源主导的，或者是自然和人文资源同样具有主导价值的，更有不靠老天爷（自然资源）也不靠老祖宗（文化资源）而通过其他途径，如新开发的资源（现代农业园、工业园、产业园、牧场等）所形成的资源优势进行创业。这类模式对资源的依赖性强，可开发利用的自然资源是这类模式的基础，因此该模式以资源占有量优势的农民或有能力承包土地、房屋资源的创业群体为主。

案例：巴马赐福湖农民旅游创业

巴马赐福湖距离巴马县城约 10 千米，赐福湖内有那坝、坡贵、坡研、达西、班肖、那烟、那权、那德、甘烟、坡瓦、坡埔、坡葛等村（屯）。巴马的那坝 95 户、坡贵 79 户、那烟 49 户、班肖 59 户、那德 62 户，共有 344 户约 1100 人。这里的地貌以山地丘陵为主，耕地少、喀斯特山体及山地围拢形成了以达西、坡瓦等村屯为主的小盆地山区。

这里属亚热带季风气候区，拥有典型的喀斯特地貌，地下蕴藏着丰富的溶岩溶洞，年平均气温20.4℃，年无霜期337天以上，冬无严寒、夏无酷暑、昼夜均、温差小，人居环境和气候条件十分适宜。旅游资源得天独厚，天下第一洞“百魔洞”就在赐福湖西面盘阳河对面。

1. 长寿文化

赐福湖是巴马长寿文化最集中最具有知名度的区域，在明清及民国时期的书籍中多有记载。这里是巴马县长寿资源最集中的区域，有清朝嘉庆皇帝为142岁寿星蓝祥的题诗赐匾，还有补粮文化、送寿礼仪、传统耕作养生等长寿旅游资源。

2. 多样独特的长寿因子

赐福湖的长寿养生资源丰富多样，有被誉为“生命阳光”的4微米～14微米波长远红外线的阳光资源；有清洁纯净的生态空气，空气中负氧离子含量高达10500个/立方厘米；有被称为“健康之水”“生命之水”的天然弱碱性小分子团六环水；有高达0.58高斯的地磁环境；有在独有的高品质水、地磁和空气的作用下形成的绿色养生食材，以及和谐、和睦、豁达、开朗等社区长寿文化精神资源，这些资源具有稀缺性和唯一性。

在政府主导下，企业运作和社区参与的模式得到快速发展，各方依托赐福湖丰厚的长寿养生资源和自然风光资源，采取“公司＋基地＋农户”“社区精英＋农户”“公司＋合作社＋农户”的模式进行乡村旅游开发，形成了达西模式、那烟模式等，大部分村民通过旅游创业就业实现了脱贫致富。

三、机遇主导型创业模式

机遇主导型创业模式是指抓住每一次市场机遇或新政策实施机遇，进行创业的一种模式。乡村旅游是在城市生活压力释放、居民生活质量提升、健康中国建设、城乡一体化、乡村振兴、城乡创业就业发展等一系列社会发展趋势与需求背景下，农民基于自身生存、生产、生活、生态状态，而做出的各种应对措施或办法的响应，面对农民市场意识不强、对经济社会及市场形势判断弱等实际，引导、培训农民，提升其把握机遇、洞察机遇的能力是关键。

一是政策引导与扶持。在面对各种压力的背景下，国家和地方及时出台政策，引导和扶持农民创业。例如，近年来面对农民工返乡潮和城镇居民休闲需求旺盛的机遇，国家和地方出台了促进一二三产业融合政策、推进乡村旅游重点村建设、扶持农民创业就业等政策，及时引导和扶持农民创业就业，使得许多农民通过创业就业包括经营乡村旅游实现了脱贫致富。

二是抓住市场机遇，及时响应。通过构建官产学研联动机制，政府依靠其强大的组织能力、权威性和协调能力，通过旅游企业对市场的洞察能力和营销能力，借助学界的科学研究能力和成果，及时研究市场、预测市场，为农民创业提供决策咨询，指导、引导和扶持农民根据旅游市场的变化和机遇，积极创业，生产和经营适销对路的旅游产品。

三是示范带动。农民是最容易相信榜样、示范力量的群体。面对机遇，那些有一定社会阅历、见过世面又有胆量的社区精英、经济能人、农村中介等群体，往往是第一批抓住机遇、把握机遇的人。他们分享乡村旅游创业所获得的知识、经验、技能等，可传授或带动其他农民创业。

四是不断创新发展旅游产业，为农民带来发展机遇。面向不断崛起的各类旅游市场，不断创新发展旅游产业。例如，加快推进全域旅游发展，引导和分流更多的客源到农村，为农民创业提供发展的平台和分享旅游发展成果。

案例：巴马邓氏兄弟与他们的仁寿山庄

机遇主导型创业模式主要集中在巴马县乡村旅游资源富集区和游客聚集区。巴马县的游客接待量和旅游消费总额增长较快，其涉及的“吃、住、行、游、购、娱”六大旅游要素的行业都为巴马县农民创造了良好的机遇。那些机会识别和利用能力强的农民，都已抓住机遇并结合自身情况进行了自主创业。

巴马县平林村敢烟屯邓氏兄弟在外地经商致富后回乡创业。当时全县正值旅游业蓬勃发展时期，于是他们带领群众抓住机遇，在平林村开发乡村旅游，邓氏兄弟充分利用清代的“惟仁者寿”的品牌资源及赐福湖自然生态、水生态和独特的农业资源，以民宿的方式开发出了具有休闲、度假、餐饮、娱乐、养生、文化体验等多功能的“仁寿山庄”。仁寿山庄营业以来，平均每年吸引40多万人次的游客。致富不忘乡亲，邓氏兄弟创业成功后，作为乡村旅游致富带头人，他们扶持乡亲们开办“仁寿乡舍”民宿旅馆，由于该旅馆特色鲜明，加上巴马长寿养生的品牌和仁寿山庄的品牌影响，仁寿乡舍各个民宿旅馆基本常年都处于满客状态。截至2018年11月回访的时候，课题组发现该屯已全部脱贫致富。邓永康也被选入文化和旅游部全国“能人带户”旅游扶贫示范项目名录。

四、技能主导型创业模式

技能主导型创业模式主要依靠农民自身掌握的技能，包括种植技术、养殖技术、手艺、民俗文化技艺、习得的技能等进行创业的一种模式，技能水平越高则创业成功率越高。左右江革命老区是少数民族聚居区，少数民族文化的多元性造就了农民掌握技能的多样性。调查发现，农民掌握的技艺主要有以下类型。

一是农业技术。农民世世代代以农为本，面对自己的生存空间、文化空间和自然生态，在与自然共生共存的过程中，掌握了与自己的空间相适应、相匹配的农业技术、农事技术、农俗技术、农祀技术。这些技术具有很强的地域性特色，是农民创业最好的资本，也是农民创业形成乡村旅游特色的最好资本，如梯田农技、农具制作与展示、狩猎等。

二是民俗技艺。民俗文化技艺是农民世代通过口口相传、言传身授、物质保存等形式传承发展下来的非遗文化、物质文化，这些民俗文化一般来说只有本地区或本民族才有，农民掌握了这些民俗技艺，成为民族文化的传承者，依托这些特色民俗技艺成为开发乡村旅游的重要实践者。例如，左右江革命老区农民掌握的民族歌舞、民族工艺品制作、民族建筑制作、民间祭祀、民族民间医学保养技术等，这些都是很好的农民创业的资本，也是最具创业竞争优势的资本。

三是培训后获得的技艺。政策引导、扶持或是外出务工的经历，都能使农民获得相应技艺，这些技艺属于培训后获得的技能范畴。对于农民来说，乡村旅游是“熟悉而陌生”的行业，“熟悉”是指农民从事的乡村旅游经营是在自身熟悉的乡村空间和依托自身熟悉的乡村资源进行开发，“陌生”是指对于农民来说，乡村旅游是服务行业，面对的是不同的、陌生的客人，很多服务、经营知识需要从零开始学习，这就需要农民依据乡村旅游特点规律，参与培训，掌握相关技能。

案例：广西靖西市旧州绣球村

旧州绣球村是靖西市旅游的代名词，全村从小孩到老人人人参与制作绣球，绣球成为旧州农民的主要经济来源。全村有 1567 人，其中贫困人口 219 人，依托千百年来传承下来的绣球技艺，全村 784 人从事绣球生产，几乎家家户户都生产绣球，年产绣球 50 多万个，产值近 1000 万元。而绣球也吸引了大批游客前来探秘、游览，游客的旅游又为绣球的传承、保护、展示与销售带来了发展机遇。村中人口都已于 2018 年脱贫致富。农民掌握的绣球生产技术，为农民创业致富奠定了基础。

五、金融扶持主导型创业模式

金融扶持主导型创业模式，是利用金融优惠政策，以为农民创业提供资金帮扶为主的模式，开展乡村旅游离不开金融部门的支持。资金短缺是农民创业最大的障碍，也是制约乡村旅游发展的重要因素。金融扶持主导是指在农民掌握一定的技能和资源的前提下，由金融部门根据风险评估和市场机遇而通过优惠政策扶持农民创业的行为。金融扶持的意义在于：解决了农民创业资金短缺难题，增强了农民创业能力，丰富了农民创业的资本与资源，促进了资源增值和提高抵抗风险能力。例如，2018 年 11 月文化和旅游部、国家发展改革委等 17 个部门颁布实施的《关于促进乡村旅游可持续发展的指导意见》，对促进乡村旅游可持续发展特别是农民创业所需的资金进行了很大的金融创新与支持，明确由财政部、自然资源部、人民银行、银保监会（现国家金融监督管理总局）分工负责，为乡村旅游发展提供信贷支持，开展农村土地经营权抵押贷款、农房财产权抵押贷款业务，并且规定，对于乡村旅游项目，要降低贷款门槛，简化贷款手续①。

案例：贵州荔波小七孔景区金融优惠政策促农民旅游创业脱贫致富②

贵州荔波县小七孔景区在政府的主导下，通过与国家开发银行、国家农业发展银行、农村信用社等金融机构合作，采用为农民贷款提供担保等模式，依托小七孔景区资源优势，引导、支持周边群众参与旅游业的发展，完成总投资88亿元的22个景区提质扩容项目建设，成功打造一批围绕小七孔景区周边的特色小镇，瑶山梦柳、驾欧、新街等特色鲜明的旅游村（镇），使当地旅游要素日趋丰富多样，有效带动了周边农民旅游创业就业脱贫致富。同时，组建“旅游饭店业协会”“客栈联盟”等行业自治组织，指导规范经营管理，多渠道引导群众开发致富门路，实现“以旅促农”。景区周边群众累计开办特色农产品商店、宾馆、饭店、农家乐500余家，参与旅游服务人数超过2万人。例如，瑶山瑶族乡高桥村采取“金融+支部+合作社+农户”的模式，发展“农家乐”餐饮接待和精品水果种植，2018年旅游接待总收入达1890多万元，成为远近闻名的“千万村”。因地制宜实施农户就近创业就业帮扶政策。景区保洁、安全员等岗位优先考虑景区周边农户，为其提供就业机会，从而有效增加了群众的收入。2019年，景区已为周边农户直接提供就业岗位300多个，覆盖农户73户，实现人均年收入2.5万元。

六、社会帮扶型创业模式

社会帮扶型创业模式是依托外部的资源、力量、资金、政策等，利用农民自身的技能、资源及劳力进行创业的模式。这种模式有效降低了农民创业的成

① 文化和旅游部．关于促进乡村旅游可持续发展的指导意见（文旅资源发[2018]98号）[EB/OL].(2018-11-15)[2019-5-18].

② 中共荔波县委组织部．荔波县实施“景区带村”工程助推旅游扶贫显成效[EB/OL].(2019-1-26)[2019-5-19].

本和风险，并通过帮扶的模式逐步改变农民的思想观念，提升了农民的创业技能及自我发展的意愿。社会帮扶型创业模式也是多元化的，左右江革命老区形成了较多的社会帮扶模式，如“企业＋农户”“社区精英＋农户”“合作社＋农户”“企业＋基地＋农户”“驻村干部＋农户＋企业”等。

社会帮扶型创业模式在实施中，需要注意三个问题。

一是决策机制问题。帮扶不是施舍，也不是依赖，需要建立起帮扶与被帮扶对象之间的平等、效率、公平的决策机制，要充分考虑农民的承受能力，让其有更多参与决策的机会。

二是帮扶要有针对性，需要根据农民的社会网络、社会资本、掌控资源、能力等进行综合评估后再帮扶。

三是设计好社会帮扶的退出机制。从已有的实践来看，社会帮扶创业模式进入容易，退出难，最大的根源在于社会帮扶往往是保姆式的帮扶，而非引导式、指导式，把本属于农民自己做的事情全部包办了。比如，农民生产出来的农副产品、开发的旅馆等，都由社会帮扶或驻村干部包办投资、销售等，这就导致农民形成了习惯性依赖。因此这一模式没有达到“授人以鱼不如授人以渔”的目的。

案例：合作社＋农户的创业模式

宜州市祥贝乡古文村距离市区18千米，是广西乡村旅游重点村，全村有各类耕地面积605亩，其中，桑树和核桃产业初具规模，种植面积分别是434亩和171亩。全村共有9个屯、162户、526人。为了加快旅游发展步伐，促进农户脱贫致富，古文村积极将幸福乡村建设、生态乡村建设、宜居乡村建设与乡村旅游结合起来，以成立旅游合作社为工作抓手，以开发旅游带动农户发展致富为脱贫路径，开展了合作社＋农户的创业模式。

1. 以旅游合作社为平台整合发展资源

古文村围绕着发展旅游这个主题，先后成立了两个旅游合作社：宜州市古文休闲农业观光旅游合作社和宜州市旺村生态农业观光旅游农民专业合作社。通过旅游合作社平台，村民的资源被整合起来，开发花卉观光、果蔬采摘、农家乐、农家旅馆等乡村旅游项目，并通过微信平台、旅游网、旅游协会及旅行社等渠道，召集旅行团前来旅游。旅游合作社已经流转整合了200多亩土地，发动村民以自家的竹林、庭院、闲置房屋加盟旅游合作社，由合作社统一经营管理。合作社能够更好地把旅游资源转化为经济效益，带动村民真正增收致富。

2. 以旅游合作社为主体推动旅游发展

合作社经过充分调研、反复讨论，确定以发展乡村旅游作为业务方向，一切围绕着旅游来开展工作。例如，积极争取广西、河池市、宜州市三级旅游部门的支持，配合专业单位制作了《古文乡村旅游扶贫示范区开发建设规划》，将古文村定位为"休闲观光养生度假"示范村，以旅游开发带动农户创业致富。

旅游合作社积极发挥主体作用，成为古文村发展乡村旅游的主力军。一是整合力量规范管理。旅游合作社克服没有规划、没有组织、没有资金的发展弊端，负责规划乡村旅游发展、探讨乡村旅游发展思路、统一乡村旅游管理办法、统一形象打造等工作。二是推进旅游项目建设，2012年旅游合作社开发花田艺术观光产业，连片种植35亩百日菊观光区和25亩的果蔬采摘区，连片种植果桑100亩；大力发展休闲农业；发展竹筏漂流、皮划艇水上观光等水上娱乐项目；布局设置了垂钓、烧烤、露营等活动区；利用农民闲置的房屋开发农家旅馆，已经建有客房15间；开发游客集散中心电商服务项目，将当地的红薯、芋头、花卉种子、竹编工艺品等产品通过电商渠道销售到全国各地。三是提高了群众组织化建设和产业化经营。旅游合作社克服了以前群众自行发展中遇到的散乱、规模小、服务差、恶性竞争等问题，将分散的个体经营整合为大规模的专业化经营，在统一经营中面向市场，走规范化、标准化、规模化、品牌化道路，使乡村旅游由个体半专业化向集聚型专业化转变，实现现代产业化①。

3. 以旅游合作社为载体促进农户致富

建立乡村旅游合作社是乡村旅游发展组织机构创新的重要举措，乡村旅游合作社具有产业功能、治理功能和协调功能，能肩负起与政府、企业协调和合作的职责，组织村民入股与协调、管理等，同时，也肩负着市场营销、管理、经营等功

① 徐万佳．合作社助力乡村旅游发展 [N]. 中国旅游报，2012-12-17.

能。村里以合作社为纽带，将农民分散的土地、农民掌握的资源及农民获得的贷款资金以入股合作社的形式，让农民参与乡村旅游创业。合作社成员 72 户，覆盖了 49 户经济困难农户，增收致富的渠道主要有四个：一是可以获得土地租金，合作社支付流转的土地地租。二是可以就近就业获得劳动收入，如在合作社从事除草、松土、种植、洒药、护理等工作。三是享受合作社股金分红，如门票收益等。年终合作社根据收益情况将部分效益按股金比例分红。四是农产品销售收入增加，随着景区旅游火爆，群众的农副土特产变成了抢手货，需求量大增，销售价格提高，增加了农民收入。

七、社区精英榜样示范带动型创业模式

社区精英是乡村旅游先创业富起来的群体，他们在村里更有威望，更具有榜样示范作用。这些社区精英在经济实力、社会威望、经验技术、社会网络资本等方面由于有前期的积累，往往能成为新生代农民的引领者、榜样，拥有话语者。又因在乡村旅游发展中经历过摸爬滚打，他们往往对乡村旅游的理解、认知等要比普通的农民更深刻。这种模式的特点在于：社区精英在资源占有、文化空间、习俗、行为等方面与本村农民有很多相似之处，他们能够将自身的成功经验以更显而易见的方式传递给其他农民，让其他农民在短期内进入创业状态。同时，社区精英往往能够寻找到更好的市场，更具市场开拓能力，可在一定程度上带领农民规避市场风险。

案例：社区精英——何某武

何某武是广西河池市南丹县人，也是广西某创业投资公司总经理。为推动家乡经济发展，何某武带领家乡群众共同创业，利用南丹县城关镇关上村下水屯位于南丹县八穿河国家级水利风景区核心范围内的天然优势，发展乡村旅游成效显著。

在何某武的带领下，下水屯村民发展乡村旅游的积极性空前高涨，大家积极筹措资金改善乡村旅游基础设施，争取到广东帮扶计划及“美丽乡村”“生态乡

村”等建设资金1550万元，并将其投入旅游公路、停车场、旅游厕所、游客咨询服务中心等乡村旅游设施建设中，投入800万元，实施119户房屋立面改造和景区绿化、美化、亮化项目，奠定了乡村旅游发展基础。

何某武发动乡亲出资成立了下水屯种植养殖专业合作社，采取“能人＋合作社＋农户”的模式，租下屯内土地由合作社统一管理，当地农户通过土地入股的形式加入合作社，按入股份额共担风险共享收益，未加入合作社的农户通过出租土地获得收入。合作社根据市场需求把屯内的土地集中起来统一制订生产计划、统一供应农资、统一技术指导，种植猕猴桃、沙糖橘、马水橘等提供游客采摘；根据不同的季节种植格桑花、菊花、油葵等观赏花卉；另外，还建立了紫薇、桂花树等绿化商品苗木基地；发展南丹瑶山鸡规模化养殖户达100多户，建设瑶山黑猪生态养殖家庭农场1个。依托优美的自然环境和丰富的农业资源，合作社组织群众开办了农家乐7家、农家旅馆2家，吸引了大量游客前来观光体验，带动群众明显增收，景区先后被列为“广西三星级乡村旅游区”和“河池市乡村旅游扶贫开发示范点”。

通过努力与坚持，下水洞湖乡村旅游区实现了快速发展，村民的收入也实现了大幅度的提高，2018年12月电话回访的时候，何某武兴奋地说：“今年我们接待游客28万多人，村民人均收入超万元。”下水屯的袁国康利用自家房屋办起农家乐，主要经营农家特色餐饮，年总收入约18万元，纯利润5万多元，成为脱贫致富的典型。在何某武的指导和带动下，村民参与了养鸡、养鸭、养鱼、种菜、种果树、开小卖部等多种形式的自主创业，利用和分享了何某武创业带来的乡村旅游创业机会。

第三节　农民旅游创业脱贫共富的保障体系研究

农民创业是左右江革命老区乡村振兴的重要引擎，也是解决返乡农民工、特殊农民群体就业的重要路径，党的十九大报告中明确要求按照“产业兴旺、生态宜居、乡风文明、治理有效、生活富裕”实施乡村振兴战略，而作为广泛融合农民一二三产业的乡村旅游，既是解决"三农"问题的着力点，也是农民创业的重要路径，更是农村绿色发展、产业结构调整、培养产业农民的重要抓手。

在乡村旅游发展过程中，要促进和引导更多的农民创业，而要确保农民创业成功，则需要通过一系列的保障体系引导和提高农民的乡村旅游参与积极性，使农民获得更多的政治增权、社会增权、心理增权等增权感知，使其增加自我创业的信心、增强抗风险能力，将农民被动式旅游参与转变为主动参与，实现当地旅游可持续发展与农民发展的有效互动①。

一、加强顶层设计，加大政策扶持引导

政策扶持是农民创业的前提，需要从国家到地方各级政府都对农民创业政策进行顶层设计，不断根据市场和社会的变化，出台引导和激励农民创业的政策。由于农民创业在很大程度是受政策的引导而实现的，所以政策可以刺激乡村旅游产业发展、大力扶持乡村旅游产业发展，进而为农民创造更多的创业机会。

（一）政府方面政策

1. 做好乡村旅游富民规划，积极引导乡村旅游发展

旅游规划是旅游业发展的基础，也是引导旅游业创业的政策导向。各级政府可设立旅游规划专项基金，制订旅游业创业发展规划，帮助乡镇编制旅游发展规划及旅游富民专项规划，为各地谋划好发展思路与目标、途径、模式等。

2. 构建智库帮扶机制，加强理论研究

设立乡村旅游发展研究基金，构建产学研一体化的智库支持，通过研究基金与科研机构、高校等的合作，引导和支持智库对乡村旅游创业研究，为地方发展提供智力与理论支持。目前，国家和地方提供的旅游专项研究经费是非常有限的，这就导致学界对旅游业研究不足。每年各省哲学社会科学研究课题指南中关于旅游的选题也很少，即使是各类基金研究课题中旅游类都非常少，理论与智

① 汤静，韦兴凤．政策支持、心理资本对农民旅游创业意愿影响研究——以湘西十八洞村为例 [J]. 怀化学院学报，2019（1）：35.

力支持的滞后是影响乡村旅游高质量可持续发展的重要因素，可通过设立专项基金的形式引导社会各界深入调查研究左右江革命老区乡村旅游与农民创业问题，为各级政府决策提供理论支持。

3. 增加乡村旅游基础设施建设，提高乡村旅游产业发展能力

政府投资与社会募资相结合的方式，可以加大旅游基础设施建设，尤其是能重点支持乡村旅游资源富集村寨的基础设施建设，为农民创业提供更多的投资机遇，为地方旅游就业建造良好的外部环境，壮大乡村旅游产业。

4. 推动产业转型升级，拉长产业链

政府应大力推进旅游产业转型升级，扩大旅游产业规模，增加产业就业渠道，完善旅游产业布局，与文化产业相结合延长旅游产业链，促进旅游富民。

在现有的基础上，政府应积极推进旅游产业转型升级，大力发展休闲旅游、生态旅游、乡村旅游、民族文化旅游、特色旅游、养生旅游等新兴旅游方式，扩大就业渠道。在左右江革命老区大力推进乡村旅游、生态旅游、农业旅游、文化旅游，并将它们与文化产业相结合，通过发展文化产业与旅游产业，形成特色的文化旅游产业，促进乡村旅游与农民创业。

5. 开辟创业就业新渠道

引导社区帮扶互助发展旅游，培育周末周边市场，开辟新的就业与致富渠道。

在左右江革命老区城郊接合部、乡村、民族村寨等可开发周边周末旅游市场的地区，颁布土地税收、工商、审批流程、小额旅游贷款等优惠投资政策，引导这些地区社区居民通过互助和政府或企业帮扶的方式，大力发展小规模的社区旅游，建设一批旅游小城镇、小景区、小旅游集贸中心、小产业、小市场，以此实现小投资、小收入、大就业、新创业。

6. 联合制定相关扶持和奖励政策及措施

旅游就业涉及行业和部门多，各级政府层面可制定各项财政扶持政策、税收优惠政策、价格政策、市场开拓奖励政策、体制改革政策、对外开放政策及旅游投融资政策等。实施促进旅游产业快速发展优惠投资政策及土地、税费、消费等优惠政策，推行旅游企业用电、用水与工业企业同等价格政策，降低旅游企业经营成本，增强其自我发展能力，以此促进就业。实行财政扶持奖励措施，对促进乡村旅游农民创业有功的企业、地方政府和部门及个人给予奖励。

（二）旅游企业（包括跨国旅游企业）方面政策

1. 土地捆绑开发政策

各地政府可在国家法律法规许可的前提下，通过出台土地捆绑开发，即允许投资商优先在城镇或者旅游度假区、风景名胜区等投资成熟地区投资开发其他产业，但需要捆绑投资开发当地旅游资源，即可根据国家和地方政府投资优惠政策获得相关优惠，以此吸引投资商投资旅游新领域，达到促进创业的目的。

2. 旅游联盟战略政策

鼓励旅游企业建立各类旅游联盟体，通过旅游联盟实体形式扩大旅游产业链，捆绑带动欠发达地区旅游景区发展。政府每年可通过奖励方式给予旅游联盟在市场营销、旅游开发方面的技术、资金、政策等方面的支持。

3. "景区＋企业＋居民"开发模式政策

鼓励通过土地入股、资源评估折价入股、劳工入股等多种股份合作制形式，让城镇居民及乡村社区居民参与旅游开发，企业重点通过资金、技术、管理、经营等方面来盘活旅游资源，发展旅游业，政府可在税收、土地、资源占有费用等方面给予必要的政策引导与支持，以此形成"景区＋企业＋居民"的新的旅游开发模式。

二、开展多元教育培训，提升农民素质

农民旅游创业培训应注重文化理论方面，只有打破农民的思想局限，拓展农民视野，才有可能创业成功[①]。

（一）旅游人才的培训

人才匮乏也是乡村旅游农民创业的难题之一。对有创业意愿的农民通过集中培训、选调学习、送教上门、技能竞赛等方式，多渠道培养乡村旅游经营管理、

① 孙辉．龙胜龙脊景区乡村旅游扶贫中农民创业问题调查研究 [D]. 桂林：广西师范大学，2017.

专业技术、服务技能、乡村导游、“非遗”继承人等人才队伍，为乡村旅游农民创业提供智力支持。

（二）农民创业培训

乡村旅游是脱贫富民的重要路径，它具有很强的产业嵌入、产业渗透、产业融合能力。然而，乡村旅游对于农民来说，是一个既熟悉又陌生的行业，要开发好、经营好乡村旅游不仅需要积累原有的生产技能、经验知识，而且要掌握现代旅游市场、经营管理、服务、营销、品牌等新业态的知识、技能，这就需要因地因人施策，精准培训，提高农民在创业中的市场抗风险能力、经营管理水平和服务水平等，使其经营开发的乡村旅游产品适销对路。

（三）农民创业培训方向

一是对特殊人群从事旅游业进行技能培训，让他们掌握一技之长。

二是就地培训。派出专家、技术人员、管理人员以挂职人员的身份，对从事旅游行业的人员开展就地专题培训。

三是选送农民创业者进入经营管理经验丰富、技术成熟的旅游企业进行挂职锻炼，回村后再对企业员工进行不定期的培训。

四是对从事旅游就业城镇社区居民及乡村旅游、农业旅游、民族文化旅游等地的社区居民采用政府补贴培训方式进行培训。

五是鼓励民间资本投资旅游培训，对人才进行培训与教育。

（四）加强智力教育，提升农民创业业务水平

加强与高校、科研机构、高职高专及职业技术学校的合作，通过与这些学校和机构创建培训基地、创业孵化基地和“传帮带”、远程网络教学等手段，对乡村旅游农民创业进行智力教育，不断提升农民创业的业务水平和抗风险能力。

三、推进产权制度改革，破解融资难题

资金短缺的重要原因在于资源产权不清晰，投资无法得到保障；而农民的有些资源如土地、建筑等没有明确的产权，也没有产权证，这就使得无论是农

民的土地、建筑物、其他物权标的还是村集体的公共资源均不具有流转条件，也不具有质押条件。因此，农民也就无法从金融机构获取相应的贷款。农村产权制度的局限性，导致难以评估农民各自的产权价值，从而使分配机制难以开展甚至无法实施。目前，除了国家在农村实施林权改革之外，其他物权标的产权制度尚未得到有效地改革。所以，深化农村产权制度改革，建立清晰的农村产权制度，是确保农民利益及解决投资资金短缺问题、赋予农民更多财产权的关键所在。

（一）探索资产收益扶持制度

《中国共产党第十八届中央委员会第五次全体会议公报》提出，要探索对贫困人口实行资产收益扶持制度。左右江革命老区以旅游资源、帮扶资金、土地使用权等入股的方式，让农民参与旅游开发，以投资方式形成资产，农民持有一定比例的股份，以此增加财产性收入，也将农民的利益与旅游项目的收益捆绑在一起，旅游发展得好，农民的收益就多，就能形成乡村旅游发展与农民收益增长的良性循环。

（二）完善土地流转政策

有必要改革乡村旅游土地模式，完善和发展土地流转政策，促进乡村土地流转，让乡村旅游用地得到开发与发展，使土地经营由零散变为集中，形成连片专业规模经营，使乡村旅游向规模化方向发展，以带动区域乡村旅游发展，为农民创业提供条件。对乡村旅游用地实行差别化管理，对乡村旅游项目用地报批、出让价格、使用期限、流转等实施灵活处理方式，在年度用地计划中优先安排，在不改变土地用途的情况下，按只征不转的方式办理相关手续。

（三）加快财产性产权改革，赋予农民更多的产权职能

以明晰旅游资源产权和科学公正的资产评估为前提，村寨旅游资源作为集体或者个体的资源性财产，确保资源产权成为农民创业的资本①。加快林权、农

① 邱敏，吴忠军．乡村旅游与农民增收渠道研究——以贵州西江千户苗寨为例 [J]. 贵阳学院学报（社会科学版），2014（1）：78.

房产权、宅基地、非遗知识产权、村集体资源产权等产权交易研究，加强与金融部门的合作力度，赋予各县公共资源交易中心产权交易功能，让资源变为资产，解决乡村旅游农民创业的资金瓶颈和资产保值、增值难题。

四、引入智力帮扶，增强创业内生力量

乡村旅游市场的波动性及农民创业的局限性，需要加大各方力量对农民进行智力帮扶来解决，“扶贫先扶智、扶智先学习”，农民在创业初期往往认识到乡村旅游创业对自身脱贫致富的重要而积极投身其中，但由于面对乡村旅游这一熟悉而陌生的行业，往往不知所措。因此，通过智力介入帮扶农民创业，对于增强其创业的信心、提高其创业成功率、降低市场风险和帮助农民掌握新技术新理念等都具有十分重要的意义。

（一）引导和激励乡村旅游研究机构对口帮扶

政府科研机构和高校科研机构都成立有旅游研究部门，政府可以牵线，引导和激励旅游研究机构以对口帮扶、定点跟踪研究等方式，加强对左右江革命老区乡村旅游农民创业的研究，指导和帮助农民经营具有市场价值的乡村旅游项目，并通过这些研究机构指导、引导和帮助农民解决创业过程中遇到的各种挑战、难题。

（二）继续实施乡村旅游公益规划工程

文化和旅游部及各省区文化和旅游部门针对乡村旅游实施了旅游公益规划工程，该工程在促进乡村旅游事业的发展，降低乡村旅游中农民创业风险和保护开发乡村旅游资源等方面，发挥了积极作用，该工程也是我国探索乡村旅游智力支持的创新举措。未来的乡村旅游扶贫农民创业中，应继续发挥乡村旅游公益规划的优势，遴选一批具有乡村旅游发展潜力的村寨由具有规划实力的机构或单位一对一帮扶规划、指导实施，形成常态化的工作机制。政府通过出台激励措施和政策，每年对这些乡村旅游公益规划质量及效果进行评估，并根据评估结果给予精神和物质、资质使用、资源共享等方面的激励。

（三）构建产学研智库

以政府文化和旅游部门为依托，构建三级联动的产学研智库，可以通过省区政府部门搭建平台或依托已有的智库平台，例如，广西壮族自治区文化和旅游厅成立专家委员会，通过政府协调引导和推荐专家给市县文化和旅游部门，专家与市县文化和旅游部门根据各个乡村旅游项目实际情况，制定具体的帮扶措施，并且在村寨中建立旅游观察站或研究站点，专家不定期到现场指导，指导方式可以是座谈会、编制规划、编制实施方案、提供咨询服务，也可以是专题培训、讲座等，为农民创业把脉、诊断。同时，引导和激励企业帮扶农民创业，为农民开拓市场、经营管理、产品开发等提供指导或传帮带。通过“省（自治区）——市（县）——村寨”三级联动，农民可以得到知名专家和企业的“一对一”的帮扶。

五、完善公共设施，创造良好的营商环境

前期调查研究发现，交通道路、停车场、游客中心、旅游厕所、文化广场、旅游标识牌、游览设施、环境保护、垃圾桶等公共基础设施、服务设施对乡村旅游开发具有重要的影响，这些也是农民创业的外部环境，外部环境的改善或完善将直接影响到农民的创业决心。对于乡村旅游农民创业来说，他们是无力也无资金投资乡村旅游开发的基础设施、服务设施及市场营销设施的。便利的基础设施、完善的公共服务，以及良好的市场营销是乡村旅游开发的基础，也是农民创业的基础，这些基础平台都有赖于政府和企业投资。

首先，政府和企业要加大对乡村旅游基础设施建设的投入，在旅游宣传营销、旅游人才教育培训及公共旅游服务设施、旅游基础设施等方面加大投入，落实好相关乡村旅游富民政策。

其次，发展新型乡村旅游业态，应该在保持农村乡土特色的同时，与其他旅游开发相结合，培育新的旅游消费热点，大力推进乡村旅游与文化、体育、农业、工业、商业等产业融合发展。大力发展旅游购物，提高乡村旅游购物在游客出游消费中的比重，积极发展乡村民宿、乡村文化体验、圩市旅游、传统节庆旅游、乡村养生旅游等旅游产品，通过发展其他旅游业态，引导相关部门把属于本部门

的政策性资金投资到旅游开发当中，丰富乡村旅游产品谱系，实现乡村旅游成行成市、集聚化、产业化发展。

最后，乡村风貌和乡村人居环境对于发展新型乡村旅游也很重要。改善农村村容村貌、提高农村生态美誉度和文明程度是乡村旅游资源开发的重要路径，更能促使乡村风貌和人居环境成为乡村旅游资源的重要吸引物。所以，要用景观的概念建设农村，用旅游的理念经营农业，用人才的观念培育农民，将乡村装点成美丽而富有乡土景观特色的旅游区，这就需要结合乡村振兴战略，多方筹资推进乡村旅游环境建设，为农民创业奠定基础。

六、建立创业导师制，提高创业成功率

创业导师制是乡村旅游农民创业的重要创新机制。在实践中，农民创业往往都相信榜样示范力量，相信专业导师。所以，构建创业导师机制是本课题尝试支持农民创业的重要保障措施。

（一）实施乡村旅游致富带头人工程

在左右江革命老区乡村旅游村寨调查过程中，课题组发现各地都涌现出一批致富后热心帮助和扶持身边的群体致富的旅游带头人。中国传统农村是一个“熟人社会”，它建立在亲缘、地缘、业缘的基础之上[①②]。乡村旅游致富带头人经过自己的创业，积累了丰富的创业经验和一定的人脉关系，并拥有一定的社会资源和社会网络，在交易、交际、管理、经营等方面拥有比一般成员更多的优势资源，因他们为社区做出了贡献，所以他们具有某种权威，能够对其他成员乃至社区结构产生影响[③]，他们利用自身的影响力和号召力，引导乡村旅游发展，促成农民主动创业。实施乡村旅游致富带头人工程，可以让更多的社区精英带动和通过“传帮带”方式帮扶农民创业。

---

① 费孝通 . 乡土中国 [M]. 天津：天津人民出版社，1994.

② 王林 . 乡村旅游社区文化遗产的精英治理——以广西龙脊梯田平安寨村委会选举为例 [J]. 旅游学刊，2009，24（5）：67–71.

③ 项辉，周俊麟 . 乡村精英格局的历史演变及现状 [J]. 中共浙江省委党校学报，2001（5）：91–94.

（二）构建创业导师制度

构建创业导师培训制度，通过培养一批创业导师，指导和带领农民创业，为农民创业找到“师傅”，通过“师徒制”帮助农民创业。而严选培训导师是开展乡村旅游农民创业工作的保障。培训导师质量的高低一定程度上决定了培训效果的好坏，高水平的导师能起到事半功倍的效果，因此在培训导师的选择上必须严格、仔细[①]。由于农民素质和理解能力等原因，在导师聘选上，多聘选具有实践经验的高校科研人员、企业管理人员、政府业务部门干部、创业成功人士以及各类专业技术人员。

（三）建立“传帮带”导师制度

乡村旅游农民创业还可以通过建立“传帮带”导师制度进行，由于农民创业多数是以自己掌握的技能，或所依托的场域空间的资源作为资本进行创业，尤其是对于农村传统的技艺（如木工、农艺、农技等）、民族文化（如歌舞、曲艺、文艺等）、生活礼仪、习俗文化等都有传承性，依托这些文化传承人对创业农民进行培训，实行“传帮带”，让创业农民掌握一技之长，作为创业资本。同时，经营乡村旅游项目的农民之间，也可以结成对子，实现“传帮带”，从而提高农民创业能力。

（四）推行学徒导师制度

学徒制是指将有创业意愿的农民选送到国内一些乡村旅游创业成功的村寨，让农民跟着当地创业成功的农户去当学徒，通过一段时间跟班学习，让其掌握乡村旅游创业的基本本领，并建立友谊关系，在创业过程中遇到问题有导师帮其出谋划策，实现其成功创业的目标。

七、谋求长远规划，确保可持续发展

农民创业需要着眼长远规划，通过乡村旅游规划为创业指明发展的方向，筛选优质的旅游创业项目，设计盈利的、适合农民经营的旅游商业模式，突出

① 储德平，吴建垲，等.返乡下乡人员乡村旅游创业培训研究 [J]. 中国成人教育，2018（1）：160.

特色、规避风险。从长远规划看，未来乡村旅游农民创业可以围绕“五气”来谋划。

（一）敢于彰显农村的“土气”

“土”是农村的本味，是吸引城市游客的根源所在，是农民开发经营乡村旅游的根基、是最适合农民创业的资本。“土里土气”被认为是不上档次的标志，但现在人们已越来越感觉到“真正土的东西才有价值、才有味道。”可以说，“土”是乡村旅游的“金字招牌”，是原生态的基本特征。在规划建设乡村旅游景区时，要尽可能保持传统村落的原有格局和本真风貌，千万不要大拆大建、推倒重来。要尽可能地展现乡土气息，保留好农村的旧农具、旧地窖、旧粮仓、旧牛栏、旧家什等“土东西”，并加以开发利用。要尽可能地体现本乡本土的民俗文化，左右江革命老区是个民族地区，也是个多民族地区，保有丰富的壮族、瑶族、侗族等多个民族特有的民俗文化，可以通过餐饮、民居、演艺等多种形式进行宣传推广，吸引各方游客。

（二）善于利用乡村的“老气”

农村很多东西，特别是老树、老桥、老街、老房等，承载着古老的传统文化，也蕴含着丰富的历史信息。这些老的、旧的、古的东西，以前被认为“有碍观瞻”“颇煞风景”，但随着时代发展，人们越来越感到“老玩意儿是个宝贝”，越来越表现出“喜旧厌新”的怀旧偏好或审美情趣。开发利用以村落为依托的乡村项目，要注意对体现本地特点的老建筑、老物件等进行保护性开发，建筑格局和风貌原则上不能大动。要坚持做到“两不拆、两保护”，也就是不拆一个村庄、不拆一户民房，保护好生态原貌、保护好民俗文化。要精心呵护和严格保护好老建筑、老房子、老林子、老树木，并进行适当的改造提升，使古村落、旧宅子焕发生机与活力。左右江革命老区的建筑具有浓郁的地域特点、民族特色和时代烙印，少数民族村寨众多，如壮族的干栏式建筑，侗族的风雨桥、鼓楼，瑶族民居的“飞檐翘角马头墙”等，民族风格非常明显，这些都是老祖宗留下的珍贵资源、宝贵财富，农民可以利用这些“老气”的资源进行乡村旅游开发。

（三）巧于发挥农民的“生气”

山不在高，有仙则名；水不在深，有龙则灵。农民就是搞乡村旅游的“仙”和“龙”，他们是这一产业的原住民主体，是旅游景观及相关服务的供给者，形象地说，他们既是观众，也是导演，还是演员。只有坚持以农民为本，依靠农民的智慧，发挥农民的积极性，让他们主动参与，让他们得益受惠，乡村旅游产业才能真正壮大起来、永续发展。发展乡村旅游产业，千万不能简单地靠企业“圈地”、政府征地来建景区，把农民的主体地位和发展权益排除在外，而应规划打造活态的、自然的、接地气的、具有亲和力的、跟游客没有距离的古村古寨，为农民创业搭建平台。

（四）精于融入时代的“朝气”

与人们肌肤接触的各种生活用具器具需要现代、方便、实用、干净。因此，规划发展乡村旅游，要注重把现代生活设备、钢筋水泥、通信设施等现代感强的物品与乡村的民居、老街、家具等传统味重的东西协调起来，该新的新，该旧的旧，把新旧有机融合好。比如，游客居住的旅馆可以“内洋外土”，外部可以“土气”“老气”，保留农村建筑原有的风格风貌，内部设施则要尽可能现代齐全，抽水马桶和现代洗浴设施要配好，通信、网络等设施要植入进去，如觉得室内现代感太强，也可用一些石质、木质或竹质的配饰压一压。总之，只有用得干净、住得舒适，城里人才能真正待得住、留得久。

（五）明于运用管理的“大气”

“大气”不是说乡村旅游也要搞“高大上”，而是在开发规模和经营管理上要做大。一个村庄上百户人家，只有一两家办农家乐，没有形成规模，很难拓展市场。或者一个村庄大家都经营农家乐了，但各自为政，各经营各的，这样也难以发展。适合发展旅游的村屯，一定要统一规划，广泛动员，让有条件的农户一起参与，才能形成一定的规模，树立品牌效应，利于开拓市场。乡村旅游发展还要走大经营、大管理的道路，比如，“经济合作社”“公司＋基地＋农户”“政府＋公司＋农民旅游协会＋旅行社＋农户”等，几种模式各有长短，各地应结合实际，因地制宜运用。总之，做大做强乡村旅游，一定要有统一营销、规范管理、保证质量等“大气”的措施。

八、鼓励非政府公益组织帮扶，降低创业风险

乡村旅游富民涉及不同领域、不同人群，不同文化场域里的农民也是千差万别的，尤其是左右江革命老区曾是我国贫困程度深、贫困人数众多、少数民族聚居且地形地貌复杂的地区，单纯依靠政府或社会努力是很难解决所有问题的。非政府公益组织帮扶是提升农民创业能力和绩效的重要途径，前期研究表明，由不同学科、专业背景的非政府公益组织牵头帮扶，在经济、社会、环境等多个领域能发挥独特的、一般组织难以替代的作用。

发挥旅游志愿者作用。旅游志愿者往往是具有某种技术或技能的专业技术人员，出于热心旅游事业和学习雷锋的精神，他们乐于奉献、乐于助人。政府共青团部门和文化旅游部门可通过搭建平台，组织当地的旅游志愿者，加强与设有旅游专业或与旅游相关专业的高校社团合作，通过志愿者平台帮扶农民创业。

重视非营利性社团建设。非营利性社团包括各种协会、学会、商会等组织，其成员具有较强的社会责任感、热心公益，往往具备较强的专业性和一定的实践经验，引进这些非营利性的社团，可以提升农民创业的水平。当然，也可以在开发乡村旅游的村寨由政府、企业和村民成立相应的公益性组织，实行行业自律自管自治的同时，帮助农民创业。

案例：大新农宿协会引领农民创业的故事

大新县明仕旅游发展有限公司主动适应新常态，不断提高旅游产业的包容性、多样性、可持续性，充分发挥旅游业在地区经济开发中的特殊优势，探索出了旅游发展、公司获益、农民致富的好路子。公司创新成立“明仕农宿协会”公益组织，通过旅游龙头企业辐射带动作用，以“公司＋农户”的模式，大力扶持当地农家乐发展，促进周边乡村旅游经济开发，积极带动农民发家致富，旅游

富民取得了成效。

一是创新成立“明仕农宿协会”，规范农家乐运营。2014 年 9 月，在大新县明仕旅游发展有限公司的牵头带领下，明仕村率先在广西成立了首个“农宿协会”，规范农家乐的经营和管理，打造“明仕农家乐”一条街。加入“农宿协会”的农家可享有客源共享、特色服务互补，住客可免费进入明仕篝火、民俗风情表演区并享受各种服务，住客可享受竹排游、养生馆、休闲游泳、自行车游等优惠价。同时，“农宿协会”对入会农家乐进行规范和引导，每月 10 日、20 日、30 日组织农家乐业主、从业人员进行培训。

二是探索“企业推动＋协会带动”，让农民得到实惠。依托当地优势资源和特色农业产业，采取“公司＋农户”的模式，抱团发展旅游产业。在明仕旅游发展有限公司的推动下，形成了以明仕壮族文化风长廊、壮族民居博物园、明仕竹排游、明仕田园景区为龙头，集休闲体育、度假、娱乐、探险、健康养生于一体的乡村旅游格局。目前，明仕村“农家乐”为当地农民提供了近 250 个就业岗位。景区周边村屯种植“明仕香米”2000 亩、种植火龙果 50 亩、无公害蔬菜 500 亩、养殖珍珠鸭 3.5 万羽、土鸡 1.5 万羽、猪 1000 多头、羊 5000 多只，大大促进了当地畜牧业的发展。

三是打造“侬垌节”节庆品牌，增加群众经济收入。明仕旅游发展有限公司结合当地的文化资源，将“黑衣壮”文化旅游资源及休闲旅游进行整合，打造“侬垌节”节庆品牌。公司依托“侬垌节”的品牌效应，与各大媒体、旅行社合作宣传推广，每年定期举办各种“接地气”的民间节庆活动，仅 2015 年就举办 20 多场，参与游客 10 万人次，直接或间接带动了当地农家乐旅游、农产品加工业等其他产业联动发展，增加了当地群众的经济收入。

四是加大营销宣传力度，提升农家乐的知名度。大新明仕旅游发展有限公司每年均投入超过 30 万元，用来邀请国内外旅游网络媒体到当地进行现场拍摄宣传；每年投入超过 30 万元在艺龙、携程、同城、去哪儿、天猫及桂西南微信平台等进行网络宣传推广①，加深游客对明仕农家乐的了解，增强游客消费量，

① 黄继成．“农宿协会”富农家 [J]. 当代广西，2015（17）：48-49.

提升农家乐的知名度。

成立农宿协会开展公益性帮扶活动，让单户经营的农家乐有了行业组织，加强了会员之间的互助合作，形成了农家乐抱团发展的格局，增强了整体市场竞争力。

参考文献

[1]KING.Responses of family Businesses to Extreme Seasonality in Demand the Case of Bomhom Denmark[J]. Tourism Management,2004（25）: 17–30.

[2]Getz D, Carlsen J. Characteristics and Goals of Family and Owner——Operated Businesses in the Rural Tourism and Hospitality Sectors[J]. Tourism Management,2000（21）: 547–560.

[3]Cioccio L, Tassiopoulos. Hazard or Disaster Tourism Management for the Inevitable in Northeast Victoria[J]. Tourism Management,2002,（28）: 1–11.

[4]Gibson D E. Role Models in Career Development : New Directions for Theory and Research[J]. Journal of Vocational Behavior,2004,（2）: 365–371.

[5]Shane S. A General Theory of Entrepreneurship[M]. Edward Elgar : Northampton,2003.

[6]Van A H, Fry F L, Stephens P. The Influence of Role Models on Entrepreneurial Intentions[J]. Journal of Developmental Entrepreneurship,2006,（2）: 278–283.

[7]Wearing S. Pro–Poor Tourism : Who Benefits? Perspectives on Tourism and Poverty Reduction[J]. Annals of Tourism Research,2008,35（2）: 616–618.

[8] Sofield T , Lacy T D , Lipman G , et al. Sustainable tourism–eliminating poverty（ST–EP）: An Overview[M]. World Tourism Organization（WTO）,2004.

[9]Zeng B, Ryan C. Assisting the poor in China through tourism development : A review of research[J]. Tourism Management,2012, 33（2）: 239–248.

[10]Su B. Rural tourism in China[J]. Tourism Management,2011,32（6）: 1438–1441.

[11]Kline C, Milburn L A. Ten categories of entrepreneurial climate to encourage rural tourism development[J]. Leisure Studies Journal,2010,13（1–2）: 320–348.

[12]McGehee N G, Kim K, Jennings G R. Gender and motivation for agri–tourism entrepreneurship[J]. Tourism Management,2007,28（1）: 280–289.

[13] Pillay M，Rogerson C M. Agriculture–tourism linkages and pro–poor impacts：The accommodation sector of urban coastal KwaZulu–Natal，South Africa[J]. Applied Geography，2013，（36）：49–58.

[14] Kimbu A N ，Ngoasong M Z ，Adeola O ，et al.Collaborative Networks for Sustainable Human Capital Management in Women's Tourism Entrepreneurship：The Role of Tourism Policy[J]. Tourism Planning And Development，2019，（2）：1–20.

[15] 国务院 . 左右江革命老区振兴规划（国函〔2015〕21 号）[EB/OL].

[16] 河池市人民政府 . 河池市打造乡村旅游“十百千”示范工程促进开发扶贫工作的实施意见（河办发〔2012〕131 号）[Z].2012–2–7.

[17] 桂林鸿昇国际旅游规划设计有限公司 . 广西河池市乡村旅游扶贫开发规划（2016—2020）[Z].2016–2–20.

[18] 李星群 . 乡村旅游经营实体创业影响因素研究 [J]. 旅游学刊,2008，（1）：19–25.

[19] 徐红罡，马少吟 . 旅游小企业的创业识别机会研究：桂林阳朔西街案例 [J]. 旅游学刊,2012，（8）：18–26.

[20] 邱继勤 . 旅游小企业与就业研究：桂林阳朔西街案例 [J]. 旅游科学,2006，（4）：33–37.

[21] 文军，李星群 . 广西乡村旅游经济实体现状调查研究 [J]. 经济与社会发展,2007,（2）：59–62.

[22] 刘巍 .“嵌入性”理论及其在中国研究中的发展 [J]. 淮阴师范学院学报（哲学社会科学版），2010，（4）：507–511.

[23] 金迪，蒋剑勇 . 基于社会嵌入理论的农民创业机理研究 [J]. 管理世界,2014，（12）：180–181.

[24] 郭红东，陈亦悠 . 社会关系、资源获取与农民创业绩效 [J]. 贵州大学学报（社会科学版）,2015，（3）：79–88.

[25] 丁高洁，郭红东 . 社会资本对农民创业绩效的影响研究 [J]. 华南农业大学学报（社会科学版）,2013，（2）：50–57.

[26] 饶勇，徐圆，骆泽铭 . 旅游扶贫开发模式、关系性嵌入与知识转移关系 [J]. 广西民族大学学报（哲学社会科学版）,2015，（6）：128–133.

[27] 郭凌，王志章 . 制度嵌入性与民族旅游社区参与 [J]. 旅游科学,2014，（2）：12–22.

[28]邹永广，谢朝武．基于技术嵌入的乡村旅游服务体系研究[J]. 企业活力，2011，(4)：27-32.

[29]曹世武，邹永广，郑向敏．技术嵌入视野下的低碳旅游景区建设研究[J]. 科技管理研究，2012，(6)：10-15.

[30]林宗贤，吕文博，吴荣华，等. 乡村旅游创业动机的性别差异研究——以台湾为例[J]. 旅游学刊，2013，28(5)：89-98.

[31]刘金锋，李强. 旅游创业对贵州西江千户苗寨农村妇女自我认知的影响[J]. 贵州农业科学，2014，42(7)：251-255.

[32]吴忠军. 乡村旅游与西南民族地区农民增收问题研究（系列论文）[C]// 中国民族旅游研究（2011-2014 辑）. 北京：旅游教育出版社，2011-2014.

[33]杨德进. 旅游扶贫——国际经验与中国实践[M]. 北京：中国旅游出版社，2015.

[34]陈艳鞏．乡村旅游与农村劳动力就业研究：以南京市高淳县为例[J]. 安徽农业科学，2013，41(1)：179-180+321.

[35]李星群．民族地区乡村微型旅游企业对家庭的影响研究[J]. 广西民族研究，2011，(2)：190-195.

[36]张遵东，章立峰．贵州民族地区乡村旅游扶贫对农民收入的影响研究——以雷山县西江苗寨为例[J]. 贵州民族研究，2011，32(6)：66-71.

[37]丁晓娜，余敏辉．返乡农民工参与乡村旅游开发多维价值与完善建议[J]. 江西农业学报，2013，25(8)：137-140.

[38]卢小丽，成宇行，王立伟．国内外乡村旅游研究热点——近 20 年文献回顾[J]. 资源科学，2014，36(1)：200-205.

[39]白长虹，温婧．新常态下国内旅游创业的智慧取向及多种模式[J]. 旅游学刊，2015，30(2)：3-5.

[40]蒋剑勇．基于社会嵌入视角的农村地区农民创业机理研究[M]. 杭州：浙江大学出版社，2014.

[41]吴晓东，陈一君，谢天慧，等．民族地区旅游扶贫长效机制研究：基于文化软实力建设的视角[M]. 北京：北京理工大学出版社，2015.

[42]王兆峰．民族地区旅游扶贫研究[M]. 北京：中国社会科学出版社，2011.

[43]鲍文．乡村旅游，农民第三次创业？[J]. 中国生态文明，2016，(2)：81.

[44] 李玉梅 . 长沙市乡村旅游中农民创业素质培育研究 [D]. 湘潭：湘潭大学，2016.
[45] 刘奇 . 乡村旅游：中国农民的第三次创业 [N].2016−01−23.
[46] 崔传义 . 农民工返乡创业：促进乡村振兴农民小康的重要力量 [N]. 中国经济时报，2017−12−28.
[47] 吴小立，胡新艳 . 农民创业的跨层次嵌入与乡村旅游资源的适应性协同管理 [J]. 华中农业大学学报（社会科学版），2017，（4）：132−138+151.
[48] 闫兆孺 . 吉林省农民依托乡村旅游产业创业研究 [D]. 长春：吉林大学，2018.
[49] 许恋天，邓纲 . 乡村振兴战略实施中农民创业的"后互联网"路径及法治保障 [J]. 农林经济管理学报，2018，17（05）：602−612.
[50] 尹义坤，闫兆 . 乡村旅游热背景下吉林省农民创业探究 [J]. 吉林农业，2018，（21）：36−37.
[51] 莫荣 . 促进农民返乡创业 实现乡村全面振兴 [N]. 中国劳动保障报，2018−09−29.
[52] 王欲晓，张豪 . 创业担保贷款扶持农民创业助力乡村振兴的调研 [J]. 中国就业，2018，（08）：44−45.
[53] 江洁，萨日娜，宋立中 . 乡村振兴背景下保险扶贫政策感知对农民创业意愿的影响研究 [J]. 福建论坛（人文社会科学版），2018，（08）：19−27.
[54] 莫光辉 . 农民创业：助力脱贫攻坚与乡村振兴的新力量 [J]. 奋斗，2019，（05）：8.
[55] 费孝通 . 江村经济 [M]. 北京：商务印书馆，2001.
[56] 黄德林 . 中国农民创业研究 [M]. 北京：中国农业出版社，2008.
[57] 郭红东，韩树春，陆倩，等 . 中国农民创业的理论与实证研究 [M]. 杭州：浙江大学出版社，2014.
[58] 许昆鹏 . 传统农区农民创业决策行为研究 [M]. 武汉：武汉大学出版社，2016.
[59] 熊智伟 . 农民工返乡创业决策影响因素研究 [M]. 北京：经济管理出版社，2014.
[60] 李朝晖 . 农民工创业、要素集聚与农村城镇化后发优势创造 [M]. 北京：经济科学出版社，2014.
[61] 阿瑟 · 奥沙利文 . 城市经济学 [M]. 北京：中信出版社，2002.
[62] 安虎森 . 制度变迁、转型与中国经济 [M]. 北京：经济科学出版社，2007.

附　录

问卷样本

居民对旅游态度问题调查问卷

亲爱的乡亲们：

您好！

我们是《左右江革命老区乡村旅游扶贫中农民创业问题研究》国家课题调查研究小组，为了深入了解旅游扶贫的效果，以便完成我们的课题研究，为我们做决策提供参考，我们需要您的支持与帮助，并真实反映您的基本情况。请您在以下您认可的选项上打"√"或填写相关内容。谢谢！

《左右江革命老区乡村旅游扶贫中农民创业问题研究》

国家课题调查研究小组

1. 您家主要经济来源是？

A. 农业　B. 林业　C. 旅游　D. 副业（养殖）

E. 渔业　F. 外出打工　G. 其他

2. 您家主要是种植哪些经济作物？

A. 葡萄　B. 柑橘　C. 草莓　D. 水稻　E. 竹笋

F. 其他：　（请填写）

3. 您家一年的人均收入是？

A.1000 元以下　B.1000～2000 元

C.2000～3000 元　D. 3000 元以上

4. 您家现在与过去 10 年相比，在收入上是增加了还是减少了？

A. 增加了　B. 减少了

5. 您家在旅游开发前主要有哪些经济来源？

A. 农业　B. 林业　C. 旅游　D. 副业（养殖）

E. 渔业　F. 外出打工　G. 其他：　（请填写）

6. 您家的经济来源主要是依靠哪些技术？

A. 政府部门下乡指导　B. 外出打工获得技术　C. 模仿别人

D. 自学技术　E. 其他：　（请填写）

7. 您参加了村里或政府成立的经济组织了吗？

A. 参加　B. 没有参加　C. 不知道

8. 您认为旅游的保护与开发是否对您家有何影响？

A. 没有影响　B. 主要是好影响　C. 主要是坏影响

若主要是好影响的话，体现在？

A. 环境变好　B. 收入增加　C. 村镇得到保护

D. 邻里更加团结友好　E. 其他：　（请填写）原因是：（请填写）

若主要是坏影响的话，体现在？

A. 环境变坏　B. 收入下降　C. 村镇遭受破坏　D. 邻里关系紧张

E. 其他：　（请填写）原因是：（请填写）

9. 您家是否从事旅游活动？

A. 是　B. 否

若是从事旅游活动，主要是从事哪些旅游活动？

A. 开发景区　B. 开农家旅馆　C. 在景区打工　D. 出售旅游商品　E. 摆渡

F. 当导游或当酒店服务员　G. 其他：（请填写）

10. 您认为当前你们村旅游开发与保护存在的主要问题是什么？

A. 村民获利太少　B. 旅游资源遭受破坏　C. 开发力度不够大，经营不够灵活　D. 村民旅游经营能力低

E. 居民内部矛盾　F. 政府管理混乱

G. 村民没有发言权　H. 其他：（请填写）

11. 如果您从事旅游经营活动，您需要政府的哪些扶持？

A. 资金资助　B. 技术培训　C. 政策开放　D. 业务指导　E. 矛盾协调

F. 不要干涉　G. 其他：（请填写）

12. 您认为目前制约乡村旅游发展的原因是？（可多选）

A. 不给砍伐、捕鱼、养羊　　B. 土地少，人多　　C. 没有技术

D. 没有人指导自己发展　　E. 没有旅游项目　　F. 政府管得太严，不能从事旅游活动　　G. 其他：（请填写）

13. 您认为旅游开发对本人和本村各方面有哪些影响？请在表 1 对应的栏目里打“√”即可。

表 1　旅游的满意度评价

标指项		选项				
		很满意	满意	一般	不满意	很不满意
民主政治方面	村民参与旅游开发决策讨论					
	村民对政府指导旅游开发					
	村民成立参与旅游合作社或管理机构					
	旅游开发后干群关系					
	旅游开发后干部作为					
	旅游开发后村干部选举过程与结果					
经济方面	经济收入					
	生活物价					
	自己投资开发					
	外来投资商开发					
	景区投资商					
	村中经济能人					
	土地出租、出售					
	旅游导致的贫富差距					
	开发旅游后出现经济纠纷的处理					
生态环境	生态环境变化					
	乡村卫生条件					
	生态环境保护					

续表

标指项		选项				
		很满意	满意	一般	不满意	很不满意
生态环境	排污、垃圾处理					
	生活拥挤程度					
	卫生意识					
文化	传统文化开发					
	传统家庭婚姻					
	陈规陋习改变					
	社会道德改变					
	游客尊重当地民俗风情、习惯					
	文化保护					
	民族文化开发					
社会	游客与居民关系					
	就业创业					
	外来人口与村民关系					
	妇女地位提高					
	旅游开发后邻里关系					
	道路等基础设施改善					
	与外界交往					
	与外来投资商关系					

再次感谢您的合作！

祝您愉快、幸福！

游客调查问卷

尊敬的女士 / 先生：

您好！非常感谢您接受我们的问卷调查！您对旅游的看法，将为我们的调研工作提供非常大的帮助，并为我们开展旅游课题研究提供参考依据，同时也能使您得到更加优质完善的服务。本次调查的结果只用于统计分析，不涉及个人隐私，请放心填写。我们希望得到您的协助与支持，衷心感谢您的参与！

《左右江革命老区乡村旅游扶贫中农民创业问题研究》

旅游课题研究小组

一、您的基本信息

1. 您的性别？（　　　）

　A. 男　　　B. 女

2. 您的年龄？（　　）

　A.18 岁以下　　　B.18 岁～40 岁

　C.41 岁 ~ 60 岁　　　D.60 岁以上

3. 您的职业：（　　）

　A. 公务员　　B. 企事业人员　　C. 专业 / 文教科技人员

　D. 服务销售人员　　E. 工人　　F. 军人　　G. 农民

　H. 离退休人员　　I. 学生　　J. 其他

4. 您的文化程度（　　）

　A. 高中以下　　　B. 高中及中专

　C. 本科及大专　　　D. 研究生以上

5. 您每年旅游的次数（　　）

　A. 一次　　B. 两次及两次以上　　C. 暂住　　D. 常住

6. 请问，您是？（　　）

　A. 本地居民　　B. 境内游客　　C. 境外游客

7. 您是以什么方式到本景区的？（　　）

A. 旅行社团队　B. 自助游　C. 散客　D. 其他

8. 您了解本地旅游信息的主要途径是：(　　)

A. 电视广告　B. 报纸杂志　C. 宣传推介活动

D. 网络媒体　E. 亲友介绍　F. 旅行社　G. 其他

二、您对旅游服务各项指标的满意度（表 2）

表 2　游客的满意度评价

标指项		选项				
		很满意	满意	一般	不满意	很不满意
住宿	特色					
	价格					
	卫生					
	位置\可进入性					
	服务质量					
	居住环境					
餐饮	用餐环境					
	价格					
	餐馆特色					
	特色佳肴					
	食品卫生					
	就餐方便性					
	服务质量					
购物	购物环境					
	种类丰富度					
	商品价格					
	商品质量					
	特色程度					
	服务质量					

续表

标指项		选项				
		很满意	满意	一般	不满意	很不满意
娱乐	场所环境					
	活动特色					
	项目多样性					
	价格					
	安全性					
	服务态度					
公共服务	旅游厕所					
	服务人员形象					
	当地居民态度					
	旅游信息咨询服务					
	邮电及网络服务					
	安全保障设施					
	语言沟通					
	公共标识					
	公共休息设施					
	法治环境					
	游客服务及集散中心					
	特殊群体服务设施					
景点	景观吸引力					
	文化氛围					
	特色项目					
	可进入性					
	门票价格					
	环境卫生					
	厕所状况					
	服务质量					
	指路标识					

续表

标指项		选项				
		很满意	满意	一般	不满意	很不满意
交通	道路通畅程度					
	交通工具状况					
	服务态度					
	安全					
	价格					
	停车场					
	旅游专线车					

三、选择题

1. 您对本地景区旅游经历评价如何？

A. 很满意　B. 满意　C. 一般

D. 不满意　E. 很不满意　F. 不评价

2. 游览本地前，您对本地的旅游服务期望如何？

A. 很高　B. 高　C. 一般　D. 不高

3. 到目前为止，您对本地旅游的总体服务感受如何 ?

A. 很满意　B. 满意　C. 一般　D. 不满意　E. 很不满意

4. 您还会来这里旅游吗？

A. 会　B. 不会　C. 不确定

四、开放式问题

您对本地旅游服务有哪些意见和建议？

问卷到此结束，非常感谢您的配合与支持！祝您平安顺利！

后　记

本书立足于乡村旅游精准扶贫视角，探索农民旅游创业脱贫致富方式，走上共同富裕道路，回应巩固拓展脱贫攻坚成果同乡村振兴有效衔接的要求。为此，本书侧重研究了乡村旅游农民创业脱贫致富相关问题，作为笔者主持的国家社会科学基金项目“左右江革命老区乡村旅游扶贫中农民创业问题研究”（项目编号：16XMZ086）结题成果。成果得到全国哲学社会科学工作办公室资助出版，在此深表谢意。

左右江革命老区是我党在土地革命战争时期创建的革命根据地之一，邓小平同志在此亲自领导了著名的百色起义。长久以来，左右江革命老区人民为中国革命、民族解放、边疆稳定做出了重要贡献，但受历史及自然、地理等多方面因素影响，左右江革命老区在发展中仍然存在许多特殊困难。在中共中央、国务院和左右江革命老区各族人民的共同努力和奋斗下，左右江革命老区取得了辉煌的发展成就，2020年全部实现了脱贫攻坚任务，其中乡村旅游是左右江革命老区发展过程中致富的重要渠道，也起到了重要推动作用。左右江革命老区乡村旅游富民过程中，由于受招商引资难及旅游项目投资额大、项目回收期长等因素影响，外来资本投资左右江革命老区乡村旅游富民项目不多，大多数乡村旅游富民项目都是以“政府＋个体户”模式进行投资建设。因此，乡村旅游扶贫中农民创业脱贫致富成为左右江革命老区共富的一大特色和亮点。然而，在前期的调查研究中，课题组也发现左右江革命老区乡村旅游农民创业存在各种困难与挑战，基于这一现实问题，课题组在全国哲学社会科学工作办公室的资助下，展开了较为深入的研究，在此，课题组深表感谢！若没有这笔资助，这些成果将难以取得。

在研究过程中，团队成员杨帆副教授、韦达老师、潘善环副教授、罗敏副教授、陈尚玲教授、黄松教授、谭若涵老师付出了辛勤劳作，正是有了这么一群优秀的团队成员的付出与努力，本项目才能顺利按时验收结题并取得预期的成果，对此，对我们团队成员深怀感激！

笔者衷心感谢在整个研究过程中给予大力支持、帮助、关心、关爱的单位和朋友们，他们是广西师范大学社会科学处、广西壮族自治区文化和旅游厅政策法规处，以及广西百色市、河池市、南宁市、崇左市，贵州省黔西南布依族苗族自治州、黔东南苗族侗族自治州、黔南布依族苗族自治州，云南省文山壮族苗族自治州的旅游部门、原扶贫部门及有关企业、村民！同时，感谢参与调查的广西师范大学旅游管理专业的所有同学们，没有你们的努力，本研究也不可能取得好的数据支撑。另外，还要感谢本书所引用参考文献的作者及国家社会科学基金项目验收评审的 5 位专家、本书出版审稿的 3 位专家，正是你们的前期研究和中肯的评审意见为我们的研究奠定了基础，提升了我们的研究质量。

左右江革命老区农民在克服自身困难和外部基础设施不强、市场风险高等情况下，传承不怕困苦、不怕失败、勇于胜利的革命精神，以大无畏的气魄，从事乡村旅游创业，带动和辐射周边农民就业脱贫致富，这不仅提升了农民的自我内生发展能力，更重要的是这种创业精神也成为推动左右江革命老区农村经济社会发展的强劲动力。笔者寄希望于本书的出版，能使更多的人了解革命老区农民创业活动和精神，支持和鼓励他们的行动，并营造出更加有利于农民创业的政策环境和投资环境，使更多的农民加入创业的行列中来，成长为乡村“创客”，示范、带动、引领我国乡村创业发展，为实现我国乡村振兴伟大战略提供动力源泉。

由于农民创业研究涉及面广，作者水平和能力有限，本书定有许多不当之处，敬请广大同行和读者批评指正！